经济与工商管理专业基础课系列教材

国际贸易理论与实务

GUOJI MAOYI LILUN YU SHIWU

主　编◎李长林
副主编◎王金亮　崔　涛
编　者◎李　艳　钱小华
张春萍

黑龙江大学出版社
HEILONGJIANG UNIVERSITY PRESS

总　序

教材建设是提高教学质量的主要内容之一，关系到人才培养规格和培养水平，也关系到培养什么样的人才、为谁培养人才，是办学思路和办学目的的具体体现。因此，大学本科生所用教材既要体现知识的先进性、与本科教育发展水平的适应性，又要体现中国特色社会主义阶段高等教育的特殊性。因此，本科教材应当确立相应的教材准入基本条件。

高等教育的人才培养目标不同于初级教育，它要求既要有明确的学校办学特色，又要建立科学的人才培养模式。学校办学定位的差异决定要相应确定学校办学特色和人才培养模式，研究型大学、教学型大学、教学研究型大学和研究教学型大学在教材选取、教学方法、教学手段等方面存在较大差异。为了更好地体现黑龙江大学及经济与工商管理学院独特的人才培养目标，凸显出学院近年来在教学改革和科学研究等方面的成果，学院在学校领导和相关职能部门的大力支持下规划出版"经济与工商管理类"系列教材。这是一套高水准、高质量，具有黑龙江大学经济与工商管理学院特色的本科教材，是学院教师多年努力的研究成果。

黑龙江大学经济与工商管理学院的前身可以追溯到 1958 年创办的黑龙江大学经济系，于 1991 年成立经济与工商管理学院，由著名经济学家熊映梧教授任首任院长，跨经济学和管理学两大门类，涵盖理论经济学、应用经济学和工商管理三个一级学科。学院一直非常重视教材的编写，近年来学院教师在一些国家级的出版社出版了一些教材，教材的质量也具有较高水平，在本科和其他层次的教学过程中被采用，但是有组织、有计划、系列化出版本科生教材在学院近 10 年来的发展过程中还是第一次。第一批出版的六本教材主要集中在经济与工商管理类的专业基础课上，我们邀请黑龙江大学及兄弟院校的"宏观经济学"、"微观经济学"、"货币金融学"、"国际贸易"、"会计学"、"管理学概论"等课程的主讲教师组成编写组，编写委员会对教材编写的提纲和初稿进行反复讨论、几经修改，最后由主审专家审查定稿。

本系列教材在学习和参考同类优秀教材的基础上，按照黑龙江大学本科培养方案"厚基础、宽领域"的指导方针，结合学院教师多年教学过程中积累的经验，考虑到经济社会发展的实际需要，力争按照"好用、管用、够用"的原则进行编写，符合研究型教学、探究式学习模式的要求，具有较高的使用价值。这批教材是黑龙江大学经济与工商管理学院近年来教材建设和课程建设方面取得的重要成果。

在我国，综合大学经济管理学院的专业设置不同于财经类、师范类等单科类大学。单科类大学由于涵盖的学科范围小，学院划分较细，一个二级学科就是一个学院，学院的专业性较强，涵盖的本科专业也较少，而我们综合大学经济管理学院的专业设置涵盖理论经济学、应用经济学、管理科学与工程、工商管理、公共管理等多个一级学科及其所对应的本科专业，综合性较强。所以，集中多学科的优势从本院的实际情况出发，分层次进行编写和指导，能够使这套系列教材成为经济管理类教材中的精品。第一批推出的六本教材作为尝试主要在我校使用，在教学中发现的问题，并及时汇聚起来进行妥善处理，根据实际效果决定自编教材的使用范围、使用比例以及下一步教材的建设目标。

今年是我国建国60周年，改革开放也刚刚走过了30年的道路，但是我国社会主义市场经济体制仍然处于完善之中。理论源于实践，变革的时代决定经济管理理论要根据实践的变化不断进行更新完善，并借鉴国外成熟市场经济的理论，结合我国国情指导经济建设和改革开放实践。例如，当前发生的百年一遇的国际金融危机使新自由主义的神话不攻自破，从另一个方面证明了马克思主义基本理论的正确性。资本主义的市场经济实践尽管创造出丰富的物质财富，极大地解放和发展了生产力，但是资本主义制度的基本矛盾没有变，金融危机、经济危机仍然是其在劫难逃的命运，马克思的资本论再次经受住了时间和历史的检验，其真理性毋庸置疑。同时，中国发展模式也在这次国际金融危机中引起了全世界的兴趣和关注。在西方国家极力推行所谓具有“普世价值”的自由、民主、人权社会制度，促使东欧和一些独联体国家发生“颜色”革命，纷纷加入“北约”的情况下，在来自西方主要国家的巨大压力下，我国仍然坚持走独立自主的中国特色社会主义道路。实践证明了中国模式在抵御金融海啸的冲击时具有独到功能，能够降低损失，缓和冲击。事情本身也提示我们，要进一步认识马克思主义经济学和西方经济学的关系，在人才培养方案和教学计划中如何正确处理马克思主义经济学和西方经济学的关系。在我们的教材中，对这些丰富的实践经验进行了理论总结和升华，依据马克思的虚拟资本和真实资本理论，阐释由金融衍生产品所引发的泡沫经济不断膨胀、最终走向破灭的原因。

由于我们的理论水平有限，加之我国正处于体制转轨过程中，经济全球化不断加深，影响经济社会发展的因素纷纭复杂，所以这套教材还存在着许多不足之处，希望得到同行专家的批评指正。

焦方义

2009年7月于哈尔滨

目 录

前　言

自改革开放以来，尤其在我国加入 WTO 之后，对外贸易发展迅速，贸易规模已列世界第三位，并且成为世贸组织的主要成员之一，这些情况都使我国对外贸易方面的人才需求迅速增加，培养国际经济贸易方面的高级人才已成为高等教育的一项十分重要的任务。另一方面，国际贸易理论、政策与实践在最近十年来都有重大发展，高校教材需要对此作出反映。为了适应上述需求，我们组织了省内几所高校长期从事国际贸易教学的教师，在我们过去编写的《国际贸易原理》、《国际贸易实务》、《新编国际贸易教程》等教材的基础上，编写了本书，主要目的是为我省高校的国际经济与贸易以及经济类其他各专业的本科生提供一本适用的、能够反映国际贸易最新知识的教材。本书亦可作为高职院校和各类成人教育相关专业的教学以及干部培训教材使用。

本教材的特点是：遵循教学规律、循序渐进，重点突出、简明扼要、着重反映国际贸易最新的理论和实务操作。教材每章之后都列出重要概念和复习思考题，国际贸易实务部分每章之后还附有案例，既便于学生和读者把握学习重点，提高学习效率，也为教师的教学工作提供了方便。

本书由黑龙江大学经济与工商管理学院组织编写，参加编写工作的人员及分工如下：李长林担任主编，并撰写第二章、第三章，王金亮任副主编，并撰写第五章、第六章，翟涛任副主编，并撰写第七章、第八章、第十二章，张春萍撰写第一章、第四章，李艳撰写第九章，钱小华撰写第十章、第十一章。全书由李长林编写大纲并负责统稿。

本书在编写过程中，参考了国内外最新出版的有关著作，引用了其中一些观点，限于篇幅，难以详尽列出，在此一并致谢，并将所有参考文献列于书后。

由于编者的水平所限，书中难免有不当和错误之处，衷心希望各位读者不吝赐教，以便再版时改正。

编者

2009 年 7 月于哈尔滨

第一章　国际贸易概述

学习目标

- 了解国际贸易研究的对象、内容和研究的基本方法。
- 了解和掌握国际贸易的分类和基本概念。
- 能对国际贸易的现状和发展概况作简单的描述和分析。

本章力图对作为一门学科的国际贸易作出基本概括和描述,并简要地介绍在国际贸易这门课程的学习中需要首先了解的一些基本概念,以期引导读者逐步进入国际贸易的学习。

第一节　国际贸易研究的对象、内容与方法

国际贸易是经济学的一个分支,它和基本经济理论有很多共同之处。但是作为一门独立的学科,它在研究的对象、研究的内容和研究的方法方面又都有其特殊性。

一、国际贸易研究的对象和内容

国际贸易作为一门学科,它的研究对象是具有各自经济利益的不同关税区,即不同国家或地区之间的商品和服务的交换活动。通过研究这些商品和服务交换活动的产生、发展过程,以及贸易利益的产生和分配,揭示这种交换活动的特点和规律。具体来说大体包括以下几个方面:

(一)国际贸易的历史及现状

马克思(Karl Marx 1818—1883)的经济理论指出,经济学是一个历史范畴,它随着社会生产力的发展而发展。这对于国际贸易也完全适用。在人类产生初期,并不存在着国家,也无所谓国际贸易。随着人类生产力的发展,开始出现社会分工,并且人们的生产除了满足人们最基本的自下而上需要之外,开始出现剩余产品,不同部落之间出现了这种剩余产品的交换,与此同时,人类原始社会的末期就产生了私有制,并且导致国家的产生。最初的国家是奴隶制的,在

这些奴隶制国家之间的商品交换,便是最早的国际贸易。随着人类生产力水平的提高,进入国际贸易的产品种类和数量也有所增加,但在奴隶社会和封建社会,国际贸易的范围和规模都很有限,总体上处在微不足道的水平上。主要原因是在生产力水平很低的情况下,自给自足的自然经济占了主导地位,而且低下的生产力水平也妨碍了人们对地理和世界的认识,在这种情况下,商品交换不可能大规模进行。只有到了资本主义时期,人类生产力的发展已要求突破自然经济的限制,商品生产和交换渐渐地成为人类生产力发展和发展的必要条件,而且人类的科学知识的进步也使人对地球和世界有了全面的认识,于是国际贸易获得前所未有的大发展,而且成为现代生产力发展的基础。可以说当今世界上已没有哪个国家可以离开国际贸易而生存下去。全部国际贸易的历史证明了马克思关于历史唯物主义的正确性,也揭示了只有积极参与国际分工和国际贸易,一国的生产力才能获得快速发展。

当代国际贸易的现象表明,国际贸易格局在第二次世界大战之后,已从垂直分工为主过渡到水平分工为主,即以发达国家和发展中国家的贸易为主过渡到以发达国家之间的贸易为主,这表明,人类生产力的发展越来越依靠技术进步,而且发达国家的跨国公司在当代国际贸易中的作用越来越大。根据联合国有关机构的统计,在 20 世纪 90 年代,世界贸易总额的三分之二与跨国公司有关,而且相当大一部分国际贸易是在跨国公司内部进行的。在这样的情况下,一个后进的发展中国家要迅速发展经济,就必须学会怎样和跨国公司打交道,学会走改革开放之路。事实上,在第二次世界大战之后,也确实有一些发展中国家通过实施出口导向型的经济发展战略,积极参与国际分工和国际贸易,使自己的经济快速增长,在一个不太长的时期内,使自己进入新兴工业化国家的行列。这些事实对于目前仍然贫穷落后的发展中国家来说无疑是具有启示意义的。研究当今国际贸易的特点和规律,结合本国的实际情况,从中找出发展本国经济的道路,正是许多国际贸易学者正在从事的工作。

(二)国际贸易的理论

对国际贸易现状的研究就会导致国际贸易理论的发展。从资本主义生产方式开始萌芽,资产阶级在国际贸易中起的作用不断加大的时候起,就开始有了资产阶级最初的国际贸易理论——重商主义。不过这种国际贸易理论并没有揭示出国际贸易的本质和意义,随着资本主义生产方式的发展,资产阶级对国际贸易的认识不断加深,以亚当·斯密(Adam Smith,1723—1790)和大卫·李嘉图(David Ricardo,1772—1823)为代表的英国古典经济学对国际贸易产生的原因和意义作出了比较科学的解释。他们先后提出了绝对优势理论和比较优势理论,认为劳动生产率不同的国家,可以发展自己的绝对优势或相对优势,进行国际分工,专门生产自己具有绝对优势或相对优势的产品,通过国际贸易,各国都能从中获利。在此基础上,其他经济学家对国际贸易中交换比价问题,国际贸易利益分配问题等展开深入研究。瑞典的赫克歇尔(Eli F Heckscher,1879—1952)和俄林(Bertil Gottard Ohlin,1899—1979)在20世纪初,在斯密和李嘉图理论的基础上,进一步提出生产要素禀赋理论,认为各国生产要素禀赋的差异引起的产品成本差异是产生国际贸易的原因。他们和斯密及李嘉图的理论都强调自由贸易能给国际贸易参加国带来好处,因而形成国际贸易中的自由贸易理论。

但是,在国际经济贸易关系的研究中,也有人提出与自由贸易理论相对立的保护贸易理论。美国的汉密尔顿(A. Hamilton,1757—1804)提出保护幼稚工业的论点,认为每个国家要发展自己的民族工业,就必须用关税对本国的幼稚工业进行保护。德国的李斯特(F. List,1789—1846)则更加系统地提出保护贸易理论,认为后进国家要发展本国的生产力,使自己跻身于发达国家行列的唯一途径便是对本国有战略意义的工业部门进行保护,只有待到本国工业部门成长起来之后,才可以和发达国家平等地在市场上竞争。这种保护贸易理论不同于闭关锁国的自然经济理论,而是强调保护本国产业的目的在于参与世界市场的竞争,而且这种理论也为许多后进国家成为世界先进国家的事实所证实,因而对后进国家的现代化战略有深刻的影响。

自从社会主义革命爆发和社会主义国家产生以来,社会主义国家的对外贸易理论也经历了一个发展过程。马克思主义的历史唯物主义认为生产力在生产关系的发展中起关键作用,通过考察国际分工、世界市场和国际价值来发现不同国家之间商品和服务交换活动的基本规律。由于社会主义革命并不是在世界上最先进的国家中首先爆发,社会主义国家面临着如何实现工业化,跻身世界先进国家行列的问题。受国际环境和国内环境的影响,社会主义国家的工业化和现代化并没有一个固定的模式,邓小平理论在科学总结社会主义革命和建设经验的基础上,提出中国通过改革开放,参与国际分工和国际贸易来建设社会主义现代化的道路。实践表明,这是一条成功的道路,这方面的许多理论必将随着实践的发展而发展,值得我们继续深入研究。

(三)国际贸易的政策与措施

不同的国际贸易理论指导对外贸易的实践,便会产生各种各样具体的贸易政策和措施。自由贸易理论认为应当尽量消除妨碍贸易发展的各种措施,如削减关税和非关税壁垒,而保护贸易理论则认为应当根据本国产业发展的需要,采用关税和其他非关税措施,限制某些产品的进口,鼓励某些产品的出口。各种政策措施对进口和出口的影响程度是各不相同的,究竟采用哪种措施,或者是几种措施结合起来使用,达到某方面的目标,就需要我们作专门的研究分析。现代国际贸易的实践表明,国际贸易市场上既存在着竞争,又存在着不同国家之间的使用。于是不同国家又会通过签订各种协定、条约或参加某些国际经济组织来对自己的行为进行约束和规范。这些协定、条约和国际经济组织究竟会给成员国带来多少具体的经济利益或损失,通常需要研究人员进行专门的分析研究。事实告诉我们,国际经济贸易关系涉及各国的长远利益,因此各国采取的贸易政策措施通常贯穿着政治、军事上的考虑,因此在研究国际贸易政策与措施时,不能单纯从经济的角度,而应该从政治、经济的角度去看问题。

(四)与国际贸易有关的各种理论与现实问题

国际贸易学科在展开研究的时候,不可避免地会涉及与国际贸易有关和各种理论与现实问题。比如,国际贸易的发展必然会涉及一系列与之相关的货币收付、汇兑、结算、信贷等问题。而且国际贸易的发展必然会促进国际资金流动和国际金融市场的形成,引起人们对国际货币体系的研究,对国际金融机构的研究等国际金融领域内的许多问题研究。因此,人们通常会把国际金融的有关理论和实际问题,作为国际贸易学科需要研究的一部分内容。

国际贸易的发展引起了生产国际化的发展,形成了给国际经贸以重大影响的许多跨国公司,有关这些跨国公司活动的理论和实际问题,以及由生产国际化引起的区域经济一体化问题,都是国际贸易学科所十分关注的,不了解这些问题,实际上就不了解现代国际贸易的特点。同时,世界各国为了推进国际贸易自由化的发展而建立起的世界贸易组织,已成为各国从事国际经贸活动的法律框架和活动平台,无论是发达国家还是发展中国家都希望世贸组织的规则向着更有利于自己的方向发展,有关世界贸易组织的一系列问题,自然也是国际贸易学科所要研究的。

(五)国际贸易实务

这部分主要研究国际性商品交换的具体运作过程,包括该过程经历的环节、操作方法和技能、应遵循的法律和惯例等行为规范。

具体地说,就是以国际货物买卖为对象,以交易条件和合同条款为重点,以国际贸易惯例和法律法规为依据,并联系我国外贸实际,介绍国际货物买卖合同的具体内容及合同订立和履行的基本环节和一般做法。

二、国际贸易的研究方法

国际贸易学科属于社会科学,我们必须坚持马克思主义的立场和方法去研究国际贸易。坚持马克思主义并不是简单重复马克思说过的话,而是指运用他的立场观点和思想方法去研究问题。相当长的一个时期内,人们把前苏联当年在特殊情况下用计划经济方法搞经济建设和对外贸易，看做是社会主义必须具有的形式，但邓小平却提出，计划和市场只是两种方法，社会主义和资本主义经济都能采用，并提出中国应当利用国内和国际两个市场、两种资源来建设社会主义经济，从理论上解决社会主义采用市场经济方法，以及参与国际分工和国际贸易等一系列问题。这是以邓小平为代表的中国共产党人创造性运用马克思主义方法研究国际经贸问题的典范。

具体来说，我们在国际贸易学科的研究中，应当采用的方法有以下几个：

（一）坚持历史唯物主义和辩证唯物主义

由马克思所揭示的历史唯物主义是我们研究一切社会科学的锐利思想武器。一定的生产力发展水平制约着人们的意识形态和上层建筑，人们对国际经贸活动规律的认识离不开一定的生产力发展水平的制约。从生产方式所包括的生产力和生产关系两个方面来说，生产力是起决定作用的因素。国际贸易作为商品交换关系的一部分，体现了各国的生产关系，这种关系的发展水平归根到底是由生产力发展水平来决定的。

当然我们不能机械地理解和运用马克思主义的历史唯物主义。强调生产力的决定作用并不妨碍我们承认上层建筑对经济基础的反作用，以及生产关系对生产力发展的重要作用。任何机械地、片面地理解历史唯物主义只会导致国际贸易研究走入歧途。

（二）遵循历史与逻辑统一的原则

马克思主义认为经济学是一门历史的科学，应当从经济发展的历史中，寻找和发现其中的规律。如果说自然科学可以采用显微镜和化学试剂去揭示物体的特征，那么在经济学中只能运用抽象的方法，从经济发展的历史和现实中提炼出规律性的东西。历史和逻辑的辩证统一是我们研究包括国际贸易在内的经济理论的方法论基础。离开对大量经济现象的抽象分析去谈国际贸易的规律是没有意义的。而从历史和现实材料中抽象出来的规律能够使我们更主动积极和高效率地去发展对外贸易和社会主义经济。事实上，各国的历史与现实会有很大的差异，从中抽象出适用于一切国家和一切时期的经济规律不会很多，需要我们花更多工夫的是应当从不同国家的历史和现实中寻找出适用于各种不同环境条件的规律，这对于我们建设社会主义市场经济更重要。

（三）理论与实践相结合的方法

理论是实践经验的总结和提炼，而实践又是对理论进行检验的唯一标准。只有经过实践检验证明是正确的理论，才能对人们的实践起指导作用。我们之所以要研究国际贸易，就是为了指导我们的实践。我们应当消除那种陈腐的观念，似乎存在着一种不需要经过实践证明的“先验的真理”，其他一切观点和理论是否正确就看它们是否符合这种先验的真理,我国在社会主义建设问题上,在相当一段时期内就曾受过这种教条主义的束缚。那个时期判断一种观点是否正确,就看它是否符合革命导师说过的话。把革命导师根据他们那时候实践总结出来的理论观点,把他们写的书本作为检验真理的标准。直到我国的思想理论界通过“实践是检验真理的唯一标准”的大讨论,才从这种“左”的教条主义中解放出来。以邓小平为核心的党的第二代领导集体,依据中外社会主义革命和建设的历史经验以及现实环境,果断地作出改革开放的决策,走社会主义市场经济的道路,使我国经济建设获得了举世瞩目的高速发展。诚然,实践是不断发展的,环境也在不断变化,因此,理论也应当随着实践而不断发展。

第二节 国际贸易的产生和发展

国际贸易是在人类社会生产力发展到一定的阶段时才产生和发展起来的,它是一个历史范畴。国际贸易的产生必须具备两个基本的条件,一是要有国家的存在,二是产生了对国际分工的需要,而国际分工只有在社会分工和私有制的基础上才可能形成。这些条件不是人类社会一产生就有的,而是随着社会生产力的不断发展和社会分工的不断扩大而逐渐形成的。

一、原始社会的贸易

在原始社会初期,人类的祖先结伙群居,打鱼捕兽,生产力水平极度低下,人们处于自然分工状态,劳动成果仅能维持群体最基本的生存需要,没有剩余产品用以交换,因此谈不上有对外贸易。

人类历史的第一次社会大分工,即畜牧业和农业的分工,促进了原始社会生产力的发展,产品除维持自身需要以外,还有少量的剩余。人们为了获得本群体不生产的产品,便出现了氏族或部落之间用剩余产品进行原始的物物交换。当然,这种交换还是极其原始并偶然发生的物物交换。

在漫长的年代里,随着社会生产力的继续发展,手工业从农业中分离出来成为独立的部门,形成了人类社会第二次大分工。由于手工业的出现,便产生了直接以交换为目的的生产——商品生产。当产品是专门为满足别人的需要而生产时,商品交换就逐渐成为一种经常性的活动。随着商品生产和商品交换的扩大,出现了货币,于是,商品交换就变成了以货币为媒介的商品流通。这样就进一步促使私有制和阶级的形成。由于商品交换的日益频繁和交换的地域范围不断扩大,又产生了专门从事贸易的商人阶层。第三次社会大分工使商品生产和商品流通进一步扩大。商品生产和流通更加频繁和广泛,从而阶级和国家相继最后形成。于是,到原始社会末期,商品流通开始超越国界,这就产生了对外贸易。

人类社会三次大分工,每次都促进了社会生产力的发展和剩余产品的增加,同时也促进了私有制的发展和奴隶制的形成。在原始社会末期和奴隶社会初期,随着阶级和国家的出现,商品交换超出了国界,国家之间的贸易便产生了。可见,在社会生产力和社会分工发展的基础上,商品生产和商品交换的扩大,以及国家的形成,是国际贸易产生的必要条件。

二、奴隶社会的国际贸易

在奴隶社会,自然经济占主导地位,其特点是自给自足,生产的目的主要是为了消费,而不是为了交换。奴隶社会虽然出现了手工业和商品生产,但在一国整个社会生产中显得微不足道,进入流通的商品数量很少。同时,由于社会生产力水平低下和生产技术落后,交通工具简陋,道路条件恶劣,严重阻碍了人与物的交流,对外贸易局限在很小的范围内,其规模和内容都受到很大的限制。

奴隶社会是奴隶主占有生产资料和奴隶的社会,奴隶社会的对外贸易是为奴隶主阶级服务的。当时,奴隶主拥有财富的重要标志是其占有多少奴隶,因此奴隶社会国际贸易中的主要商品是奴隶。据记载,希腊的雅典就曾经是一个贩卖奴隶的中心。此外,粮食、酒及其他专供奴隶主阶级享用的奢侈品,如宝石、香料和各种织物等也都是当时国际贸易中的重要商品。

奴隶社会时期从事国际贸易的国家主要有腓尼基、希腊、罗马等,这些国家在地中海东部和黑海沿岸地区主要从事贩运贸易。我国在夏商时代进入奴隶社会,贸易集中在黄河流域沿岸各国。

对外贸易在奴隶社会经济中不占有重要的地位,但是它促进了手工业的发展,奴隶贸易成为奴隶主经常补充奴隶的重要来源。

三、封建社会的国际贸易

封建社会时期的国际贸易比奴隶社会时期有了较大的发展。在封建社会早期,封建地租采取劳役和实物的形式,进入流通领域的商品并不多。到了中期,随着商品生产的发展,封建地租转变为货币地租的形式,商品经济得到进一步的发展。在封建社会晚期,随着城市手工业的发展,资本主义因素已孕育生长,商品经济和对外贸易都有较快的发展。

在封建社会,封建地主阶级占统治地位,对外贸易是为封建地主阶级服务的。奴隶贸易在国际贸易中基本消失。参加国际贸易的主要商品,除了奢侈品以外,还有日用手工业品和食品,如棉织品、地毯、瓷器、谷物和酒等。这些商品主要是供国王、君主、教堂、封建地主和部分富裕的城市居民享用的。

在封建社会,国际贸易的范围明显扩大。亚洲各国之间的贸易由近海逐渐扩展到远洋。早在西汉时期,中国就开辟了从长安经中亚通往西亚和欧洲的陆路商路——丝绸之路,把中国的丝绸、茶叶等商品输往西方各国,换回良马、种子、药材和饰品等。到了唐朝,除了陆路贸易外,还开辟了通往波斯湾以及朝鲜和日本等地的海上贸易。在宋、元时期,由于造船技术的进步,海上贸易进一步发展。在明朝永乐年间,郑和曾率领商船队七次下“西洋”,经东南亚、印度洋到达非洲东岸,先后访问了三十多个国家,用中国的丝绸、瓷器、茶叶、铜铁器等同所到的国家进行贸易,换回各国的香料、珠宝、象牙和药材等。

在欧洲,封建社会的早期阶段,国际贸易主要集中在地中海东部。在东罗马帝国时期,君士坦丁堡是当时最大的国际贸易中心。公元7—8世纪,阿拉伯人控制了地中海的贸易,通过贩运非洲的象牙、中国的丝绸、远东的香料和宝石,成为欧、亚、非三大洲的贸易中间商。11世纪以后,随着意大利北部和波罗的海沿岸城市的兴起,国际贸易的范围逐步扩大到整个地中海以及北海、波罗的海和黑海的沿岸地区。当时,南欧的贸易中心是意大利的一些城市,如威尼斯、热那亚等,北欧的贸易中心是汉撒同盟的一些城市,如汉堡、卢卑克等。

综上所述,资本主义社会以前的国际贸易是为奴隶主和封建地主阶级利益服务的。随着社会生产力的提高,以及社会分工和商品生产的发展,国际贸易不断扩大。但是,由于受到生产方式和交通条件的限制,商品生产和流通的主要目的是为了满足剥削阶级奢侈生活的需要,贸易主要局限于各洲之内和欧亚大陆之间,国际贸易在奴隶社会和封建社会经济中都不占有重要的地位,贸易的范围和商品品种都有很大的局限性,贸易活动也不经常发生。然而,15世纪的“地理大发现”及由此产生的欧洲各国的殖民扩张则大大发展了各洲之间的贸易,从而开始了真正意义上的“世界贸易”,而到了资本主义社会国际贸易才获得了广泛的发展。

四、资本主义时期的国际贸易

15世纪末期至16世纪初,地理大发现对西欧经济发展和全球国际贸易产生了十分深远的影响。大批欧洲冒险家前往非洲和美洲进行掠夺性贸易,运回大量金银财富,甚至还开始了买卖黑人的罪恶勾当,同时还将这些地区沦为本国的殖民地,妄图长久地保持其霸权。这样,既加速了资本原始积累,又大大推动了国际贸易的发展。西班牙、荷兰、英国之间长期战火不断,目的就是为了争夺海上霸权,讲到底,就是要争夺殖民地和国际贸易的控制权。可见,国际贸易是资本主义生产方式的基础,同争夺海运和国际贸易的霸权相呼应,这些欧洲国家的外贸活动常常具有一定的垄断性质，甚至还建立了垄断性外贸公司（如英国的东印度公司）。

17 世纪中期英国资产阶段革命的胜利，标志着资本主义生产方式的正式确立。随后英国夺得海上霸权，意味着它在世界贸易中占据主导地位，这就为它向外掠夺扩张铺平了道路。18 世纪中期的产业革命又为国际贸易的空前发展提供了十分坚实而又广阔的物质基础。一方面，蒸汽机的发明使用开创了机器大工业时代，生产力迅速提高，物质产品大为丰富，从而真正的国际分工开始形成。另一方面，交通运输和通讯联络的技术和工具都有突飞猛进的发展，各国之间的距离似乎骤然变短，这就使得世界市场真正得以建立。正是在这种情况下，国际贸易有了惊人的巨大发展，并且从原先局部的、地区性的交易活动转变为全球性的国际贸易。这个时期的国际贸易，不仅贸易数量和种类有长足增长，而且贸易方式和机构职能也有创新发展。显然，国际贸易的巨大发展是资本主义生产方式发展的必然结果。

19 世纪 70 年代后，资本主义进入垄断阶段，此时的国际贸易不可避免地带有“垄断”的特点。主要资本主义国家的对外贸易被为数不多的垄断组织所控制，由它们决定着一国对外贸易的地理方向和商品构成。垄断组织输出巨额资本，用来扩大商品输出的范围和规模。它们又互相勾结，建立起国际联盟组织，共同瓜分势力范围。如果说自由竞争时期的国际贸易活动还在推动资本主义主义方式发展的话，此时资本主义国际贸易则完全是为了攫取高额垄断利润，为了更有效地争夺原料产地、商品市场和投资场所。正因为这样，从全球范围来看，国际贸易的范围和规模在不断扩大，国际贸易越来越成为各国经济发展的重要因素。

两次世界大战期间，资本主义世界爆发了三次经济危机，战争的破坏和空前的经济危机使世界工业生产极为缓慢，在 1912—1938 年的 26 年间，世界工业生产量只增长了 83%，同时，这一时期贸易保护主义显著加强，奖出限入措施交互推进，螺旋上升，给国际贸易的发展设置了层层的人为障碍。因此，两次世界大战期间，国际贸易的扩大过程几乎处于停滞状态。1913—1938 年，世界贸易量只增长了 3%，年增长率为 0.7%，世界贸易值反而减少了 32%，而且这一时期，国际贸易的增长更为明显地落后于世界工业生产的增长，许多国家对对外贸易的依赖性减小了。

在这一时期，国际贸易的地理格局发生了变化。第一次世界大战打断了各国间特别是欧洲国家与海外国家间的经济贸易联系，使欧洲在国际贸易中的比重下降，而美国的比重却有了较大的增长。亚洲、非洲和拉丁美洲经济不发达国家在国际贸易中的比重亦有所上升。但在这一时期，欧洲国家仍然处于国际贸易的控制地位,因为两次世界大战间的经济危机和超保护主义政策措施在限制欧洲各国间贸易的同时,鼓励和扩大了欧洲对其他国家的贸易。

在1913—1937年的初级产品贸易中,食品和农业原料所占的比重都下降了,但燃料和其他矿产品所占比重均有增加。制成品贸易结构的突出变化是重工业品贸易所占比重显著增加和纺织品贸易比重下降。金属和化学品的国际贸易比重也有所增加,但其他轻工产品贸易比重则下降了。制成品贸易日益从消费品贸易转向资本货物贸易,半制成品贸易也稍有增加。

五、二战后的国际贸易

第二次世界大战后,世界经济又一次发生了巨大变化,国际贸易再次出现了飞速增长,其速度和规模都远远超过了19世纪工业革命以后的贸易增长。从1950年到2000年的50年中,全世界的商品出口总值从约610亿美元增加到61328亿美元,增长了100余倍。即使扣除通货膨胀因素,实际商品出口值也增长了15倍多,远远超过了工业革命后乃至历史上任何一个时期的国际贸易增长速度。而且,世界贸易实际价值的增长速度(年平均增长6%左右)超过了同期世界实际GDP增长的速度(年平均增长3.8%左右)。这意味着国际贸易在各国的GDP中的比重在不断上升,国际贸易在现代经济中的地位越来越重要。

二战后国际贸易领域出现了两个不同于以前的特征:服务贸易的快速发展和电子商务的广泛应用。二战后,伴随着第三次科学技术革命的发生,各国尤其是发达国家产业结构不断优化,第三产业急剧发展,加上资本国际化和国际分工的扩大和深化,国际服务贸易得到迅速发展。发达国家服务业占其国内生产总值比重达2/3,其中美国已达3/4,发展中国家服务业所占比重也达1/2。发达国家服务业就业人数占其总就业人数比重达2/3,发展中国家的这一比重达1/3。随着服务业的发展,其专业化程度日益提高,经济规模不断扩大,从而效率不断提高,为国际服务贸易打下了坚实的基础。在国际贸易商品结构不断软化的过程中,国际贸易的交易手段也发生着变化。特别是20世纪90年代,随着信息技术的发展,信息、计算机等高科技手段在国际贸易上的应用,出现了电子商务这种新型的贸易手段,无纸贸易和网上贸易市场的发展方兴未艾。已经引起了全球范围的结构性商业革命,有人声称,没有EDI,就没有订单。据统计,EDI使商务文件传递速度提高81%,文件成本降低44%,文件处理成本降低38%,由于错讯造成的商贸损失减少40%,市场竞争能力则提高34%。利用国际互联网络进行的网上交易也呈逐年上扬的势头,据国际电信联盟统计称,1996年因特网交易总额为20亿—30亿美元,1998年增长至500亿美元。

电子商务的蓬勃发展,为企业生存注入了强大的活力。为推动我国电子商务的发展,各级外经贸部门要充分发挥掌握国际市场信息的优势,加紧研究,为实施"科技兴贸"战略发挥积极的市场导向作用。运用现代先进的电子网络技术,建立高新技术产品的信息数据库和电子交易系统,形成连接国际市场和国内高技术企业产品出口的专用信息网、交易网,使广大中、小高技术企业能够及时获知国内外高技术产业发展状况和高技术产品的供求信息,并根据这些信息,完成自己的技术创新,跻身国际市场。

随着历史的演进,科学技术的发展,国际贸易无论是其总量、规模,还是结构、形式都将逐步改变。

第三节　国际贸易的基本概念与分类

一、国际贸易的分类

国际贸易涉及商品、技术、服务三大领域,目前国际上仍按五个标准分类:

(一)按商品形态不同,分为有形贸易与无形贸易

有形贸易(Visible Trade)是"无形贸易"的对称,指商品的进出口贸易。由于商品是可以看得见的有形实物,故商品的进出口被称为有形进出口,即有形贸易。国际贸易中的有形商品种类繁多,为便于统计,联合国于1950年起草了《联合国国际贸易标准分类》,并分别在1960年、1975年和1985年对其进行了修订。在这个标准分类中,把国际贸易商品共分为10大类(参见表1-1)、67章、261组、1033个分组和3118个基本项目。

表1-1　联合国对国际贸易商品的主要分类

0	食品及主要供食用的活动物	1	饮料及烟类
2	燃料以外的非食用粗原料	3	矿物燃料、润滑油及有关原料
4	动植物油脂及油脂	5	未列名化学品及有关产品
6	主要按原料分类的制成品	7	机械及运输设备
8	杂项制品	9	没有分类的其他商品

在国际贸易中,一般把0到4类商品称为初级产品,把5到8类商品称为制成品。

无形贸易(Invisible Trade)是"有形贸易"的对称,指技术贸易、服务贸易或

其他非实物商品的进出口而发生的收入与支出。主要包括:技术产品,如专利(发明、实用新型、外观设计)、方法、配方等;服务产品,如提供运输、保险、金融、旅游、信息咨询等;和商品进出口有关的一切从属费用的收支,如运输费、保险费、商品加工费、装卸费等;和商品进出口无关的其他收支,如国际旅游费用、外交人员费用、侨民汇款、使用专利特许权的费用、国外投资汇回的股息和红利、公司或个人在国外服务的收支等。

以上各项中的收入,称为"无形出口";以上各项中的支出,称为"无形进口"。

有形贸易因要结关,故其金额显示在一国的海关统计上;无形贸易不经过海关办理手续,其金额不反映在海关统计上,但显示在一国国际收支表上。

(二)按商品流向不同,分为进口贸易、出口贸易、过境贸易与转口贸易

1. 进口贸易。进口贸易又称输入贸易(Import Trade),是指将外国商品输入本国市场销售。输往国外的商品未经消费和加工又输入本国,称为复进口或再输入(Re - Import Trade)。

2. 出口贸易。出口贸易又称输出贸易(Export Trade),是指本国生产或加工的商品输往国外市场销售。从国外输入的商品,未在本国消费,又未经本国加工而再次输出国外,称为复出口或再输出(Re - Export Trade)。

3. 过境贸易。过境贸易(Transit Trade)是指甲国向乙国运送商品,由于地理位置的原因,必须通过第三国。过境贸易可分为直接和间接两种。直接过境贸易是外国商品纯系转运性质经过本国,并不存放在本国海关仓库,在海关监督下,从一个港口通过国内航线装运到另一个港口再输出国外;或在同一港口内从这艘船装到另一艘船;或在同一车站从这列火车转装到另一列火车后离开国境。间接过境贸易是外国商品运到国境后,先存放在海关保税仓库,以后未经加工改制,又从海关保税仓库提出,再运出国境。根据专门贸易体系,这种商品移动作为过境贸易处理不计入对外贸易额内。

4. 转口贸易。转口贸易又称中转贸易(Intermediary Trade)或再输出贸易(Re - Export Trade),是指国际贸易中进出口货物的买卖,不是在生产国与消费国之间直接进行,而是通过第三国转手进行的贸易。这种贸易对中转国来说就是转口贸易。交易的货物可以由出口国运往第三国,在第三国不经过加工(改换包装、分类、挑选、整理等不作为加工论)再销往消费国;也可以不通过第三国而直接由生产国运往消费国,但生产国与消费国之间并不发生交易关系,而是由中转国分别同生产国和消费国发生交易。转口贸易有货物集散地、仓库、堆栈之意,它属于再出口贸易和过境贸易中间接过境的一部分。

转口贸易的发生,主要是有些国家(或地区)由于地理的、历史的、政治的或

经济的因素，其所处的位置适合于作为货物的销售中心。这些国家（或地区）输入大量货物，除了部分供本国或本地区消费外，又再出口到邻近国家和地区。如新加坡、香港、伦敦、鹿特丹等，都是国际著名的中转地，拥有数量很大的转口贸易。它们通过转口贸易除了可以得到可观的转口利润和仓储、运输、装卸、税收等收入外，同时也推动了当地金融、交通、电讯等行业的发展。

（三）按贸易参与国数量不同，分为双边贸易和多边贸易

1. 双边贸易。双边贸易（Bilateral Trade）是两个国家之间通过协议，在双边结算的基础上进行贸易。双边贸易原则上应保持两国贸易平衡，一方以出口额支付购买对方国商品、技术。

2. 多边贸易。多边贸易（Multilateral Trade）是指三个或三个以上的国家，为求相互间的收支在整体上获得平衡，通过协议在多边结算的基础上所进行的贸易，又称多角贸易。其产生往往是由于两国间彼此供应的商品不对路或价格不相当，以致进出口不能平衡，外汇收支发生困难，需要第三国或更多的国家参加协议，建立三国或多国贸易，以使彼此间的进出口达到基本平衡。例如有甲、乙、丙三国，甲对乙出超 1000 万美元，乙对丙出超 1000 万美元，丙对甲出超 1000 万美元。从双边贸易角度看，任何一国都有 1000 万美元出超，也有 1000 万美元入超，但任何两国之间都不能保持贸易平衡。通过签订多边贸易协定，相互以其出超抵偿入超，则三国的贸易收支都能得到平衡。

在双边贸易情况下，每个国家同它的各个贸易伙伴单独地平衡它的进口和出口，由于受到外汇支付上的限制，双方贸易只能在较小数额的基础上进行，即双方贸易必须在愿意进口较少数额的那个国家的水平上进行。而在多边贸易情况下，由于每个国家都可以用对某些国家的出超支付对另一些国家的入超，所以各个国家的贸易总额都扩大了，但进出口仍然是平衡的。

多边贸易的广泛开展，要求货币的自由兑换以及取消税率和其他各种的限制。有时为了清算上的方便，几国达成协议，通过某一清算机构统一进行贸易和其他项目的清算，参加国之间的贸易差额和其他国际收支差额，可以相互冲销，这种形式实际上也属于多边贸易。

（四）按贸易关系不同，分为直接贸易和间接贸易

1. 直接贸易。直接贸易（Direct Trade）指商品生产国与商品消费国不通过第三国进行买卖商品的行为。贸易的出口国方面称为直接出口，进口国方面称为直接进口。

2. 间接贸易。间接贸易（Indirect Trade）指商品生产国与商品消费国通过第三国进行买卖商品的行为，间接贸易中的生产国称为间接出口国，消费国称为间接进口国，而第三国则是转口贸易国，第三国所从事的就是转口贸易。

例如,战后的伊拉克有一些商机,但是风险也很大。我国的有些企业在向伊拉克出口商品时,大多是先把商品卖给伊拉克的周边国家,再由伊拉克的周边国家转口到伊拉克。

(五)按贸易方式不同,分为协定贸易、易货贸易、补偿贸易、租赁贸易、寄售贸易等

1. 协定贸易。协定贸易(Agreement Trade)是根据缔约国之间签订的贸易协定进行的对外贸易活动,可分为双边贸易协定和多边贸易协定,政府间的贸易协定及民间团体签署的贸易协定。

贸易协定是两个国家或几个国家间为了建立、巩固和发展经济贸易关系而签订的一种书面协议。在两个国家间签订的,称为双边贸易协定;在两个以上国家间签订的,称为多边贸易协定。在国际贸易中,通常以双边贸易协定为多。贸易协定所包括的内容繁简不同,一般包括贸易额、货单、作价原则、支付和清算办法、关税优惠、关税减让和协定有效期等,有的还包括对进出口商品的转口、商品检验、仲裁和设立商务机构等有关规定。没有签订通商航海条约的国家间,在订立贸易协定时,还常常把最惠国待遇条款订入有关贸易协定中。

在20世纪30年代世界经济危机期间,协定贸易曾被资本主义国家用为扩大贸易的一种手段。第二次世界大战后,随着世界政治、经济情况的变化,它已成为国际贸易中一种特定的贸易方式,为许多国家所广泛采用。

2. 易货贸易。易货贸易(Barter Trade)是指双方协定的价格,在短时期内完成的货物和劳务的直接交换,不涉及货币交换,通常由双方参与只进行一次的交易。

3. 补偿贸易。补偿贸易(Compensation Trade)是指国外厂商提供或利用国外进出口信贷进口生产技术和设备,由东道国企业进行生产,以返销其产品的方式分期偿还对方技术、设备价款或信贷本息的贸易方式。

4. 租赁贸易。租赁贸易(Lease Trade)是指采取以商品为媒介的信贷形式,双方按协议(契约),出租方把商品租给承租方,在一定时期内使用,收取一定租金的贸易方式。分金融租赁、维修租赁、经营租赁三种形式。

5. 寄售贸易。寄售贸易(Consignment Trade)是指把货物运交代销人暂不收取货款,由代销人按照代销协议规定的条件,在当地市场上代理销售后,再结算货款的业务。寄售贸易是国际上习惯采用的一种方法。寄售双方属于委托关系,而不是买卖关系。

二、国际贸易的基本概念

(一)国际贸易与对外贸易

国际贸易(International Trade)亦称“世界贸易”,泛指国际间的商品和劳务(或货物、知识和服务)的交换。它由各国(地区)的对外贸易构成,是世界各国对外贸易的总和。国际贸易在奴隶社会和封建社会就已发生,并随生产的发展而逐渐扩大。到资本主义社会,其规模空前扩大,具有世界性。

对外贸易(Foreign Trade)亦称“国外贸易”或“进出口贸易”,是指一个国家(地区)与另一个国家(地区)之间的商品和劳务的交换。这种贸易由进口和出口两个部分组成。对运进商品或劳务的国家(地区)来说,就是进口;对运出商品或劳务的国家(地区)来说,就是出口。

(二)总贸易与专门贸易

总贸易(General Trade)是“专门贸易”的对称,是指以国境为标准划分的进出口贸易。凡进入国境的商品一律列为总进口;凡离开国境的商品一律列为总出口。在总出口中又包括本国产品的出口和未经加工的进口商品的出口。总进口额加总出口额就是一国的总贸易额。美国、日本、英国、加拿大、澳大利亚、中国、苏联及东欧一些国家采用这种划分标准。

专门贸易(Special Trade) 是“总贸易”的对称,是指以关境为标准划分的进出口贸易。只有从外国进入关境的商品以及从保税仓库提出进入关境的商品才列为专门进口。当外国商品进入国境后,暂时存放在保税仓库,未进入关境,不列为专门进口。从国内运出关境的本国产品以及进口后经加工又运出关境的商品,则列为专门出口。专门进口额加专门出口额称为专门贸易额。德国、意大利等国采用这种划分标准。

(三)国际贸易值与国际贸易量

国际贸易值(Value of International Trade) 又称国际贸易额,是用货币表示的反映一定时期内世界贸易规模的指标,是一定时期内世界各国(地区)出口贸易额的总和。一定时期内一国从国外进口的商品的全部价值,称为进口贸易总额或进口总额;一定时期内一国向国外出口的商品的全部价值,称为出口贸易总额或出口总额。两者相加为进出口贸易总额或进出口总额,是反映一个国家对外贸易规模的重要指标。一般用本国货币表示,也有的用国际上习惯使用的货币表示。联合国编制和发表的世界各国对外贸易值的统计资料,是以美元表示的。

把世界上所有国家的进口总额或出口总额用同一种货币换算后加在一起,即得世界进口总额或世界出口总额。就国际贸易来看,一国的出口就是另一国的进口,如果把各国进出口值相加作为国际贸易总值就是重复计算。因此,一般是把各国进出口值相加,作为国际贸易值。由于各国一般都是按离岸价格(FOB 即起运港船上交货价,只计成本,不包括运费和保险费)计算出口额,按到岸价格(CIF 即成本、保险费加运费)计算进口额。因此世界出口总额略小于世界进口总额。

国际贸易量(Quantity of International Trade)是以商品计量单位表示贸易规模的指标。以货币所表示的对外贸易值经常受到价格变动的影响,因而不能准确地反映一国对外贸易的实际规模,更不能使不同时期的对外贸易值直接比较。为了反映进出口贸易的实际规模,通常以贸易指数表示,其办法是按一定期的不变价格为标准来计算各个时期的贸易值,用进出口价格指数除进出口值,得出按不变价格计算的贸易值,便剔除了价格变动因素,就是贸易量。然后,以一定时期为基期的贸易量指数同各个时期的贸易量指数相比较,就可以得出比较准确的反映贸易实际规模变动的贸易量指数。

贸易量是以固定年份为基期而确定的进出口价格指数去除报告期的进出口额而得出的按不变价格计算的贸易额,反映贸易实际规模的发展变化。其计算公式为:

$$贸易量=\frac{进出口额}{进出口价格指数}$$

例如,假定 1991 年世界出口值为 14000 亿美元,2001 年世界出口值为 30000 亿美元,设 1991 年出口价格指数为 100,2001 年为 160,试比较 2001 年世界出口值和世界出口贸易量与 1991 年世界出口值的增长变化情况。

$$\frac{2001\text{ 年出口额}}{1991\text{ 年出口额}}=\frac{30000}{14000}\approx 2.14(倍)$$

$$\frac{2001\text{ 年出口贸易量}}{1991\text{ 年出口值}}=\frac{\dfrac{\dfrac{3000}{160}}{100}}{14000}=\frac{18750}{14000}\approx 1.34(倍)$$

由此可见,按贸易额(值)计算,2001 年世界出口额是 1991 年世界出口额的 2.14 倍,增加了 114%;按贸易量计算,剔除价格上涨的因素,2001 年世界出口贸易量是 1991 年世界出口贸易量(当 1991 年为基期时,价格指数为 100,贸易量等于贸易值)的 1.34 倍,仅增加了 34%。由于计算贸易量可以得出较为准确的反映贸易实际规模变动的情况,所以许多国家和国际组织都采用这种方法计算贸易量。

(四)国际贸易条件

国际贸易条件(Terms of Trade)又称交换比价或贸易比价,是指一个国家在一定时期内出口商品价格与进口商品价格之间的对比关系，即出口价格与进口价格之间的比率，也就是说一个单位的出口商品可以换回多少进口商品。它是用出口价格指数与进口价格指数来计算的。其计算公式为：

$$贸易条件指数 = \frac{出口价格指数}{进口价格指数} \times 100$$

如果贸易条件指数大于100，说明出口价格比进口价格相对上涨，出口同量商品能换回比原来更多的进口商品，该国的该年度贸易条件比基期有利，即得到改善；如果贸易条件指数小于100，说明出口价格比进口价格相对下跌，出口同量商品能换回的进口商品比原来减少，该国的该年度贸易条件比基期不利，即有所恶化。

（五）国际贸易商品结构

国际贸易商品结构是指整个世界在一定时期内各类别商品在国际贸易总额中所占的比重，反映世界总体的经济发展水平、产业结构状况及各类别商品在国际贸易中所占的地位。对外贸易商品结构是指一个国家在一定时期内，各类别的进出口商品占整个进出口额的比重，反映一个国家的经济发展水平、产业结构状况及在国际分工中所处的地位。这里涉及一个商品分类的问题，一般有两种分类方法。

一是联合国秘书处的《国际贸易商品标准分类》（SITC）：把有形商品依次分为10大类，其中0～4类商品称为初级品，把5～8类商品称为制成品，第9类为没有分类的其他商品。初级产品、制成品在进出口商品中所占的比重就表示了贸易的商品结构。

二是按生产某种商品所投入的生产要素进行分类，可分为劳动密集型商品、资本密集型商品等某种生产要素密集型商品。

一般来说，一个国家出口制成品所占的比重越大，反映该国的经济发展水平越高，在国际分工中所占的优势越大；一个国家出口的商品结构越是多样化，就越能适应国际市场的需求和变化，该国在国际分工中的地位也就相对有利。战后随着科学技术的进步、世界经济的发展，国际贸易商品结构也发生了重大变化，工业制成品所占的比重逐渐上升，初级产品所占的比重日趋减少。

（六）国际贸易地理方向

国际贸易地理方向（International Trade by Region），又称国际贸易地理分布，是指在一定时期内世界贸易的洲别、国别或地区分布情况和商品流向，通常以一定时期内世界各洲、各国或地区的出口额（或进口额）占世界出口贸易总额（或进口贸易总额）的比重来表示。它反映世界各洲、各国或地区在国际贸易中所占的地位。观察和研究不同时期的国际贸易地理方向，对于我们掌握市场行情的发展变化，认识世界各国间的经济交换关系及密切程度，开拓新的国外市场,均有重要的意义。

对外贸易地理方向(Direction of Foreign Trade)又称对外贸易地区分布或国别结构,是指一定时期内各个国家或区域集团在一国对外贸易中所占有的地位,通常以它们在该国进出口总额或进口总额、出口总额中的比重来表示。对外贸易地理方向指明一国出口商品的去向和进口商品的来源,从而反映一国与其他国家或区域集团之间经济贸易联系的程度。一国的对外贸易地理方向通常受经济互补性、国际分工的形式与贸易政策的影响。

(七)贸易差额

贸易差额(Balance of Trade)是一国在一定时期内(如一年、半年、一季、一月)出口总值与进口总值之间的差额。一国对外贸易按出口大于、小于或等于进口等情况,分别构成贸易顺差、贸易逆差或贸易平衡。

所谓贸易顺差(Favorable Balance of Trade)是指在特定年度一国出口贸易总额大于进口贸易总额,又称"出超",表示该国当年对外贸易处于有利地位。贸易顺差的大小在很大程度上反映一国在特定年份对外贸易活动状况。通常情况下,一国不宜长期大量出现对外贸易顺差,因为此举很容易引起与有关贸易伙伴国的摩擦。例如,美、日两国双边关系市场发生波动,主要原因之一就是日方长期处于巨额顺差状况。与此同时,大量外汇盈余通常会致使一国市场上本币投放量随之增长,因而很可能引起通货膨胀压力,不利于国民经济持续、健康发展。

贸易逆差(Unfavorable Balance of Trade)是指一国在特定年度内进口贸易总值大于出口总值,俗称"入超",反映该国当年在对外贸易中处于不利地位。同样,一国政府当局应当设法避免长期出现贸易逆差,因为大量逆差将致使国内资源外流,对外债务增加。这种状况同样会影响国民经济正常运行。

贸易平衡(Balance of Trade)是指一国在特定年度内外贸进、出口总额基本上趋于平衡。纵观世界各国(地区)政府的外贸政策实践,这种现象并不多。一般来说,一国政府在对外贸易中应设法保持进出口基本平衡,略有结余,此举有利于国民经济健康发展。

(八)对外贸易依存度

对外贸易依存度(Foreign Dependence Degree)是衡量一个国家国民经济对进出口贸易的依赖程度的一个指标,一般以该国在一定时期内进出口贸易值占该国同时期国民生产总值(或国内生产总值)的比重表示。比重越大,说明该国的对外贸易依存度越大,反之则小。

为了准确地表示一国经济增长对外贸的依赖程度,我们又将对外贸易依存度分为进口依存度和出口依存度。进口依存度反映一国市场对外的开放程度,出口依存度则反映一国经济对外贸的依赖程度。对外贸易依存度的计算公式为：

对外贸易依存度 =（进出口总额/GDP）×100%

对外贸易进口依存度 =（进口额/GDP）×100%

对外贸易出口依存度 =（出口额/GDP）×100%

一般来说，一国对外贸易依存度越高，表明该国经济发展对外贸的依赖程度越大，同时也表明对外贸易在该国国民经济中的地位越重要。由于各国经济发展的水平不同，对外贸易政策的差异，国内市场的大小不同，导致各国的对外贸易依存度有较大差异。但伴随经济的全球化，对外贸易在各国经济中的比重都在增加。1980～2000 年间，世界货物贸易的年均增长速度达到 6.1%，而世界经济增长速度为 5.4%。据 WTO 和 IMF 的数据测算，1960 年全球外贸依存度为 25.4%，1970 年为 27.9%，1990 年升至 38.7%，2000 年升至 41.7%，2003 年已接近 45%。中国作为发展中国家，对外贸易依存度也逐年提高。

本章小结

国际贸易是在人类社会生产力发展到一定的阶段时才产生和发展起来的，它是一个历史范畴。国际贸易的产生必须具备的两个基本条件，即国家的存在和产生对国际分工的需要，是随着社会生产力的不断发展和社会分工的不断扩大而逐渐形成的。

国际贸易研究的内容众多，涉及的范围较广。在学习和研究的过程中，要注意把马克思主义作为基本的指导思想，同时要坚持历史唯物主义和辩证唯物主义，遵循历史与逻辑统一的原则，把理论与实践相结合。只有这样，才能正确地分析和解释国际贸易。

从不同的角度看，国际贸易又被称为对外贸易和世界贸易等。这些名称的提法虽然不同，但实质内涵基本相同，都是指国家或地区间商品和服务的交换活动。这些也就是国际贸易的研究对象。国际贸易涉及的基本概念很多，本章从一些主要的角度对国际贸易进行了分类，介绍了各种有关国际贸易的基本概念，并介绍了统计中经常用到的基本概念。

重要概念

国际贸易　转口贸易　多边贸易　国际贸易量　国际贸易商品结构　国际贸易地理方向　国际贸易条件　净出口和净进口　对外贸易依存度

习　题

1. 国际贸易研究的对象和方法是什么？
2. 总贸易和专门贸易的区别是什么？
3. 国际贸易量怎样计算？它与国际贸易值有何区别？
4. 如何看待贸易差额？
5. 什么是贸易条件？如何分析国际贸易条件？
6. 什么是对外贸易依存度？如何看待一国的对外贸易依存度？

第二章　国际贸易纯理论

学习目标

●熟悉和掌握自重商主义以来国际贸易理论的发展过程。

●了解亚当·斯密的国际贸易理论与重商主义贸易思想的本质区别。

●重点学习和掌握比较优势理论、要素禀赋理论、里昂惕夫悖论、产品生命周期理论和产业内贸易理论的主要内容。

本章介绍自18世纪下半叶以来关于国际贸易产生的原因和效果的一系列理论，而对于同属于国际贸易理论的其他部分，如贸易政策、贸易政策措施等并不涉及，故称为国际贸易纯理论。本章按时间顺序进行叙述，所谓“古典”是指自古典政治经济学产生以来至20世纪初的一段时期。

第一节　古典国际贸易理论

最早对国际贸易提出较为系统的理论解释和政策主张的是重商主义学派，重商主义是在15世纪末至18世纪末流行于西欧的一个思想流派，它代表的是新型商业资产阶级利益和要求。重商主义虽然不属于古典政治经济学的范畴，但要真正理解古典国际贸易理论的精髓及其跨时代意义，必须对重商主义的贸易思想有一定的了解。

一、重商主义的贸易思想

重商主义的贸易思想源于其基本经济思想。重商主义认为，只有货币（即金银）才是真正的财富，因此，无论是个人还是国家要想致富，必须增加其所拥有的金银的数量，所以，贸易就几乎成为人们致富的唯一手段。而国内贸易只是使社会既有的金银总量在其成员之间再分配，整个社会财富的总量并没有增加。只有对外贸易才可以改变一国的金银即财富总量，在国际贸易中，出口国可以以本国产品换取外国的金银从而使国家致富，进口国则由于进口外国产品造成货币流失而使国家变穷。因此，在重商主义者眼中，国际贸易是“零和博弈”,对外贸易可以使一国致富,但必须在贸易中贯彻贱买贵卖,多卖少买、甚至只卖不买的政策。

重商主义理论虽然是在特定历史条件下提出的,而且对于资本主义生产方式的准备也起过积极的作用,但是它错误地解释了国际贸易的原因,曲解了国际贸易的作用,加之其严格限制进口的主张不仅破坏了生产活动,而且也严重地限制了国际贸易的发展。针对这种思想,政治经济学的开山鼻祖亚当·斯密提出了自己的看法,第一次对国际贸易的原因与作用进行了科学解释。

二、绝对优势理论

(一)绝对优势理论的主要内容

亚当·斯密(Adam Smith,1723—1790)指出,一国之所以能向别国出口商品,是因为该国这种产品的劳动生产率比别国领先,从而拥有“绝对优势”,每个国家都集中生产并出口其具有绝对优势的产品,然后进口其处于“绝对劣势”产品,可以使本国利用同样的资源生产出更多的产品,其结果将比各种产品都自己生产更为有利。同时,这种专业化的分工所形成的合理的国际分工体系可以使资源得到充分利用,提高世界总产出水平,增进整个世界的福利。

斯密的这一思想表明了两国之间的贸易是建立在分工基础上的,贸易的根本目的是在国际范围内调整资源的配置,从而使资源得到更充分的利用。因而贸易对于参与的各国都有利,是双赢的,是“正和博弈”。而分工的原则是“绝对优势”,即每个国家都专门生产其劳动生产率高于其他国家的产品。正是基于这一理论,斯密反对为了求得顺差而垄断对外贸易的做法,主张实行自由贸易。

(二)绝对优势理论的一个例证

假定英国和葡萄牙两国均可生产毛呢和酒两种产品,它们在分工前和分工后的情况见表2-1。

表2-1 绝对优势理论的例证

	国家	毛呢产量(单位)	所需劳动投入(人/年)	酒产量(单位)	所需劳动投入(人/年)
分工前	英国	1	120	1	70
	葡萄牙	1	80	1	110
分工后	英国	2.7	190	0	
	葡萄牙	0	0	2.375	190
交换后	英国	1.7		1	
	葡萄牙	1		1.375	

如表2－1所示，英国在毛呢生产方面的劳动生产率高于葡萄牙，所以，英国在毛呢生产上具有绝对优势，而葡萄牙在酒的生产上具有绝对优势。按照绝对优势原则，英、葡两国应分别专业化分工生产毛呢和酒，然后两国再进行交换。分工后，英国将其分工前的劳动全部投入毛呢生产，葡萄牙也将其分工前的劳动全部投入酒的生产。这样，在全部劳动耗费不变的情况下，两种商品的总产出都增加了。假设国际贸易的交换比率为1:1，通过交换，两国拥有的产品量都有所增加，或者在保持原来产量情况下，劳动消耗有所减少。总之，按照“绝对优势”原则进行的分工生产和贸易，使两国均获利，增进了其福利水平。

（三）对绝对优势理论的简要评价

斯密的绝对优势理论第一次科学地阐述了国际贸易发生的基本原因，首次明确肯定国际贸易是一种双赢的交易，即参与贸易的双方均可从中获益，从而为各国之间开展自由贸易铲除了障碍。另外，斯密提出的各国按照“绝对优势”的原则进行专业化生产分工，进行自由贸易的思想，为古典贸易理论的形成奠定了基础。但是斯密的绝对优势理论本身也有一定的局限性，例如，它不能解释国际贸易的全部，而只能说明国际贸易中的一种特殊情形，即只有具有绝对优势的国家参加国际分工和国际贸易才能够获益。但在现实生活中，有的国家没有一种产品的生产处于绝对有利的地位，按照绝对优势理论，这些国家就没有理由加入到国际分工和贸易中来，但实践证明，这些国家还是可能从国际贸易中获得自己的利益的。如何从理论上对这个现象进行解释呢？另一位伟大的古典政治经济学家大卫·李嘉图对其进行了发展。

二、比较优势理论

（一）比较优势理论的主要内容

大卫·李嘉图（David Ricardo，1772—1823）肯定了斯密关于国际贸易是为了实现国际分工，从而在国际范围内调整资源的配置，使资源得到更充分利用的观点，肯定了贸易对于参与的各国都有利的思想，同时又对其理论作了发展。他认为，国际分工所依据的原则应该是“比较优势”而不是“绝对优势”。即使一个国家在两种产品生产方面都落后，它也可以参与国际分工，并从中获利，只要其两种生产的落后程度不同即可。即若两国均能生产两种商品，如果一国在两种商品的生产成本上均处于绝对有利的地位，但有利的程度不同，而另一国在两种商品的生产成率上均处于绝对不利的地位，但不利的程度也不同，在此情况下，两国可以按“两优取其最优，两劣取其次劣”的比较优势原则进行分工。处于绝对劣势的国家应专业化生产并出口其绝对劣势较小的商品（也就是具有比较优势的产品），同时进口其绝对劣势较大的商品（也就是具有比较劣势的商品);同样,对于在两个商品上都拥有绝对优势的国家而言,也不必生产全部商品,只需选择其绝对优势较大的商品进行专业化生产并出口,而进口绝对优势较小的商品。这样,各国通过专业化生产并出口其有比较优势(即绝对劣势中较小者,或绝对优势中较大者)的产品,可使贸易双方均获利,也可使整个世界的产出水平提高。

(二)比较优势理论的一个例证

现仍沿用绝对优势理论的例子的基本框架,对李嘉图的比较优势理论进行分析,如表2-2。

表2-2 比较优势理论的例证

	国家	毛呢产量(单位)	所需劳动投入(人/年)	酒产量(单位)	所需劳动投入(人/年)
分工前	英国	1	120	1	100
	葡萄牙	1	80	1	90
分工后	英国	2.2	220	0	
	葡萄牙	0	0	2.125	170
交换后	英国	1.2		1	
	葡萄牙	1		1.125	

很明显,葡萄牙在两种商品的生产上都处于绝对优势地位,英国在两种商品的生产上都处于绝对劣势地位。经过分析可知,英国毛呢的生产成本(以生产单位产品所必需的劳动时间表示)约为葡萄牙的1.1倍,而酒的生产成本是葡萄牙的1.5倍,因此,英国在毛呢的生产上绝对劣势小,即拥有比较优势;同时,葡萄牙在酒的生产上绝对优势更大,即拥有比较优势。按照"两优取其最优,两劣取其次劣"的原则,英国应专业化生产具有比较优势的毛呢并出口一部分换取葡萄牙的酒,葡萄牙同时应专业化生产并出口酒,换取英国的毛呢。若专业化分工后,英国将220单位劳动全部投入到毛呢的生产中,可生产2.2单位毛呢;而葡萄牙将170单位劳动全部用于酒的生产,可生产2.125单位的小麦。于是,收到了与前面例子相同的效果,即在全部劳动耗费不变的情况下,两种商品的总产出都增加了。如果交换比例是公平合理的,通过交换,两国拥有的产品量都有所增加,或者在保持原来产量情况下,劳动消耗有所减少。所以,按照"比较优势"原则进行的分工生产和贸易,同样可以使两国均获得好处,既增加了世界产量,也提高了参与分工各国的福利水平。

(三)对比较优势理论的简要评价

李嘉图的比较优势理论发展了斯密的理论,它比斯密的绝对优势论更全面、更深刻，是传统国际贸易理论形成的标志，它揭示出国际贸易因比较优势理论而发生并且具有互利性，从而为世界范围内更大规模地开展国际贸易奠定了理论基础。在历史上，该理论曾为英国工业资产阶级争取自由贸易提供了理论武器，而且也为经济落后国家通过对外贸易带动本国经济发展提供了重要依据。但是，李嘉图的比较优势理论也存在一些不足。如：该理论的假设前提过于苛刻，并不符合国际贸易的实际情况，有时与贸易实践相矛盾；它还只是一种静态分析，对比较优势的根源及形成机制还未能作出很好的解释；它不能很好地解释当今世界贸易的基本格局和各国的贸易政策倾向，因为按李嘉图的比较优势理论，比较优势相差越大，发生贸易的可能性就越大，当今的国际贸易便应该主要在发达国家与发展中国家开展，但现实却是发达国家间的贸易比重在不断上升。

第二节　要素禀赋理论

以李嘉图为代表的比较优势理论是以劳动价值论为基础的，它以劳动生产率的差异来论证比较优势。但是，如果假定各国之间的劳动生产率相同，那么产生比较优势差异的原因是什么呢？这个问题，在20世纪30年代，由瑞典经济学家伯蒂尔·俄林（B. Ohlin，1899—1979）在其代表作《域际贸易和国际贸易》一书中提出的“要素禀赋论”中得到了解释。由于俄林在其著作中采用了其老师伊莱·菲利普·赫克歇尔（E. F. Heckscher，1879—1952）的主要论点，因此要素禀赋论又称“赫克歇尔－俄林模型”，或简称“H－O模型”。

一、要素禀赋理论的假设前提

1. 世界上只有两个国家（资本相对丰裕的国家和劳动相对丰裕的国家），使用两种要素（资本和劳动），生产两种产品（资本密集型产品和劳动密集型产品），即使用2－2－2模型；

2. 两国在同种产品的生产过程中面临着相同的生产函数，但不同产品的生产函数是不同的；

3. 在两个国家里，资源都得到了充分利用，而且，各国可提供利用的生产要素的总量不变；

4. 在一国市场范围内，产品和要素的市场都是完全竞争的；

5. 生产要素在国内完全自由流动，但在国家之间则不能流动；

6. 两国在两种产品上的专业化都是不完全的，也就是说，贸易后两国仍然同时生产两种产品；

7. 两个国家的需求结构和偏好相同；

8. 没有运输成本，国与国之间的贸易没有关税和其他贸易障碍。

二、与要素禀赋理论有关的两个概念

1. 生产要素禀赋和生产要素丰裕度。生产要素是指生产活动中必须具备的主要因素或生产中必须投入或使用的主要手段。它通常指土地、劳动和资本三要素，加上企业家的管理才能为四要素，也有人把技术知识、经济信息等也当做生产要素。生产要素价格是指生产要素的使用费用或要素的报酬，如资本的利息、劳动的工资、土地的租金、管理的报酬等。

生产要素禀赋是指生产要素在一个国家或地区中的天然供给状况。生产要素丰裕度则是从一国整体的角度来衡量其要素禀赋的状况，即一国拥有的某种生产要素的相对丰富程度。

2. 生产要素密集度和生产要素密集型产品。生产要素密集度是指产品中某种生产要素投入比例的大小，如果某种生产要素投入比例大，称为该要素密集程度高；投入比例小，则称为该要素密集程度低。根据产品生产所投入的生产要素中所占比例最大的生产要素种类的不同，可以把产品划分为不同种类的要素密集型产品。例如，若在只有两种商品（X 和 Y）、两种要素（劳动和资本）的情况下，如果 Y 商品生产中使用的资本和劳动的比例大于 X 商品生产中的资本和劳动的比例，则称 Y 商品为资本密集型产品，而 X 商品为劳动密集型产品。

三、要素禀赋理论的主要结论和推理

要素禀赋论认为，在各国所拥有的生产要素的相对比例不同（要素丰裕度不同）和不同商品需要不同比例的生产要素组合（要素密集度不同）来生产这两个条件下，一国在那些其生产过程中密集地使用本国丰裕的生产要素的商品生产方面具有比较优势，它应该专门生产这种产品并出口；而在其生产过程中密集地使用本国稀缺的生产要素的商品生产上处于劣势，它应该放弃这种产品的生产，而从国外进口。例如劳动力相对丰裕而资本稀缺的国家应当出口劳动密集型产品，进口资本密集型产品。只有按照这一原则进行分工，各国才能在国际贸易中获得最大的经济利益。

俄林的推理过程是：国家间商品价格的绝对差异是国际贸易产生的直接原因，而商品价格的差异是由商品生产成本的不同决定的，商品生产成本的不同则是由生产要素价格不同所导致的，生产要素价格的不同又来自于各国所拥有的生产要素供给即要素禀赋的不同。俄林认为，在要素的供求决定要素价格的关系中，要素的供给是主要的。在各国要素需求一定的情况下，各国不同的要素禀赋对要素的价格产生不同的影响:供给较充裕的要素的价格会低些,而供给较稀缺的要素的价格则较高些。因此,国家间生产要素价格的差异是由各国生产要素禀赋的不同决定的。

因此,赫-俄理论认为,国际贸易的实质是生产要素在国际间流动的曲折反映,国际贸易实现了生产资源(要素)的优化配置,提高了参与贸易的国家的社会福利水平。而国际贸易的结果,必将导致各国生产要素价格趋于相等,即各种要素所有者的收入均等化。

四、要素禀赋论的一个例证

假设中国和澳大利亚两国劳动与土地的价格及小麦与纺织品的生产成本如下:

表2-3 要素禀赋理论的例证

	中 国	澳大利亚
劳动的单位价格	1元	2澳元
土地的单位价格	4元	1澳元
生产小麦的单位成本 (5单位土地+1单位劳动)	21元	7澳元
生产纺织品的单位成本 (1单位土地+10单位劳动)	14元	21澳元

中国的劳动相对丰裕,土地相对稀缺,因此,劳动的价格相对低廉,土地的价格相对昂贵;而澳大利亚恰好相反。尽管两国的生产函数完全相同,但相同产品的生产成本也不相同。在中国,土地密集型的产品(小麦)就比劳动密集型的产品(纺织品)昂贵,其生产成本(即价格)是纺织品成本的1.5倍;而在澳大利亚,这一比例仅为1/3。因此,中国和澳大利亚分别在纺织品和小麦生产方面具有比较优势,两国都分工专门生产各自有比较优势的产品并进行贸易,其结果必然对双方都有利,两国的福利水平都会提高。

五、对要素禀赋理论的简要评价

生产要素禀赋论是国际贸易理论从古典向新古典发展的标志。它的研究更深入、更全面。H-O模型以两种要素的投入为分析前提,从一国的基本经济资源优势出发来解释国际贸易发生的原因,认为要素丰裕度是国际贸易中各国具有比较优势的基本原因和决定因素,为后来新贸易理论的形成奠定了基础。

但它也存在一定的局限,例如过分强调供给的差异,单纯地强调生产要素的供给对贸易格局的影响,忽略了产品的需求方面对国际贸易的影响;一些假设前提过于苛刻,与事实不符;过于强调静态分析等。

第三节 里昂惕夫悖论

要素禀赋理论问世后,得到人们的广泛认同,直至20世纪60年代,要素禀赋论一直被西方学者推崇为可普遍接受的国际贸易理论。许多西方国际经济学家使用现实经济资料对其作了广泛的验证,里昂惕夫的验证是其中最著名的一个。

一、对要素禀赋理论的实证检验——里昂惕夫悖论的产生

20世纪50年代初,美国著名经济学家瓦西里·里昂惕夫(Wassily W. Leontief)利用美国1947年的有关贸易数据对H-O模型进行了首次实证检验。根据常识来进行判断,同世界上其他国家相比,美国无疑应是资本丰裕而劳动力相对稀缺的国家。按照要素禀赋论,美国应出口资本密集型产品,进口劳动密集型产品。里昂惕夫试图通过检验美国进出口商品的要素密集度与资源相对丰裕度之间的实际关联,得出美国出口资本密集型产品,进口劳动密集型产品的结论,进而证明赫克歇尔-俄林要素禀赋论的正确性。

里昂惕夫采用的方法是,利用他自己发明的"投入-产出"表计算了美国在1947年每百万美元的出口产品和进口替代品(之所以选用进口替代品来估算进口品的要素投入比例,是因为无法获得进口国的投入-产出表,但如果赫克歇尔-俄林的要素禀赋论成立,即使美国的进口替代品的资本/劳动比例高于进口品,其也仍将低于出口品的比例,所以这一技术处理也并不应影响检验的结果)中的资本和劳动力的投入量,来比较两类商品的要素密集度。具体资料见表2-4。

表2-4 1947年美国进出口商品生产的要素投入结构

出口商品	进口替代品	进口/出口	
资本(美元)	2 550 780	3 091 339	
劳动(人/年)	182.313	170.004	
资本/劳动(美元/人)	13 991	18 183	1.3

资料来源:彼得·林德特与查尔斯·金德尔伯格,《国际经济学》,1982年版,中译本,1985年版,第73页。

上述资料表明,美国进口替代品的资本/劳动比率比出口商品的资本/劳动比率高出大约30%。这意味着美国在向其他国家出口劳动密集型产品而进口资本密集型产品,或者说,美国在通过对外贸易弥补其资本的不足并消化它富余的劳动。这一与赫克歇尔－俄林理论相悖的结论在国际贸易理论界被称为"里昂惕夫之谜"或"里昂惕夫悖论"。

为了排除可能存在的统计误差和计算错误以及不同年份进出口贸易的特殊情况,里昂惕夫后来又利用美国1951年的贸易数据再次对上述结果进行检验,检验结果与第一次是一致的。"谜"依然存在。

里昂惕夫之谜激发了其他经济学家对其他国家的贸易格局的类似研究,以检验要素禀赋论。许许多多的检验结果,既未肯定地证实要素禀赋论,亦未否定要素禀赋论。

二、对里昂惕夫悖论的各种解释

里昂惕夫悖论不仅促成了一些类似的研究工作,也促使国际经济学家们对其作出不同的解释。归纳起来,主要有以下几种代表性的解释:

1. 劳动生产率的差异——里昂惕夫本人的解释。里昂惕夫认为世界各国的劳动生产率是不同的,美国工人的劳动生产率要远远高于其他国家的工人,1947年美国工人的劳动生产率大约是其他国家的三倍。因此,在计算美国的工人人数时应将美国的实际工人数乘以3,这样,按生产效率计算的美国工人数与美国拥有的资本量之比,较之于其他国家,美国就成了劳动力丰裕而资本短缺的国家,所以它出口劳动密集型产品,进口资本密集型产品,与要素禀赋论揭示的内容是一致的。这种解释是行不通的,里昂惕夫后来自己也否定了这种解释。因为,如果说美国的生产效率高于他国,那么资本的效率也应高于他国,这样,如果在工人人数和资本量都同时乘以一个系数的话,美国的要素的相对丰裕程度是不能改变的。这一解释可称为"劳动效率论"。

2. 人力资本的差异。人力资本是指所有能够提高劳动生产率的教育投资、工作培训、保健费用等开支。舒尔茨(Theodore Schultz)、凯能(P. B. Kenen)等经济学家用人力资本的差异来解释悖论的产生。这些经济学家认为,里昂惕夫计算的资本只包括物质资本,而忽略了人力资本,若将人力资本部分从劳动中剥离出来并加到有形资本当中,将很明显地得出美国出口资本密集型产品,进口劳动密集型产品。因为美国的出口产品中的劳动比进口替代产品中的劳动包含更多的人力资本。这是对里昂惕夫悖论较有说服力的一种解释,但也存在疑义,主要的分歧是劳动中的人力资本究竟应如何计量,不同的计量结果有可能消除悖论,也可能无法消除悖论。这一解释可称为"人力资本论"。

3. 需求偏好的差异。瑞典经济学家林德尔认为，根据 H－O 模型，在消费偏好一致的前提下，一国的资源禀赋状况决定着一国的贸易结构。但如果两国的需求偏好差异超过其在要素禀赋上的差异，可能会抵消这一趋势。如果一国的丰裕生产要素所生产的产品吸引着国内的需求极大地向这类产品倾斜，就会使这类原本数量很丰富的产品变得稀缺起来，进而引致这类产品由出口变为进口。例如，美国国内资本要素虽然很丰富，但如果国内的消费者对资本密集型产品有着很高的需求，美国就会有可能大量进口这类产品。从而使其贸易模式与其要素禀赋情况相悖。这种理论有一定的说服力，而且提示人们要重视需求偏好在决定贸易模式方面的影响。但是，需求偏好在这方面的影响有多大，能否起到完全逆转贸易模式的作用？这是人们普遍存在的疑问。这一解释可称为"需求偏好论"。

4. 贸易壁垒的存在。赫克歇尔－俄林的结论是在自由贸易的假设下得出的，没有考虑到贸易壁垒的存在。但是在现实生活中，各国为了保护本国的利益而建立起各种贸易壁垒，人为地扭曲贸易条件，使得产品或要素的价格不能真实地反映出贸易的供需情况，从而造成与赫克歇尔－俄林相悖的贸易模式。克拉维斯在 1954 年的研究中发现，美国受贸易保护最严重的产业就是劳动密集型产业。这种对劳动密集型产业实行较高保护的关税结构使得美国资本密集型产品的进口大大高于劳动密集型产品的进口，并且刺激了国内劳动密集型产品的生产，增加了其出口能力，扭曲了正常的贸易模式。这种理论对解释里昂惕夫之谜也有一定的帮助，而且强调了现实中的关税结构在贸易模式形成方面的作用不容忽视。但是，与需求偏好论一样，关税结构对于贸易模式的影响程度究竟有多大？是否能够完全逆转贸易模式？这是一个值得商榷的问题。这一解释可称为"关税结构论"。

5. 自然资源要素的影响。赫克歇尔－俄林模型中只考虑了资本和劳动两种投入要素，而忽略了自然资源要素对生产和贸易的影响。如果一种商品的生产需要投入大量的自然资源，那么我们就很难用资本密集型或劳动密集型来界定它，而且自然资源要素与资本要素之间常常是互补的。一些研究表明，美国进口商品中，相当一部分是自然资源产品，而这些自然资源产品的生产同时也需要投入较高比例的资本，这就必然提高了美国进口商品的资本含量。鲍得温在用 1958 年的贸易数据进行的研究中，剔除自然资源产品后，美国进口/出口的资本/劳动比率从 1.06 降至 0.88，从而在一定程度上解释了里昂惕夫之谜。但自然资源要素对贸易模式的影响程度同样受到质疑。这一解释可称为"自然资源论"。

6. 要素密集度逆转论。要素密集度逆转是指同一种产品在某种要素丰裕的国家生产时是该要素密集型产品,而在另一种要素丰裕的国家生产时可以转变为另一种要素密集型产品。如果两种商品的要素替代弹性较大,在要素相对价格发生变化时,就将产生要素密集度逆转的现象。如果要素密集度逆转发生,赫-俄林定理和要素价格均等化定理就不再成立。所以,这种解释实质是对要素禀赋理论的否定。里昂惕夫和鲍德温等人的实证研究表明,要素密集度逆转在现实世界中发生的概率很低,因而H-O模型仍然是成立的。

7. 研究方法。20世纪80年代以来对里昂惕夫悖论的解释多集中在研究方法的突破上。利默尔(Leamer)在1980年和1984年发表的文章中提出:在一个多要素的世界中,我们应该比较生产和消费的资本与劳动的比率,而不是进出口的资本与劳动的比率。用这种方法对里昂惕夫1947年的数据进行研究,利默尔于1984年发现美国生产中的资本与劳动的比率确实远远大于消费中的资本与劳动的比率。这在某种程度上能够对里昂惕夫悖论进行解释。

三、对里昂惕夫悖论的简要评价

里昂惕夫对要素禀赋论的检验具有重大的理论意义,有力地推动了战后国际贸易理论的发展。他用"投入-产出分析法"对美国贸易结构的计算分析,开辟了用统计数据全面检验贸易理论乃至一般经济理论的道路。"里昂惕夫悖论"是西方传统国际贸易理论发展的分水岭,"悖论"中的矛盾是理论与实践的矛盾,对"悖论"的解释正是结合实际对要素禀赋论中严格的假设条件进行修正的过程,是进一步全面认识贸易理论与现实的差距的过程。

第四节　战后的国际贸易新理论

里昂惕夫悖论的出现,使人们认识到现实的国际贸易活动越来越复杂,包括要素禀赋理论在内的传统的国际贸易理论并不能解释当前全部的国际贸易活动。在对里昂惕夫悖论进行解释的过程中,一些国际经济学家逐步完善自己的观点,形成了新的国际贸易理论,其中影响比较大的有以下几种。

一、技术差距模型

技术差距模型从各国技术的动态变化,即从技术进步、技术创新、技术传播的角度,分析了国际贸易产生的原因,这一理论主要是由美国经济学家波斯纳(M. Posner)在1961年提出来的。技术差距模型的主要内容如下:

当一国通过技术创新研究开发出新产品后,它可能凭借这种技术差距所形成的比较优势向其他国家出口这种产品,这种技术差距将持续到外国通过进口此新产品或技术合作等方式逐渐掌握了该先进技术,能够模仿生产从而减少进口后才逐步消失。而创新国由于技术优势所获取的垄断利润的消失会促使其不断地引进新技术、新工艺,开发出新产品,创造出新一轮的技术差距。

从一国引进新技术或开发新产品到外国的消费者和生产者对这种创新、技术领先作出反应有一个时间上的滞后,这种反应的滞后可具体分为消费者的需求滞后和生产者的模仿滞后。需求滞后是指外国消费者对这种新产品从不了解即无需求到接受该产品进行消费之间的时间间隔。而模仿滞后则指从创新国的新产品问世到外国生产者感到进口此新产品已对其构成威胁,开始起而模仿并自行生产以抵制这种进口的一段时间间隔。

技术领先是否会导致两个各方面均相似的国家开展贸易取决于需求滞后和模仿滞后的净效应。如果需求时滞长于模仿时滞,即模仿国的生产者在其本国消费者尚未产生对创新国新产品的需求之前就已模仿成功,消除了技术差距,则技术领先不会产生贸易。但是一般情况下,模仿滞后的时间通常比需求滞后的时间长,这样就为基于技术差距的贸易发生创造了机会,技术领先国可以从贸易中获取由于技术优势而产生的垄断利润。

技术差距模型证明了即使在禀赋和偏好均相似的国家间,技术领先也会形成比较优势,从而产生贸易。这也很好地解释了实践中常见的技术先进国与落后国之间技术密集型产品的贸易周期。但是该理论也有一定的缺陷:它只说明了技术差距会随时间推移而消失,却并未解释其产生和消失的原因,同时它也不能确定技术差距的大小。

二、产品生命周期理论

产品生命周期理论是美国哈佛大学著名经济学教授雷蒙·弗农(Raymond Vernon)1966 年在《国际投资和产品生命周期中的国际贸易》一文中提出的,它是对技术差距模型的拓展和一般化。

该模型强调的是产品在其生命周期的不同阶段所需投入要素的比例呈规律性变化。而各国所拥有的要素的相对丰裕度又是不同的,所以当产品处于其生命周期的不同阶段时,各国的比较优势也随之发生变化。当新产品刚刚被引进时,其技术、设计尚需改进,生产工艺尚未定型,所以通常需要投入大量的研究与开发费用和高度熟练的技术型劳动力,随着该产品的生产技术日臻成熟并走向大规模生产,只需标准化的技术和大量的非熟练劳动力即可。产品投入要素比例的变化使得最初集中于技术和资本丰裕的发达国家的生产可以逐步地向劳动力成本低廉的欠发达国家转移。

弗农以美国的实际情况将产品生命周期分为四个阶段:第一阶段——创新

期，新产品问世，企业扩大国内市场直至饱和；第二阶段——成长期，创新国垄断新产品生产技术，在国际上拥有独特优势，产品出口到国外，占领国际市场；第三阶段——成熟期，国外开始模仿生产该产品，创新国的优势开始丧失，出口减少，直至为零；第四阶段——衰老期，国外生产能力扩大，又廉价销售回本国，同时，创新国又开始了另一种新产品的研制。

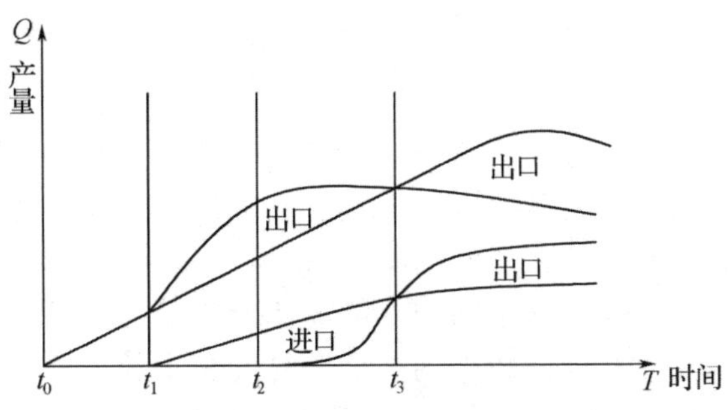

图 2－1　产品生命周期模型

如图 2－1 所示。在第一阶段（$t_0 \sim t_1$），这种刚刚出现的产品仅在发明国生产和消费；在第二阶段（$t_1 \sim t_2$），该产品在发明国得到了改进，产量迅速提高，出口到国外市场，这时由于国外还不能生产这种商品，所以只能从发明国进口；在第三阶段（$t_2 \sim t_3$），模仿国开始生产该商品满足国内需要，发明国出口开始下降；在第四阶段（t_3 以后），模仿国产量迅速提高，在达到自给自足后，凭借其成本优势开始向发明国出口该产品，发明国转出口为进口。当这四个过程结束后，该产品的生命周期在发明国基本完结，但在模仿国中仍然继续着，可能正处于第二或第三阶段。此后，另外的国家可能又开始新的模仿过程，使这种产品在另外的国家又开始了自己的生命周期。

三、需求偏好相似理论

需求偏好相似理论是瑞典经济学家林德尔（S. B. Linder）于 1961 年提出的，需求偏好相似理论与要素禀赋理论、比较优势理论等不同，它用国家之间需求结构相似性来解释发达国家之间工业制成品贸易发展的原因。

需求偏好相似理论的基本观点是：

（一）产品的出口以国内需求为基础

企业之所以生产某一种产品是因为国内消费者对该产品有需求，为了满足国内市场，生产者会不断地改进技术、扩大产量，当这种产品在国内站稳市场，企业规模扩大到一定程度时，企业才会进一步考虑扩大市场范围，出口自己产品以赚取利润，而正是这种在国内竞争中优胜的产品才可能在国际市场获取一席之地,出口只是产品国内生产和销售的延伸。另外,一种新产品要使它最终适合市场需要,在生产者和消费者之间必须反复地交流信息,这时如果消费者是在国外,则取得信息的成本将是高昂的,将直接影响到生产者的利益,同时企业面临的风险也比国内大得多。

(二)产品流向、贸易量取决于两国需求偏好相似的程度

林德尔认为两个国家对工业品的需求偏好越相似,则其需求结构越接近,这样一国的生产越容易与另一国的需求相适应,两国之间此类工业品发生贸易的可能性就越大。一旦产生贸易,则需求偏好相似的两国的贸易量要大于需求偏好有较大差别的两国的贸易量。

(三)一国的平均收入水平是决定一国的需求偏好的主要因素

林德尔认为不同收入水平的国家的需求偏好是不同的。高收入国家对技术水平高、加工程度深、价值较大的高档商品的需求较大。而低收入国家则以低档商品的消费为主以满足基本生活需求。所以平均收入水平可以作为衡量两国需求偏好相似程度的一个重要指标。

综上所述,得出以下结论:两国的人均收入水平越接近,其需求偏好就越相似,两国之间开展贸易的可能就越大;相反,两国人均收入水平有较大差异,需求偏好就会差异较大,两国贸易就存在潜在的障碍;若两国中一国具有某种产品的比较优势,而相对的另一国不存在对这种产品的需求,则两国贸易无从发生。

四、产业内贸易理论

(一)产业内贸易的含义

产业内贸易理论认为,当代国际贸易可以分为两大类:产业间贸易和产业内贸易。产业间贸易是指两国不同产业之间完全不同产品的交换,例如发展中国家用初级产品来交换工业国家的制成品。产业内贸易是指同一产业内的产品在两国间互相进口和出口的贸易活动,例如美国和日本之间进行的汽车、电子产品贸易等。

(二)产业内贸易发生的原因

1. 产品的差异性即同类产品的异质性是产业内贸易的重要基础。同类产品在总体上是有差别的,这种差别是一国产品与其他同类产品在主观上或客观上或大或小的差别。产品的这种差别有垂直差别和水平差别两种。垂直差别是指在同一类别中的产品虽具有一样的根本特性,但产品根本特性在其程度上有差别;水平差别是指具有完全相同的根本特性的同类产品,具有的一系列规格、商标、牌号和款式的差别。与此同时,消费者的偏好具有多样化且互有差

别。其垂直差别体现在消费者对同类产品的不同质量等级的选择上;水平差别体现在消费者对同类、同一质量等级产品的不同规格、外形、色彩等的选择上。产品和消费者偏好上的垂直和水平差别,决定了贸易双方对对方产品的需求,决定了一国在生产同一类产品时还要进口国外的同一类产品。因为本国的消费者偏好是千差万别的,但由于规模经济的存在,本国产品的生产却不可能也是千差万别以满足各类消费者的需求的。

2. 规模经济或规模报酬递增是产业内贸易的重要成因。按照保罗·克鲁格曼(Paul Krugman)的观点,国与国之间之所以从事贸易和专业化生产是由于两个原因:一个是国与国之间在资源上或在技术上存在差别,因而各国生产各自擅长的产品;一个是规模经济使每个国家只能在一些有限的产品和服务上具有专业化生产的优势。产业内贸易理论认为,生产要素比例相近或相似的国家之间能够进行有效的国际分工和获得贸易利益,其主要原因是其企业想尽可能地扩大生产以取得规模经济效益。

规模经济(Economies of Scale)是指生产过程中随着产量的增加,产品的平均成本不断降低的生产状况。规模经济有内部和外部之分。按克鲁格曼的定义,"外部规模经济(External Economies of Scale)指的是单位产品的成本取决于行业规模而非单个厂商的规模;内部规模经济(Internal Economies of Scale)则指单位产品成本取决于单个厂商的规模而不是其所在的行业的规模"。无论是外部规模经济还是内部规模经济,其共同的基本特征是:规模的扩大伴随着劳动生产率的提高或平均生产成本的下降,从而在资源禀赋相同的情况下,规模经济可以导致比较优势,进而成为国际贸易的一个独立源泉。

3. 经济发展水平是产业内贸易的重要制约因素。这是林德尔理论的应用。如前所述,发达国家间产业结构相似,它们之间的分工大多是部门内产品分工。它们的人均收入水平相近,消费结构相似,同时,经济发展水平都比较高,从而人均收入水平也就比较高,较高人均收入的消费者的需求会变得更加复杂和多样化,从而形成对异质性产品的需求。因而两国之间人均收入水平越接近,其重合需求也就越大,产业内贸易发生倾向就越强。

本章小结

国际贸易纯理论是指自资本主义产生以来至今,经济学家们对国际贸易产生的原因及结果的各种解释,它主要包括绝对优势论、比较优势论、要素禀赋论、里昂惕夫悖论、产品生命周期理论、产业内贸易论等理论。这些理论在不同的历史时期,分别从不同的角度对上述问题进行了解释,虽然各有差异,但对我们全面认识国际贸易活动都具有重要意义。

重要概念

绝对优势　比较优势　生产要素丰裕度　生产要素密集度　赫－俄定理　收入均等化定理　里昂惕夫悖论　产业内贸易　规模经济

习　题

1. 举例说明亚当·斯密的绝对优势理论。
2. 举例说明大卫·李嘉图的比较优势理论。
3. 简述要素禀赋论的主要内容。
4. 解释里昂惕夫悖论产生的原因。
5. 简述技术差距论与产品生命周期理论的内容。
6. 解释产业内贸易发生的原因。

第三章　国际贸易政策

学习目标

●了解国际贸易政策的历史演变。

●熟悉和掌握国际贸易政策的含义、构成、性质及类型。

●重点学习和掌握国际贸易政策的理论及其应用,以及认识各种贸易政策的分析方法。

从单个国家的角度,国际贸易政策又可称为对外贸易政策,它是国际贸易理论在实践中的应用。由于国际贸易活动在现代社会再生产中的重要地位日益突出,国际贸易政策是否适当,对于一个国家的经济发展来说至关重要。而世界大多数国家选择什么样的国际贸易政策,也必然决定着世界经济如何发展变化。

第一节　国际贸易政策概述

本节着重介绍国际贸易政策的含义、构成和分类,使学习者首先在整体上了解和掌握国际贸易政策。

一、国际贸易政策含义与构成

国际贸易政策是各国在一定时期内对进出口贸易所实行的政策的总称,由各国的对外贸易政策所组成。因此,从国别角度看,国际贸易政策就是对外贸易政策。一国的对外贸易政策是在一定时期内对进出口贸易所采取的方针、措施的总和。随着经济全球化进程的加快和国际分工的深化,各国都不同程度地参与国际分工和交换,对外贸易在一国经济中的地位日益重要,对外贸易政策已成为一国经济政策的重要组成部分,也是调节国际收支平衡、保持经济稳定发展的重要手段。

一般而言,一国的对外贸易政策由以下几方面组成:

1. 对外贸易总政策。对外贸易总政策是指一国从整个国民经济发展的需要出发,在较长时期内实行的对外贸易方针政策。包括对外贸易发展战略、出口贸易总政策和进口贸易总政策等。

2. 进出口商品政策。进出口商品政策是根据本国对外贸易总政策和国内外市场状况,结合国内产业结构等分别制定的关于本国商品的进出口政策。比如有意识地限制某些商品的输入以扶持或保护该种商品的生产等。

3. 对外贸易的地区和国别政策。对外贸易的地区和国别政策是在对外贸易总政策和进出口商品政策的指导下,按照本国发展对外政治经济关系的需要,而对某些国家或地区制定和实施的国别和地区贸易政策。

影响一国对外贸易政策的因素是多方面的,既有经济因素,也有社会政治因素。经济因素有出于维持国际收支平衡、增加财政收入、保护国内幼稚产业、保证某种紧缺原材料的国内供给、增加就业等目的而限制进口、鼓励出口或限制出口等;政治因素有为增强本国的国防力量或防止敌对国家国防力量的增强而保护战略物资产业或限制战略物资的出口等。尽管实行对外贸易政策的具体目的各异,但从长远和根本来看,它的制定要服从于一国的总体经济利益。

二、国际贸易政策的类型

对外贸易政策是在国际贸易实践中逐渐产生和发展演变的,它反映着一国在一定时期的经济发展战略和一国在国际市场上的综合竞争能力。根据对外贸易政策的主张和内容不同,一般分为两种类型:自由贸易政策和保护贸易政策。

1. 自由贸易政策。自由贸易政策以自由贸易理论为基础,其主要内容是:一国政府对进出口贸易不实施任何限制和障碍,并取消对本国出口商品的各种特权和优待,使商品自由进出口,在国内外市场上完全自由竞争。

2. 保护贸易政策。保护贸易政策以保护贸易理论为基础,其主要内容是:一国政府采取各种限制进口的措施,限制或减少外国商品进入国内市场,使本国商品免受外国商品的竞争,并对本国出口商品给予优惠和补贴,以鼓励商品输出。

自由贸易政策和保护贸易政策反映出两种截然不同的态度。长期以来,代表不同利益集团的经济学家就其利弊优劣展开了激烈争论。事实上,一国的对外贸易政策是该国在世界市场的经济实力和地位的集中反映,也体现了国家之间错综复杂的矛盾关系。随着经济实力的变化,一国的对外贸易政策会不断调整。如经济实力较强的国家由于在世界市场上具有较强的竞争优势,因此一般都主张减少或取消贸易限制,实行自由贸易政策;而经济实力较弱的国家一般都主张实行保护贸易政策。各国从自身的国情和利益出发,在不同时期往往采取不同的对外贸易政策,彼此之间既有斗争,又有妥协。

第二节　国际贸易政策的发展与演变

国际贸易政策的发展演变过程就是自由贸易政策与保护贸易政策交替发展与变化的过程。在这一过程中,不同时期不同国家主张的自由或保护的程度也各不相同。依时间顺序,其演变过程如下:

一、15 世纪 ~ 18 世纪,重商主义保护贸易政策流行时期

在 15 世纪 ~ 18 世纪的资本主义萌芽和发展时期,为了促进资本的原始积累,在重商主义贸易理论的影响下,西欧各国普遍实行强制性的保护贸易政策,通过限制货币(黄金)出口和扩大贸易顺差增加货币的积累,以英国最为典型。

二、19 世纪初 ~ 19 世纪 70 年代,自由贸易政策为主的时期

19 世纪初 ~ 19 世纪 70 年代的资本主义自由竞争时期,资本主义生产方式占统治地位。为满足资本主义海外扩张的需要,这个时期对外贸易政策的基础是自由贸易,英国是首先实行自由贸易政策的国家。与此同时,资本主义发展起步较晚的国家,如美国和德国则采取保护贸易政策。

三、19 世纪 70 年代 ~ 第二次世界大战前,超保护贸易政策盛行时期

19 世纪 70 年代后,资本主义开始由自由竞争走向垄断。为维护垄断资本主义的利益,一些出口变得越发困难的发达资本主义国家开始推行一种侵略性的保护贸易政策,又称超保护贸易政策。这一政策在第一次世界大战之前出现,并盛行于两次世界大战之间。

超保护贸易政策的目的在于不择手段地保护垄断资产阶级的利益。它不是像保护幼稚工业政策那样,以保护本国幼稚工业,增强其竞争能力,最终实现平等的自由竞争为目的,而是以保护高度发展的垄断企业甚至夕阳产业,以增强其在国外市场的垄断地位、获取垄断利润为目的;不是保护一般工业资产阶级的利益,而是保护大垄断资产阶级的利益;不是消极地防御性地限制进口,而是采取各种奖出限入措施,加紧对外侵略扩张,抢占国外市场。这种贸易政策不可避免地引起各国之间剧烈的贸易摩擦,甚至发展为贸易战。

四、二战后 ~ 20 世纪 90 年代中期的贸易自由化

第二次世界大战以后,生产和资本的国际化进程不断加快,国际分工进一

步深化,出现了世界范围内的贸易自由化趋势。尽管这种贸易自由化的程度远远无法与资本主义自由竞争时期的贸易自由程度相比,而且贸易自由化程度在不同领域和不同地区也呈现出严重的不平衡,但其仍然有力地推动了世界经济的发展。与此同时,大多数经济落后的发展中国家,特别是政治上刚刚独立的发展中国家,为发展本国经济、避免发达国家产品的冲击、振兴落后的民族工业,都不同程度地实行了保护贸易政策,并在一定限度上得到了第二次世界大战后成立的临时性国际组织——关贸总协定的认可。但这一政策的单方面实行容易招致贸易伙伴国的报复,最终阻碍双边贸易乃至世界贸易的发展。因此,后来又逐渐演化出在自由贸易与保护贸易之间的折中方法,即管理贸易政策。

五、20 世纪 90 年代中期至今,管理贸易政策逐步成为主流

管理贸易政策的主要内容是:国家对内制定各种对外经济贸易法规和条例,加强对本国进出口贸易有秩序发展的管理;在国际上则以世界贸易组织的法律框架为基础,通过双边和多边谈判,协调和发展伙伴国之间的经济贸易关系。目的在于既争取本国对外贸易的较快发展,又一定程度地兼顾他国利益,彼此相容,避免极端形式的贸易冲突,限制贸易战,共同担负起维护经贸关系相对稳定发展的责任。可以预见,在将来的相当长时期内,管理贸易政策仍将成为世界贸易的主流。

此外,自 20 世纪 70 年代之后,伴随着经济衰退的出现,不时有新贸易保护主义抬头。之所以称其为新贸易保护主义,是因其有如下新特点:第一,保护手段由过去的关税壁垒和直接限制为主转为以间接的非关税壁垒为主,尤其是以保护消费者健康和保护环境的名义,设置各种技术壁垒和绿色壁垒;第二,贸易政策措施逐步制度化、系统化和综合化,尤其是一些发达国家,越来越把贸易领域的问题与其他经济领域的甚至非经济领域的问题联系起来,进而推动许多国家的贸易政策明显向综合性方向发展;第三,从国家贸易壁垒转向区域性贸易壁垒,实行区域内的共同开放和区域外的共同保护。

第三节 李斯特保护幼稚工业的理论和政策主张

19 世纪初期至 19 世纪 70 年代,在大多数资本主义国家实行自由贸易政策的同时,美国和德国由于当时的经济发展水平相对落后,而先后实行了保护幼稚工业的贸易政策。

保护幼稚工业政策是由美国独立后的第一任财政部长亚历山大·汉密尔

顿(Alexander Hamilton,1757—1804)首先提出并力主推行的,而且在美国收到了良好效果,马克思曾对此给予高度评价。19世纪的德国著名经济学家弗里德里希·李斯特(Friedrich List,1789—1846)经过考察后,认为其非常适合当时的德国,于是对其作了系统的阐述和论证,提出了一整套理论和政策主张。

一、李斯特保护幼稚工业的理论

1.生产力论。李斯特批判了英国经济学家自由贸易的理论基础——价值理论,提出一个国家的生产力比交换价值、比财富更为重要。他认为,“财富的生产力比之财富本身,不知道要重要多少倍:它不但可以使已有的和已经增加的财富获得保障,还可以使已经消失的财富获得补偿”。[①] 从这种“生产力论”出发,李斯特极力主张通过实行保护关税来保护国内的幼稚工业,以发展本国的生产力,即使在保护初期使本国工业品价格较高,也在所不惜。

2.国家干预贸易论。李斯特将政府对经济发展的作用比做一个植林者对森林的形成所起的作用,认为国家应该通过干预对外贸易活动扶植本国的幼稚产业,从而使其能够更快更好地发展。他说:“风力会把种子从这个地方带到那个地方,因此荒芜的原野会变成茂密的森林;但是要培植森林因此就静等着风力作用,让它在若干世纪的过程中来完成这样的转变,世上岂有这样愚蠢的办法?如果一个植林者选择树秧,主动栽培,在几十年内达到了同样目的,这倒不算是一个可取的办法吗?”[②]

3.经济发展阶段论。李斯特提出了“经济发展阶段论”,用以批判英国经济学家忽视各国经济发展的历史特点的错误。他认为每个国家都必须依次经过以下经济发展阶段:原始未开化时期、畜牧业时期、农业时期、农工业时期、农工商业时期。在不同的发展阶段,应采取不同的外贸政策。例如在前三阶段,特别是农业时期,应实行自由贸易政策,鼓励工业品的进口,培育本国的工业;但在农工业时期,应实行保护贸易政策,以提高本国工业的竞争力;进入了农工商业时代,本国工业已具有较强的竞争力,则又可实行自由贸易政策。李斯特认为当时英国已进入农工商业时期,可以实行自由贸易政策,但德国和美国尚处于农工业时期,只能实行保护贸易政策。

---

①[德]弗里德里希·李斯特:《政治经济学的国民体系》,118页,陈万煦译,北京,商务印书馆,1961。

②[德]弗里德里希·李斯特:《政治经济学的国民体系》,101页,陈万煦译,北京,商务印书馆,1961。

二、李斯特保护幼稚工业的政策主张

首先,李斯特认为,实行保护幼稚工业政策的目的是为了发展本国现在还很幼小的民族工业,通过保护使其成长壮大,最终能与国际上的强大竞争对手平等自由地竞争。短暂的保护是为了长久的不保护,保护本身不是目的,而只是手段。一旦时机成熟,幼稚产业成长起来以后就撤销这种保护。从这个意义上说,李斯特的保护幼稚工业的政策主张与斯密、李嘉图等人的自由贸易政策主张并没有根本的对立。

其次,保护的对象应该选择农工业社会中的幼稚工业,即该社会中刚刚开始发展的、国际上存在强大的竞争者、而其自身又具有潜在比较优势的新兴产业。其中"具有潜在的比较优势"是选择保护对象的最重要条件。有的工业尽管符合前两条,可以算做幼稚工业,但如果没有潜在比较优势,也不具有保护价值,而不应该作为保护对象。

第三,保护的手段应该使用防御性的进口关税。手段服从于目的,既然保护目的是为了使本国的幼稚工业成长壮大,当然就不需要使用出口补贴或对外倾销一类的进攻性手段。而且适度的进口关税在提供保护的同时,也并不排除竞争,它只是适当提高了竞争力强的外国产品进入本国市场的门槛而已,而适度的竞争对于本国幼稚工业的成长非但无害,反而有利。因此,那种认为保护幼稚工业政策就是闭关锁国、断绝与其他国家经济往来的认识其实是错误的。

第四,对于不同的幼稚产业,其保护程度也应有所不同。那些仅生产高贵奢侈品的工业,只需要最低程度的保护;而对那些生产主要的生活必需品的工业部门,则应给予较高程度的保护,使"规定的税率事实上等于全部、或至少部分地禁止输入";[①]至于那些本国还不能生产的"复杂机器"与"专门技术"的输入,应当允许免税,或只征收极轻的进口税,因为如果对这些进口征收高关税,实际上就是限制国内工业的发展。

第五,保护不应是无限期的,通常以20年为限,最高不能超过30年。一项工业经过30年的保护,要么已经成长壮大,足以和国外竞争对手平等竞争;要么仍然没有成长起来,这就证明其没有潜在的比较优势,根本就不应成为保护对象。总之,30年后无论如何都应该撤销保护。

三、对李斯特保护幼稚工业的理论与政策主张的简要评价

首先,李斯特保护幼稚工业的理论和政策主张在德国工业发展过程中起了

---

①[德]弗里德里希·李斯特:《政治经济学的国民体系》,265页,陈万煦译,北京,商务印书馆,1961。

积极的促进作用,使它在较短时间内赶上了英、法等发展较早的资本主义国家,从而具有积极的历史意义;

其次,李斯特的保护幼稚工业理论与政策主张具有十分重大的理论意义,它的出现标志着国际贸易理论的完善,它与自由贸易理论和政策一起共同构成国际贸易理论的两大主流;

再次,李斯特的保护幼稚工业理论与政策主张也具有很大的现实意义,后起国家对本国的幼稚产业实行保护,已成为当前人们的共识,因而它已成为发展中国家在国际经济领域谈判时的最有力武器;

最后,李斯特关于经济发展阶段论等理论对于后起国家制定对外贸易政策具有特别重要的指导意义,根据这一理论,即使处于同一历史时期,每个国家所处的经济发展阶段也可能不同,其国情和发展目标也就不同,因此其对外贸易政策就不应强求一致,而应根据本国经济发展的需要制定符合国情的外贸政策。

当然,受历史条件限制,李斯特的贸易理论也有其缺陷,如过分强调国际分工中各国的国家利益、对当时主流学派贸易理论的所谓"世界主义"的批判有失偏颇、对生产力的定义过于宽泛、对经济阶段的划分不够科学、对需要保护的幼稚工业如何选择也缺乏标准等等,但瑕不掩瑜,其理论的积极意义仍是主要的。

第四节 发展中国家的对外贸易政策选择

发展中国家的对外贸易政策选择实质是发展中国家实现工业化的贸易发展战略的选择。贸易发展战略是指一国或一地区通过对国际分工方式和程度的选择而影响国内资源配置和竞争效率的一整套贸易政策或制度。从理论分析和实践看,贸易发展战略主要分为进口替代发展战略和出口导向发展战略两类。

一、进口替代贸易发展战略

进口替代发展战略是指发展中国家大力发展本国进口替代工业,用本国生产的工业制成品替代同类的进口产品,以增加就业、改善国际收支、拉动经济增长,并最终实现工业化的政策选择。上世纪50年代初期,阿根廷经济学家劳尔·普雷维什(Raul Prebisch)等人经研究证实,过去的100多年来,初级产品对制成品的比价下降严重,而由于大多数发展中国家在国际分工中处于出口初级产品、进口工业制成品的地位,所以发展中国家的贸易条件日益恶化,它们必须以更多的初级产品出口来换取进口工业制成品,从而使国际收支逆差加重。以自己生产的制成品替代进口,自然成为改变这一现状的首选措施。加之对保护幼稚工业理论的某些误读,使那一时期的发展中国家普遍选择了进口替代贸易发展战略。

战后,拉美国家率先实施了进口替代发展战略,随后亚洲一些国家和地区也纷纷实行了这种战略。至20世纪60年代初,进口替代已成为发展中国家占据主导地位的贸易发展战略。

进口替代战略的外贸政策措施主要有:

1. 高度的贸易保护,这是进口替代战略的基本政策。其内容是政府广泛使用各种关税和非关税壁垒,限制甚至完全禁止外国制成品特别是消费品的进口,以此为本国新建的进口替代工业的发展提供尽可能广阔的市场;

2. 高估本币币值,即人为地提高本币汇率。其主要目的是为了降低进口的机器设备和原材料的本币价格,从而降低进口替代工业的运营成本,增强其竞争力;

3. 施行严格的外汇管制。一方面因为人为地降低了外汇的汇率,必须使用这种措施配套管理,另一方面也是限制进口、防止有限的外汇被滥用的需要;

4. 对外资的流入通常实行限制政策。这一方面是因为防止新兴的进口替代工业被外资所控制,另一方面也是害怕通过高度保护而为进口替代工业创造的高额利润被外资所瓜分。而其发展进口替代工业所需的资本,则通过实行优惠措施鼓励本国资本投资或向国外借贷的方法解决。

在实行上述贸易政策措施的同时,有些国家还辅助以相应的内部保护措施,如在资本、劳动力、技术、价格及收益方面给予进口替代工业各种优惠,甚至直接给予生产补贴,以增强其在国内市场的竞争力。

进口替代战略对于一些发展中国家的进口替代工业部门的发展乃至其工业基础的形成起到了一定的作用。但随着进口替代工业化的发展,日益暴露出一些严重的问题。

1. 国际收支不但未改善反而进一步恶化。尽管消费品的进口减少了,但所建立的进口替代工业严重依赖外国的机器设备甚至原材料,加之资源向进口替代部门倾斜,使出口增长缓慢甚至萎缩,必然导致其国际收支方面更加严重的入不敷出。

2. 所建立的进口替代工业发展缓慢,效率低下。在高度保护环境中成长起来的进口替代工业及没有外来的竞争力压力、又不缺乏高额利润的工业,自然没有进一步提高效率的动力。而质次价高的本国产品缩小了国内需求,国内市场容量狭小又阻碍了进口替代工业的进一步发展,这种恶性循环使进口替代工业建立容易发展难,越来越举步维艰。

3. 经济增长速度并不理想。由于进口替代工业的上述问题,使其对相关经济部门的联系效应逐步下降,无法实现通过进口替代战略拉动经济增长的初衷;此外,进口替代战略自身存在的闭关锁国倾向,也阻碍了发展中国家利用外部资源和技术发展自身经济。

4. 增加就业的目标也很难实现。一方面,进口替代工业的设备都是从发达国家进口的,这些设备是以大量使用资本、节约劳动为特点的;另一方面,实施进口替代战略时,政府的投资重点往往是那些资本密集型的重化工业,包括大型基础设施建设,这些项目对增加国内就业的作用相对有限;因此就业的增长必然落后于工业的发展。

5. 发展进口替代工业需要大量资本,在限制外资流入的情况下,这些资本只能从国内筹集。许多国家往往通过工农业产品的价格剪刀差,把农业部门的利润转移到进口替代部门,从而使农业部门得不到正常发展。这些必然加重发展中国家的二元经济状况,阻滞其整个国家经济的现代化进程。

此外,在进口替代战略运行的实际过程中,普遍出现了保护措施过于复杂、严厉和持久的现象,同时进口替代体制下所诱发的寻租等现象也进一步降低了资源配置的效率。

导致以上各种经济问题的根本原因是,进口替代战略违背了比较优势原则,通过人为干预,将生产要素转向本国比较劣势部门或产业,从而使其资源配置扭曲,经济效率低下。

二、出口导向贸易发展战略

出口导向贸易发展战略是指一国着重发展出口工业,通过大量增加出口,带动整个国民经济的繁荣。这种战略又可以分为初级产品出口发展战略和出口替代发展战略两种。其中初级产品出口发展战略的实行需要该国或地区拥有极其丰富的自然资源或特别优越的自然条件,如美国、加拿大、澳大利亚、新西兰、俄罗斯等国。世界上绝大多数国家不具备这种条件,因此,具有现实意义的出口导向发展战略实际就是指出口替代发展战略。

出口替代发展战略是指发展中国家大力发展面向国际市场的加工工业,用工业制成品和半制成品的出口替代传统的初级产品的出口,以增加就业、改善国际收支、拉动经济增长,并最终实现工业化的政策选择。

20 世纪 50 年代后期,进口替代发展战略的弊端日益呈现,实行这种战略的国家的经济也举步维艰,许多发展中国家开始寻求新的发展道路。加之经过战后十几年的高速发展,世界贸易出现明显的自由化趋势,这种宽松的世界经济环境也为发展出口提供了客观条件。因此,自 1960 年代起,东南亚一些国家和地区率先实施出口替代发展战略,而且取得良好效果,在它们的带动和影响下,其他国家和地区也相继效仿。现在,越来越多的发展中国家开始转向实施这种发展战略。

出口替代发展战略的最主要理论基础是比较优势原理。按照这一原理,一个国家无论多么落后,也必有其比较优势。发展中国家资本稀缺,其劳动力就必然相对丰裕,因此在劳动密集型生产方面具有比较优势。如果一国能够根据本国的比较优势状况分配本国的生产要素,就可以获得资源有效配置的经济效果,使其比较优势得以在世界市场上实现为经济效益,获取经济发展所必需的资金,带动经济发展。此外,从应对贸易条件恶化、改善国际收支等要求出发,同样也能推导出出口替代发展战略。

出口替代发展战略的外贸政策措施有:

1. 实行贸易自由化。主要是通过逐步降低和取消关税与非关税壁垒,放松对进口的管制。这种政策,一方面是发展出口加工工业的需要,因为本国发展出口加工工业所需的机器设备和中间产品基本都需要进口,实行自由贸易,可以降低其生产成本,提高其竞争力;另一方面也是开拓国际市场,扩大本国产品出口的需要。

2. 低估本币币值,即人为地降低本币汇率。这一政策可以降低本国出口产品以外币表示的价格,提高其在国际市场的竞争力。

3. 大力奖励出口。广泛使用出口补贴、出口退税、出口信贷、外汇留成及给予出口加工工业税收减免、加速其折旧、对其生产投人品实行优惠供给价格等各种措施促进出口。

4. 鼓励外资流入。通常以税收等方面的优惠来吸引外资投入本国出口加工工业。这样做除了可以弥补本国发展出口工业的资金和外汇缺口,更重要的是可以引进国外的先进技术、设备和管理方法,亦可以间接地利用外国厂商成熟的国际市场。

5. 设立出口加工区等经济特区。经济特区实行自由贸易政策,有助于推动国际贸易的发展,尤其是出口加工区,通过对外资实行减免税收等优惠政策,允许外资在区内投资设厂,可以有效地利用外资发展出口加工工业。在实行出口替代战略的初期,设立这一类特区,既可以获得自由贸易的好处,又可以避免外国企业和产品对国内尚未成熟的市场的冲击。

出口替代发展战略收到了明显的积极效果。主要有:

1. 实现了资源的有效配置,使本国的比较优势获得充分发挥,提高了发展中国家制造业的效率和国际竞争力。

2. 出口的扩大增加了本国外汇收入,有效地缓解了发展中国家的国际收支困难,同时为国内经济发展筹集了必要的资金,弥补了发展中国家固有的所谓“两缺口”。

3. 出口加工工业和整体制造业的发展,对相关产业部门产生了积极的联系效应,并且有力地拉动了发展中国家的经济增长。

4. 实行出口替代战略,首先要大力发展劳动密集型产业,才能发挥发展中国家的比较优势。而劳动密集型产业的发展和整体经济增长,为社会提供了更多的就业机会,有利于解决发展中国家普遍存在的失业问题。

但是出口替代发展战略也有其缺陷。主要便现在:

1. 加深了实行国家对国际市场的依赖,一旦世界经济出现波动,这些国家首当其冲受到严重影响。但是如果在实行这一战略时,该国政府能在经济发展的同时,注意提高内需,则可以把本国对国际市场的依赖程度降到安全范围之内。

2. 可能导致国内经济发展的不平衡。一方面是各地区经济发展不平衡,沿海开放地区的经济发展将快于内地;另一方面是各部门经济发展不平衡,出口部门及其相关产业部门的发展必然快于其他产业部门。实际上,经济发展不平衡是绝对的,是不可能完全避免的,无论采取何种经济发展战略,都不可能实现经济的完全平衡发展。但是,如果政府在实行出口替代战略时,能够适时地注意发展其他地区和经济部门,便可以把这种经济发展的不平衡降到尽可能低的程度。

3. 对外资的利用可能使国内某些工业部门被外资控制,严重的还会导致本国经济命脉被外资所把持,同时也会出现利润外流的现象。当然,如果本国政府的政策得当,上述问题或者不会出现,或者虽然一定程度上出现了,也不会危及该国的经济安全。

4. 对于大型发展中国家,实行出口替代战略导致的大量出口,往往会引起贸易摩擦,如果处理不当,还会恶化国际关系;如果短期内大量出口需求弹性低的产品,还可能出现“福利恶化型增长”。但这些问题并不是一定会出现的,它们都可以通过合理的政策设计加以消除。

5. 实行出口替代战略还会出现社会成员收入分配不均、甚至出现收入分配两极分化现象,这就要求政府采取适当的税收等政策加以调节平衡。

第五节　发达国家的战略性贸易政策

20 世纪 80 年代,伴随着国际贸易新理论的形成,发达国家的国际经济学家们开始在不完全竞争的基础上思考国际贸易政策,提出了战略性贸易政策。这一政策和理论首先由加拿大经济学家詹姆斯·布兰德(James A. Brander)、巴巴拉·斯潘塞(Barbala J. Spenser)提出,后经美国经济学家艾维纳什·迪克希特(Avinash K. Dixit)、保罗·克鲁格曼(Paul R. Kerugman)和以色列经济学家艾尔哈南·赫尔普曼(Elhanan Heipman)等人进一步研究,目前已逐步成熟完善。

一、战略性贸易政策的提出

战略性贸易政策是指一国政府使用各种鼓励出口或限制进口的措施,以影响本国企业经营战略,使其在国际市场上的活动朝着有利于本国的方向改进,从而达到扶植本国重要产业、增强国家竞争力或分享外国企业垄断利润之目的的贸易政策。

二战以后,国际贸易的基础发生了重大变化,不完全竞争的市场结构和规模经济的生产特征日益占据主导地位。在完全竞争条件下,任何企业都不具备对商品或要素市场的控制能力,经济资源可以随着国际分工在所有部门之间自由流动,从而实现有效配置。但是,垄断使资源流动变得困难甚至完全不可能,因而自由贸易失去了经济基础。同时,企业日益追求生产规模以获取经济效益,生产规模的扩大加深了企业对海外市场的依赖,市场份额对各国企业变得更加重要,国际贸易已经变成少数大垄断企业之间的"博弈",谁能占领市场,谁就能获得超额利润。加之20世纪70年代中期以来,发达国家制造业的竞争力逐步下降,产业空心化日益严重,而高科技产业对经济的影响却越来越重要。于是,一些经济学家提出,发达国家政府应该实行战略性贸易政策,提高那些本国重要的、具有技术外溢效应的高科技产业的国际竞争力,以阻止其退出国际市场,从而维持其国家竞争优势,或为国家贡献垄断利润。

二、战略性贸易政策的理论基础

战略性贸易政策的理论基础是克鲁格曼的"新贸易理论"。该理论以不完全竞争的市场结构和规模经济的生产方式为特点,在理论上有三个方面的重要突破。

一是把产业组织理论引入贸易理论,使贸易理论摆脱完全竞争和不变规模经济的束缚,引入不完全竞争和规模经济的假设。随着厂商边际收益递增,大厂商往往比小厂商更有优势,出现市场被几家大厂商控制(寡头垄断)或一家大厂商控制(独占垄断)的现象,成为不完全竞争市场,这些垄断企业可以获得长期利润,不仅获得一般利润,而且获得超额利润,并对新企业进入设置障碍。政府的资助可以帮助这些企业战胜外国对手,获得竞争优势。

二是把专业化分工的基础从单一的比较成本说(或比较利益说)扩大到比较成本与收益递增并存。比较成本是产业间贸易的基础,而收益递增是产业内贸易的基础。在当前产业内贸易占主体的情况下,收益递增是主要的分工基础。收益递增的原因主要来自内部规模经济与外部规模经济两个方面。

三是强调外部性的重要性。一些产业尤其是高科技产业能够产生技术外溢效应,它们的发展或存在对于国内其他部门的发展以及国家竞争力的提高有重大影响。但企业本身却没有得到技术溢出的好处,于是导致企业效益小于社会效益的现象,即产生了外部性。因而需要通过政府的补助来帮助企业发展。

三、战略性贸易政策的内容

经济学家们常常以美国波音公司与欧洲空中客车公司的竞争为例,来说明战略性贸易政策的内容。假定这两家公司生产技术和能力相近,都能生产一种可载500人的大客机,而生产又具有规模经济,生产量越多成本越低,生产量越小成本越高,甚至亏损。在市场需求有限的情况下,如果两家公司都生产,两家公司都会亏本。如果两家公司都不生产,虽然谁都不会亏损,但谁也没有利润。只有在一家生产而另一家不生产的情况下,生产的那一家才会有足够的产量而获得利润。表3-1给出了两大公司博弈的支付矩阵。纳什均衡的结果是,谁先进入该市场谁就会生产,而另一家公司就不再进入。因此,有两种博弈均衡:若波音公司首先进入该市场,其结果必然是波音公司生产而空中客车公司不生产(均衡在右上角);若空中客车公司首先进入市场,则结果必然是空中客车公司生产而波音公司不生产(均衡在左下角)。

表3-1 波音与空客的博弈矩阵(无补贴情况) 单位:亿美元

空 客 波 音	生 产	不生产
生 产	-5 -5	0 100
不生产	100 0	0 0

如果欧洲政府采取战略贸易政策,给予空中客车公司10亿美元的生产补贴,则将改变市场博弈结果。如表3-2所示。

表 3－2　波音与空客的博弈矩阵(欧盟补贴情况)　　单位:亿美元

空客 波音	生　产	不生产
生　产	5 －5	0 100
不生产	110 0	0 0

即使波音公司首先进入市场,开始时如右上角,空中客车公司不生产,但由于欧洲政府补贴,空中客车公司选择生产,转向表 3－2 中的左上角,波音公司在短期内还能以亏损维持竞争,但不能长期维持,博弈竞争的结果是选择左下角,空中客车公司生产而波音公司退出市场。空中客车公司的利润 110 亿美元远远超出政府补贴的 10 亿美元,欧洲政府以区区 10 亿美元换回 110 亿美元的收益,净得利 100 亿美元,同时还可以获得空客对社会产生的技术外溢效应,从而提升本国经济的整体竞争力。可见,政府的战略性贸易政策是有效的。

但是,上述分析也存在一些问题。首先,对手国政府可能会采取同样的措施。在上例中,如果美国政府对波音公司也进行补贴,那么结果会是两家都生产,如表 3－3 所示。虽然波音和空中客车在政府补贴下仍能获利,但各国政府的支出大于企业所得利益,整个经济是净损失。

表 3－3　波音与空客的博弈矩阵(欧美都补贴情况)　　单位:亿美元

空客 波音	生　产	不生产
生　产	5 5	0 110
不生产	110 0	0 0

其次,信息的准确性问题。例如,由于技术或经营管理方面的原因,两家公司的成本可能有差异。如表 3－4 所示。两家公司同时生产时,波音公司有 5 亿美元的利润,而空中客车公司则是 5 亿美元的亏损。如果欧洲政府不了解这种情况,还向前例那样给空中客车补贴 10 亿美元,企图借此将波音公司挤出市场,结果将不能如愿。因为,虽然空中客车挤进市场开始生产,波音公司也不会

退出市场,因为它仍然有5亿美元利润可以维持生存。空中客车无法独占市场,也就只能得到5亿美元利润,减去补贴,整个国家亏损5亿美元。而且,无论欧洲政府补贴多少,这一结果也不会改变。

表3－4　波音与空客的博弈矩阵(成本不同情况)　单位:亿美元

空客 波音	生　产	不生产
生　产	-5 5	0 110
不生产	100 0	0 0

四、对战略性贸易政策的简要评价

战略性贸易政策的实施效果如何?经济学家们喜欢举日本发展钢铁业、半导体产业的例子说明该政策的成功。还有美国、法国(欧盟)以及印度等国,都被认为曾经成功地采用了战略性贸易政策。日本的工业发展及经济增长确实很成功。但是,正如克鲁格曼所指出的,日本成功的原因很多,不一定是战略性贸易政策的功劳。日本一些最成功的产业,如汽车工业和家电工业,并不在政府优先照顾之列。即使半导体工业的发展,也没有充分证据证明就是政府扶植的结果,甚至有更多的资料可以证明政府对该产业的保护并不成功。至于其他国家的所谓"效果",也与日本的情况相同,并没有充分证据证明其与战略性贸易政策的直接关系。

战略性贸易政策本质上是一种保护性贸易政策,它实质上是19世纪70年代出现而在两次世界大战期间盛行的超保护贸易政策的翻版。战略性贸易政策与超保护贸易政策在保护的目的、保护的对象、保护的手段和保护的性质等各方面都如出一辙,比如保护的目的都是为了帮助大垄断企业抢占国际市场、分享外国企业的利润,保护的对象都是本国的寡头垄断(或独占)企业,保护的手段都是在广泛使用各种奖出限入手段的同时,着重使用政府补贴手段,保护的性质都具有明显的侵略性和扩张性,即抢占国际市场。略有不同的只是,战略性贸易政策增加了一些诸如纠正外部性、保护高技术产业发展的积极性、提高国家竞争优势等漂亮的字眼,这只是在现代经济条件下该政策能够找到的合理外衣而已。历史已经证明,超保护贸易政策导致各国之间贸易摩擦加剧,贸易战频发,甚至导致政治和军事的对抗,有西方学者认为,两次世界大战的爆发与当时各国竞相采取这种以邻为壑的贸易政策有密切关系。因此,战略性贸易政策是不可取的,应该受到严厉的抵制与批判。

一些发展中国家的经济学者认为,战略性贸易政策可以为发展中国家所用,以利于发展其支柱性产业,这种认识是错误的。

第一,发展中国家经济发展的重点是发展本国民族工业,这些工业往往是幼稚工业,而战略性贸易政策的目的是抢占国际市场,它对幼稚工业的发展没有意义。

第二,战略性贸易政策着重于实行补贴,以刺激本国企业向外扩张。对大垄断企业的补贴自然是巨额的,这是发展中国家难以承受的。从这个意义上说,战略性贸易政策是属于发达国家的贸易政策。

第三,战略性贸易政策以牺牲别国的利益为本国经济发展的条件,这是违背国际贸易基本准则的。发展中国家实行这种政策难免其他受损失国家的报复,发展中国家无论是承受报复的能力还是反报复的能力都不能与发达国家相比。

第四,当前,发展中国家实行保护幼稚工业政策已得到国际社会的认可,完全没有必要再实行什么战略性贸易政策。

所以,战略性贸易政策即使可用,也主要适合发达国家。

本章小结

从国别角度,国际贸易政策就是对外贸易政策,是一国在一定时期内对进出口贸易所采取的方针、措施的总和。对外贸易政策是一国经济政策的重要组成部分,也是调整国际收支、带动经济发展的重要手段。本章着重介绍了国际贸易政策的概念及构成,国际贸易政策的类型与演变,保护幼稚工业的理论及政策,发展中国家的对外贸易政策选择,发达国家的战略性贸易政策等。

重要概念

自由贸易政策　保护贸易政策　超保护贸易政策　管理贸易政策　贸易发展战略　进口替代战略　出口替代战略　战略性贸易政策

习　题

1. 对外贸易政策包括哪几个方面的内容?

2. 什么是自由贸易政策和保护贸易政策?

3. 什么是超保护贸易政策?它与一般保护贸易政策有何区别?

4. 简要述评李斯特的保护幼稚工业的理论和政策。

5. 发展中国家在不同的经济发展阶段,可分别采取哪些对外贸易战略和政策?

6. 简要述评战略性贸易政策。

第四章 国际贸易政策措施

学习目标

●掌握关税的概念、种类、税则制度、计税方法、关税的经济效应及其分析方法。

●掌握非关税壁垒的概念、种类和经济效应及其分析方法。

●了解关税壁垒和非关税壁垒的不同经济效应及其原因。

国际贸易政策措施主要指国际商品贸易政策措施。它包括一个国家影响其商品进出口规模、构成和方向等各方面的具体政策措施。这些政策措施大致可分为进口的关税措施、非关税壁垒,以及鼓励出口和限制出口的政策措施。

第一节 关税措施

关税是最传统的贸易政策工具。第二次世界大战以来,关税在政策工具中的地位有所下降,但它仍然是市场经济条件下政府调节对外经济关系的有效手段。

一、关税的性质和作用

(一)关税的含义

关税(Tariff)是进出口商品经过一国关境时,由本国政府设置的海关向进出口商征收的一种税。理解这一概念,需明确如下三点:

1. 征收关税的领域——进出关境的商品。关境是由海关管辖的边境,是海关征收关税和执行海关法令和规章的区域范围。一般说来,关境和国境是一致的,关境就设置在国境线上。但是,在建立自由港、自由贸易区等经济特区的情况下,进出自由港、自由贸易区等经济特区的商品不征收关税,此时关境小于国境,关境移至这些经济特区与国内其他地区交界处。另外,在与其他一些国家缔结关税同盟的情况下,参与同盟的国家,其内部的商品可以自由流通,海关只对进出同盟国以外的商品征收统一的关税,此时关境大于国境,关境移至同盟国与其他国家的交界处。

2. 征收关税的机关——海关。海关是国家设立的对进出关境的运输工具、货物、物品进行监督管理的行政机构。它的主要职责是依照国家有关的政策、法令和规章监管进出关境的运输工具、货物、行李物品、邮递物品和其他物品，征收关税和其他税、费，查缉走私，并编制海关统计和办理其他海关业务。征收关税是海关的重要任务之一。

3. 征收关税的对象。本国的进出口商，过境税除外。根据《中华人民共和国进出口关税条例》规定："进口货物的收货人、出口货物的发货人，是关税的纳税义务人。"

（二）关税的性质和特点

关税作为国家税收的一种，同任何其他税收一样，是国家凭借政治权力取得财政收入的一种方式，也是管理社会经济和国民生活的一种手段，因此，它具有强制性、无偿性和固定性的共同性质。

1. 强制性。关税由国家凭借政治权力和法律强制征收，纳税人必须依法纳税，否则就会受到法律制裁。

2. 无偿性。国家征收关税后即交入国库，成为国家的财政收入，无须付给纳税人任何补偿。

3. 固定性。关税的征收按国家规定的税法税则计征，税率相对固定，不能随意改动。

关税除具有一般税收的共性之外，作为一个单独的税种，又具有不同于其他税收的特点：首先，关税是一种间接税。它与以纳税人的收入和财产作为征税对象的直接税不同，关税是以进出口商品为征税客体，属于商品流通过程中征税，纳税人可以将关税额作为成本的一部分加到商品价格上，最后转嫁给消费者；其次，关税是对外政策的手段。关税的最大特点在于它的涉外性，与世界各国的利益关系密切。因此，主权国家常以关税为手段来体现其对外政策，把它作为进行国际经济、政治斗争的手段。

（三）关税的职能和作用

从关税的性质和特点可见，关税具有如下四个方面的职能和作用：

1. 增加财政收入作用。关税征收以后即交入国库，成为该国财政收入。在资本主义发展初期，工业还不够发达，除土地税以外，其他税源有限，征收关税主要是为了财政收入。当时欧洲各国的关税，主要是征收出口税。随着资本主义工商业的发展，其他税源增加，关税在国家财政收入中的比重下降，关税的财政收入作用相对降低。现在只有少数财政极为困难的发展中国家，仍把关税作为财政收入的重要来源。但是无论征收关税的目的如何，它客观上都起到了增加财政收入的作用。

2. 对国内经济的保护作用。对进口商品征收关税，等于提高其进口成本，并相应提高销售价格，以此削弱其与本国产品竞争的能力，从而保护国内同类或相近产品的生产与发展。对某些出口商品征收关税，可以防止国内紧缺物资外流，保护国内资源。关税这种对国内经济的保护作用，已成为当前关税的主要作用。

3. 对国内经济的调节作用。利用关税率的高低或关税减免，调节某些商品的进口和出口数量，调节国内价格，保护国内供需平衡和市场稳定。通过征收临时进口附加税，以减少进口数量和外汇支出，保持国际收支平衡。

4. 开展对外经济斗争和建立友好经济关系的作用。由于关税的高低会影响到对方国家的外贸规模和国内生产的发展，涉及对方国家的经济利益，因此可以利用优惠关税，作为争取友好贸易往来、改善国际关系的手段；也可以利用关税壁垒作为限制对方进口或惩罚对方的手段；也可以利用差别关税，在对外贸易谈判时，以不同的税率为条件，作为迫使对方让步、开拓国外市场的手段。

关税在具有以上积极作用的同时，如利用不当，也可能产生消极作用。如果对某种产品不适当的长期保护，形成没有竞争的环境，有可能使生产这种产品的企业缺乏提高技术改进生产的动力，养成依赖性，长期居于落后水平。

二、关税的种类

关税种类繁多，按照不同的标准可作不同的划分。

（一）进口税、出口税和过境税

按征收关税的对象或商品的流向不同，可以把关税分为进口税、出口税和过境税。

1. 进口税（Import Duties）。进口税是指一国海关在外国商品进口时，对本国进口商所征收的关税。进口税又称正常关税或进口征税。

进口税是一国推行保护贸易政策所实施的一项重要措施。通常所说的关税壁垒，实际上就是对进口商品征收高额关税，以此提高其成本，削弱其竞争力，从而起到限制进口、保护国内工业的作用。各国进口税税率的制定要考虑多方面的因素。从有效保护和经济发展出发，应对不同商品制定不同的税率。一般地说，进口税税率随着进口商品加工程度的提高而提高，即工业制成品税率最高，半制成品次之，原料等初级产品最低甚至免税；同时，对于国内紧缺而又急需的生活必需品和机器设备予以低关税或免税，而对国内能大量生产的商品或奢侈品则征收高关税。

2. 出口税（Export Duties）。出口税是指一国海关在本国商品输往国外时，对出口商所征收的关税。目前大多数国家一般不征收出口税。因为征收出口税会抬高出口商品的成本和国外售价,削弱其在国外市场的竞争力,不利于扩大出口。第二次世界大战后,仍然征收出口税的只是少数国家,尤其是经济落后的发展中国家。征收出口税的主要是为了增加本国的财政收入,或者是为了保护本国同种工业制成品的生产,以满足本国市场的供应。

3. 过境税(Transit Duties)。过境税是一国海关对通过其关境再转运到第三国的外国商品所征收的关税。过境税在重商主义时期盛行于欧洲各国,其目的主要是增加国家财政收入。随着资本主义的发展,税种的增加,到19世纪后半期,大多数国家相继废除了过境税。战后,关贸总协定规定了"自由过境"的原则。目前,大多数国家对过境商品只征收少量的签证费、印花费、登记费和统计费等。

(二)进口附加税

进口附加税(Import Surtaxes)是指一国海关在进口外国商品时,在征收进口税之外,出于某种特定的目的而额外加征的关税。

进口附加税通常是一种临时性的措施,是在特定情况下,非正常实施的。其目的主要有:应付国际收支危机,维持进出口平衡;防止外国商品低价倾销;对某个国家实行歧视或报复等。人们为了把正常的进口关税与这种额外加征的关税相区别,通常称前者为正常关税或进口正税;而称后者为特别关税或进口附加税。

进口附加税不同于进口税,在一国的《海关税则》中并不能找到,也不像进口税那样受到世界贸易组织的严格约束而只能降不能升,其税率的高低往往视征收的具体目的而定。它是限制商品进口的重要手段,在特定时期有较大的作用。以美国为例,1971年美国出现了自1893年以来的首次贸易逆差,国际收支恶化。为了应付国际收支危机,维持进出口平衡,美国总统尼克松宣布自1971年8月15日起实行新经济政策,对外国商品进口在一般进口税上再加征10%的进口附加税,以限制进口。

一般说来,对所有进口商品征收进口附加税的情况较少,大多数情况是针对个别国家和个别商品征收进口附加税。这类进口附加税主要有反倾销税、反补贴税、紧急关税、惩罚关税和报复关税五种。

1. 反倾销税(Anti-Dumping Duties)。反倾销税是指对实行倾销的进口货物所征收的一种临时性进口附加税。征收反倾销税的目的在于抵制商品倾销,保护本国产品的国内市场。因此,反倾销税税额一般按倾销差额征收,由此抵消低价倾销商品价格与该商品正常价格之间的差额。

根据世界贸易组织(WTO)的《反倾销守则》规定,所谓倾销,是指进口商品以低于正常价值的价格向另一国销售的行为。确定正常价格有三种方法:a.采用国内价格,即相同产品在出口国用于国内消费时在正常情况下的可比价格;b.采用第三国价格,即相同产品在正常贸易情况下向第三国出口的最高可比价格;c.采用构成价格,即该产品在原产国的生产成本加合理的推销费用和利润。这三种确定正常价格的方法是依次采用的,即若能确定国内价格就不使用第三国价格或构成价格,依此类推。另外,这三种正常价格的确定方法仅适用于来自市场经济国家的产品。对于来自非市场经济国家的产品,由于其价格并非竞争状态下的供求关系所决定,因此,西方国家选用替代国价格,即以一个属于市场经济的第三国所产的相似产品的成本或出售的价格为基础,来确定其正常价格。

按《反倾销守则》规定,对某进口商品征收反倾销税有三个必要条件:a.倾销存在;b.倾销对进口国国内已建立的某项工业造成重大损害或产生重大威胁,或者对某一国内工业的新建产生严重阻碍;c.倾销商品与所称损害之间存在因果关系。进口国只有经充分调查,确定某进口商品符合上述征收反倾销税的条件,方可征收反倾销税。

如果某进口商品最终确证符合被征收反倾销税的条件,则所征的税额不得超过经调查确认的倾销差额,即正常价格与出口价格的差额。征收反倾销税的期限也不得超过为抵消倾销所造成的损害必需的期限。一旦损害得到弥补,进口国应立即停止征收反倾销税。另外,若被指控倾销产品的出口商愿作出“价格承诺”,即愿意修改其产品的出口价格或停止低价出口倾销的做法,进口国有关部门在认为这种方法足以消除其倾销行为所造成的损害,可以暂停或终止对该产品的反倾销调查,不采取临时反倾销措施或者不予以征收反倾销税。

虽然世界贸易组织制定了《反倾销守则》,但反倾销法的执行主要依赖各签字国的国内立法规定,因而具有很大的随意性。随着关税壁垒作用的降低,各国越来越趋向于利用反倾销手段,对进口产品进行旷日持久的倾销调查及征收高额反倾销税来限制商品进口。

2.反补贴税(Counter - Vailling Duties)。反补贴税,又称反津贴税、抵消税或补偿税,是指进口国为了抵消某种进口商品在生产、制造、加工、买卖、输出过程中所受的直接或间接的任何奖金或补贴而征收的一种进口附加税。征收反补贴税的目的在于增加进口商品的价格,抵消其所享受的贴补金额,削弱其竞争能力,使其不能在进口国的市场上进行低价竞争或倾销。

世界贸易组织的《补贴与反补贴协定》规定,征收反补贴税必须证明补贴与损害的存在及这种补贴与损害之间的因果关系。如果出口国对某种出口产品实施补贴的行为对进口国国内某项已建的工业造成重大损害或产生重大威胁,或严重阻碍国内某一工业的新建时,进口国可以对该种产品征收反补贴税。反补贴税税额一般按奖金或补贴的数额征收,不得超过该产品接受补贴的净额,且征税期限不得超过五年。另外,对于接受补贴的倾销商品,不能既征反倾销税,同时又征反补贴税。

3. 紧急关税(Emergency Duties)。紧急关税是为消除外国商品在短期内大量进口对国内同类产品生产造成重大损害或产生重大威胁,而征收的一种进口附加税。当短期内外国商品大量涌入时,一般正常关税已难以起到有效保护作用,因此,需借助税率较高的特别关税来限制进口,保护国内生产。例如,1972年5月,澳大利亚受到外国涤纶和棉纶涤纶进口的冲击,为保护国内生产,决定征收紧急关税,在每磅20澳分的正税外,另加征每磅48澳分的进口附加税。

由于紧急关税是在紧急情况下征收的,是一种临时性税,因此,当紧急情况缓解后,紧急关税必须撤除,否则会受到别国的关税报复。

4. 惩罚关税(Penalty Duties)。惩罚关税是指出口国某商品违反了与进口国之间协议,或者未按进口国海关规定办理进口手续时,进口国海关对该进口商品征收的一种临时性的进口附加税。例如,1988年日本半导体元件出口商因违反了与美国达成的自动出口限制协定,被美国征收100%的惩罚关税。又如,若某进口商虚报成交价格,以低价报关,一经发现,进口国海关将对该进口商征收特别关税作为罚款。

5. 报复关税(Reliabiliatory Duties)。报复关税是指一国为报复它国对本国商品、船舶、企业、投资或知识产权等方面的不公正待遇,对从该国进口的商品所课征的进口附加税。通常在对方取消不公正待遇时,报复关税也会相应取消。然而,报复关税也像惩罚关税一样,易引起他国的反报复,最终导致关税战。例如,乌拉圭回合谈判期间,美国和欧洲联盟就农产品补贴问题发生了激烈的争执,美国提出一个"零点方案",要求欧盟十年内将补贴降为零,否则美国除了向农产品增加补贴外,还要对欧盟进口商品增收200%的报复关税。欧盟也不甘示弱,扬言反报复。双方剑拔弩张,若非最后相互妥协,就差点葬送了这一轮谈判的成果。

征收进口附加税主要是为弥补正税的财政收入和保护作用的不足。由于进口附加税比正税所受国际社会约束要少,使用灵活,因而常常会被用作限制进口与贸易斗争的武器。过去,我国在合理地、适当地应用进口附加税的手段方面显得非常不足。比如,因长期没有自己的反倾销、反补贴法规,不能利用反倾销税和反贴补税来抵制外国商品对我国低价倾销,以保护我国同类产品的生产和市场。直到1997年3月25日,我国颁布了《中华人民共和国反倾销和反补贴条例》,才使我国的反倾销、反补贴制度法制化、规范化。

（三）普通税和优惠税

一些国家根据政治经济关系的需要，会对来自不同国家的同一种商品实行不同的税率，从而形成一种差别待遇。如果以这种差别待遇为标准，可以把进口税分为普通税、最惠国税、特惠税和普遍优惠制。

1. 普通税。普通税（Common Tariff）适用于与该国没有签订任何关税互惠贸易条约或协定的国家或地区进口的商品。普通税税率最高，一般比优惠税率高1~5倍，少数商品甚至高达10倍、20倍。目前仅有个别国家对从极少数（一般是非建交）国家的进口商品实行这种税率，大多数国家只是将其作为其他优惠税率减税的基础。因此，普通税率并不是被普遍实施的税率。

2. 最惠国税。最惠国税（Most - Favored - Nation Treatment）适用于与该国签订有最惠国待遇条款的贸易协定的国家或地区进口的商品，也是世界贸易组织成员之间在正常贸易下必须给予的关税待遇。所谓最惠国待遇，是指缔约一方现在和将来给予任何第三方的一切特权、优惠和豁免，也同样给予缔约方对方。最惠国待遇的主要内容是关税待遇。由于世界上大多数国家都加入了签订有多边最惠国待遇条约的世界贸易组织，或者通过个别谈判签订了双边最惠国待遇，因此最惠国税实际上已成为正常的关税。

但是，最惠国税率并非是最低税率。在最惠国待遇中往往规定有例外条款，如在缔结关税同盟、自由贸易区或有特殊关系的国家之间规定更优惠的关税待遇时，最惠国待遇并不适用。

3. 特惠税。特惠税（Preferential Duties）又称优惠税，是对来自特定国家或地区的进口商品给予特别优惠的低关税或免税待遇。使用特惠税的目的是为了增进与受惠国之间的友好贸易往来。特惠税有的是互惠的，有的是非互惠的。

特惠税最早开始于宗主国与殖民地及附属国之间的贸易，最有名的特惠关税是英联邦特惠制。它是英国确保获取廉价原料、食品和销售其工业品，排挤其他国家侵入英国殖民地市场，垄断其殖民地、附属国市场的工具。目前仍在起作用的，且最有影响的是洛美协定国家之间的特惠税。它是欧盟向参加协定的非洲、加勒比海和太平洋地区的发展中国家单方面提供的特惠关税。

4. 普遍优惠制。普遍优惠制（Generalized System of Preference，简称GSP）简称普惠制，是发达国家给予发展中国家出口的制成品和半制成品（包括某些初级产品）普遍的、非歧视的、非互惠的一种关税优惠制度。普惠制的目的是通过给惠国对受惠国的受惠商品给予减、免关税优惠待遇，使发展中的受惠国增加出口收益，促进其工业化水平的提高，加速国民经济的增长。

普遍性、非歧视性和非互惠性是普惠制的三项基本原则。普遍性是指发达国家对所有发展中国家出口的制成品和半制成品给予的普遍的关税优惠待遇；非歧视性是指应使所有发展中国家都无歧视、无例外地享受普惠制待遇；非互惠性即非对等性，是指发达国家应单方面给予发展中国家作出特殊的关税减让而不要求发展中国家对发达国家给予对等待遇。

普惠制是发展中国家在联合国贸易与发展会议上长期斗争的成果。从1968年联合国第二届贸发会议通过普惠制决议至今，普惠制已在世界上实施了30多年。目前，全世界已有190多个发展中国家和地区享受普惠制待遇，给惠国则达到30多个。

普惠制方案是各给惠国为实施普惠制而制定的具体执行方法。从具体内容看，尽管各给惠国的方案不尽一致，但大多包括了给惠产品范围、受惠国家和地区、关税削减幅度、保护措施、原产地规则、给惠方案有效期等六个方面。

①给惠产品范围。一般农产品的给惠商品较少，工业制成品或半制成品只有列入普惠制方案的给惠商品清单，才能享受普惠制待遇。一些敏感性商品，如纺织品、服装、鞋类以及某些皮制品、石油制品等常被排除在给惠商品之外或受到一定限额的限制。例如，欧盟1994年12月31日颁布的对工业产品的新普惠制法规（该法规于1995年1月1日开始执行），将工业品按敏感程度分为五类，并分别给予不同的优惠关税。具体地说，对第一类最敏感产品，即所有的纺织品，普惠制关税为正常关税的85%；对第二类敏感产品，征正常关税的70%；对第三类半敏感产品，征正常关税的35%；对第四类不敏感产品，关税全免；而对第五类部分初级工业产品，将不给优惠税率，照征正常关税。又如美国的普惠制方案规定，纺织品协议项下的纺织品和服装、手表、敏感性电子产品、敏感性钢铁产品、敏感性玻璃制品或半制成品及鞋类不能享受普惠制待遇。

②受惠国家和地区。发展中国家能否成为普惠制方案的受惠国是由给惠国单方面确定的。因此，各普惠制方案大都有违普惠制的三项基本原则。各给惠国从各自的政治、经济利益出发，制定了不同的标准要求，限制受惠国家和地区的范围。例如，美国曾以我国不是关贸总协定成员，不符合其受惠国标准为由，而没有把普惠制待遇给予我国的出口产品。

③给惠商品的关税削减幅度。给惠商品的减税幅度取决于最惠国税率与普惠制税率之间的差额，即普惠制减税幅度 = 最惠国税率 - 普惠制税率。减税幅度与给惠商品的敏感度密切相关。一般说来，农产品减税幅度小，工业品减税幅度大，甚至免税。例如，日本对给惠的农产品实行优惠关税，而对给惠的工业品除其中的“选择性产品”给予最惠国税率的50%优惠外，其余全都免税。

④保护措施。各给惠国为了保护本国生产和国内市场，从自身利益出发，均在各自的普惠制方案中制定了程度不同的保护措施。保护措施主要表现在

例外条款、预定限额及毕业条款三个方面。例外条款是指当给惠国认为从受惠国优惠进口的某项产品的数量增加到对其本国同类产品或有竞争关系的商品的生产者造成或将造成严重损害时,给惠国保留对该产品完全取消或部分取消减税优惠待遇的权利。预定限额是指给惠国根据本国和受惠国的经济发展水平及贸易状况,预先规定一定时期内(通常为一年)某项产品的关税优惠进口限额,达到这个额度后,就停止或取消给予的关税优惠待遇,而按最惠国税率征税。毕业条款是指给惠国以某些发展中国家或地区由于经济发展,其产品已能适应国际竞争而不再需要给予优惠待遇和帮助为由,单方面取消这些国家和地区的普惠制待遇。

⑤原产地规则。为了确保普惠制待遇只给予发展中国家和地区生产和制造的产品,各给惠国制定了详细和严格的原地产规则。原产地规则是衡量受惠国出口产品能否享受给惠国给予减免关税待遇的标准。原产地规则一般包括三个部分:原产地标准、直接运输规则和书面证明书。所谓原产地标准,是指只有完全由受惠国生产或制造的产品,或者进口原料或部件在受惠国经过实质性改变而成为另一种不同性质的商品,才能作为受惠国的原产品享受普惠制待遇。所谓直接运输规则,是指受惠国的原产品必须从出口受惠国直接运至进口给惠国。但由于地理或运输等原因确实不可能直接运输时,允许货物经过他国转运,条件是货物必须始终处于过境国海关的监管下,未投入当地市场销售或再加工。所谓书面证明书,是指受惠国必须向给惠国提供由出口受惠国政府授权的签证机构签发的普惠制原产地证书作为享受普惠制减免关税优惠待遇的有效凭证。

⑥普惠制的有效期。普惠制的实施期限为10年,经联合国贸易和发展会议全面审议后可延长。目前普惠制已进入了第四个实施期。普惠制在实施30多年来,确实对发展中国家的出口起了一定的积极作用。但由于各给惠国在提供关税优惠的同时,又制定了种种烦琐的规定和严厉的限制措施,使得建立普惠制的预期目标还没有真正达到,广大发展中国家尚需为此继续斗争。

三、关税的征收

征收关税是政府行为,代表国家利益,必须依法进行。国家规定了征收关税的依据、方法和必要程序。

(一)海关税则(Customs Tariff)

海关税则又称关税税则。它是国家根据其关税政策和总体经济政策,以一定的立法程序制定、颁布和实施的进出口商品计征关税的规章和对进出口的应税与免税商品加以系统分类及按商品类别排列的关税税率表。

海关税则一般由两部分组成:一是海关课征关税的规章条例及其说明;二是商品分类及关税税率一览表,它主要由税则号列(Tariff NO.),简称税号、货物分类目录(Description Goods)和税率(Rate Duty)三部分组成。

海关税则通常可分为单式税则和复式税则两种类型。

1. 单式税则(Single Tariff)。单式税则是指一个税目下只有一个税率,该税率适用于来自任何国家的商品,无差别待遇,故又称一栏税则。在自由竞争的资本主义时期,各国都采用单式税则,但到了垄断资本主义时期,发达资本主义国家为了在关税上搞差别或歧视待遇,或为争取关税上的互惠,都逐渐放弃了单式税则而改用复式税则。目前仅有巴拿马、伊朗、加纳、阿尔及利亚等为数不多的发展中国家仍沿用单式税则。

2. 复式税则(Complex Tariff)。复式税则又称多栏税则。是指一个税目下设有两个或多个税率,以对来自不同国家的同类进口商品采用不同的税率。复式税则的特点是歧视性,对不同国家的同种商品实行有差别的歧视性待遇。

复式税则中又包括二栏税率、三栏税率、四栏税率、五栏税率等。我国目前采用二栏税率,由普通税率和优惠税率组成,以区别对待与本国定有和没有定有贸易互惠条约或协定的不同国家和地区的进口商品。大部分西方发达国家和部分发展中国家实行三栏税率,通常由普通税率、最惠国税率和普惠制税率组成。日本的关税税则有四栏,第一栏是基本税率,税率最高,适用于非 WTO 成员国以及没有与日本有最惠国贸易协定的国家;第二栏是协定税率,适用于 WTO 成员国和与日本签订有最惠国贸易协定的国家;第三栏是特惠税率,税率最低,适用于发展中国家和地区;第四栏是暂定税率,税率与协定税率一样,适用于未和日本签订贸易协定但与日本友好的国家。欧盟各国使用的是五栏税率:第一栏是特惠税率,适用于洛美协定国家;第二栏是协定税率;第三栏是普惠制税率;第四栏是最惠国税率;第五栏是普通税率即最高税率。

在单式税则或复式税则中,依据制定税则的权限,又可分为自主税则、协定税则和混合税则三种:自主税则(Autonomous Tariff)是指由一国政府根据本国社会经济发展状况,依照关税自主原则单独制定和修改的以法律形式规定的关税税则。它不受对外签订的贸易条约或协定约束;协定税则(Conventional Tariff)是指一国政府通过与其他国家订立贸易条约或协定共同制定的关税税则。这种关税税则的制定不是完全自主性的。协定税则又分为双边协定税则、多边协定税则和不平等协定税则。WTO 是最典型的多边协定税则;混合税则是指一国关税税则的制定同时采取自主税则和协定税则方式。一国税则的制定以自主制定应税税目的税率为基础,结合与其他相关国家通过协定方式确定的应税税目的税率组合而成。

我国是世界海关组织(WCO)《商品名称及编码协调制度公约》(以下简称《公约》)的缔约国,按《公约》的要求,缔约国的《进出口税则》均以公约所制定的《商品名称及编码协调制度》(简称《协调制度》)为基础进行编排和修订。为了适应国际贸易及科学技术的发展,世界海关组织每4~6年对《协调制度》进行一次修订。在符合《协调制度》原则的前提下,从2009年1月1日起,我国对《中华人民共和国海关进出口税则》进行了较大范围的调整,调整内容主要涉及最惠国税率、年度暂定税率、协定税率和特惠税率等方面,税目总数也由2008年的7758个增至7868个。本次调整的主要目的是通过关税调节经济的杠杆作用,促进对外贸易稳定增长,优化进出口商品结构,支持农村经济和高新技术发展,促进经济发展方式转变和产业结构调整,同时也为缓解纺织、钢材、化肥等行业面临的经营困难进行了政策调整。

(二)征收关税的方法

征收关税的方法主要采用从量税和从价税,在这两种方法的基础上又有混合税和选择税。

1. 从量税。从量税(Specific Duties)是以商品的重量、数量、容量、长度和面积等计量单位为标准计征的关税。征收从量税,大部分是以商品的重量来征收的,有的按商品的净重计征,有的按商品的毛重计征,有的按法定重量计征。征收从量税,在物价上涨时,税额不能随之增加,财政收入相对减少,难以达到财政关税和保护关税的作用。从量税计算公式为:

从量税额=商品数量×从量税率

第二次世界大战后,由于商品种类、规格日益繁杂和通货膨胀,大多数国家普遍采用从价税的方法计征关税。

2. 从价税。从价税(Ad Valorem Duties)是以进口商品的价格为标准计征的关税,其税率表现为货物价格的百分率。目前,大多数发达国家普遍采用这种方法计征关税,我国也采用从价税。从价税的计算公式如下:

从价税额=商品总值×从价税率

一般来说,从价税的方法有以下几个优点:①从价税的征收比较简单,对于同种商品,可以不必因其品质的不同再详加分类。②税率明确,便于比较各国税率。③税收负担较为公平。因从价税税额随商品价格与品质的高低而增减,比较符合税收的公平原则。④在税率不变时,税额随商品价格上涨而增加,这样既可增加财政收入,又可以在通货膨胀时起到保护关税的作用。

在征收从价税时,较为复杂的问题是确定进口商品的完税价格。完税价格是指经海关审定作为计征关税的货物价格,是决定税额多少的重要因素。目前发达国家多数规定以正常价格作为完税价格。所谓正常价格是指独立的买卖双方在自由竞争条件下成交的价格。若发票金额与正常价格一致,即以发票价格作为完税价格;若发票价格低于正常价格,则根据海关估定价格作为完税价格。

3. 混合税。混合税(Mixed or Compound Duties)又称复合税,是指对某种进口商品同时采用从量税和从价税征收的一种方法。混合税的计算公式为:

混合税额 = 从量税额 + 从价税额

混合税分为两种:一种是以从量税为主加征从价税;另一种是以从价税为主加征从量税。

4. 选择税。选择税(Alternative Duties)是对一种进口商品同时定有从价税和从量税两种税率,但征税时选择其税额较高的一种征税。有时,为了鼓励某种商品进口,也可选择其中税额低者征收。

(三)征收关税的程序

征收关税的程序,也就是海关对进出口货物实行监管、征税的程序,又称通关手续,一般包括接受申报、查验货物、征收税费、结关放行等四个环节。与此相对应,对进出口商或其代理人来说,也就是向海关申报进出口,接受海关的监管并纳税的程序,又称报关手续,一般包括申报进出、交验货物、缴纳税费、凭单取货。如果把两方面的作业程序综合考察,取作业的主体方来讲,可以把征收关税的程序归纳为:报关、查验、纳税、放行。

1. 报关。报关又称申报,是指在货物进出境时,进出口商或其代理人向海关申报,请求办理货物进出口手续的行为。

报关必须由具有报关资格并经海关注册登记的"报关单位"办理。报关单位的报关员须经海关培训和考核认可,发给报关员证,才能办理报关手续。非报关单位的商品进出口须委托报关单位及其报关员办理报关手续。在报关时,要填写报关单,并交验海关所规定的各项单证。海关在接受报关后应予以申报登记,即对报关员交验的各项单证予以签收、报关单编号登记、批注接受申报日期。

报关应在海关规定的工作日内完成。根据我国的《海关法》规定,进口货物的收货人应当自运输工具申报进境之日起 14 日内,出口货物的发货人,除海关特准的外,应当在装货的 24 小时以前向海关申报。超过时间,要征收滞报金。进口货物如进境后 3 个月未报关,由海关提取变卖处理。如果属于不宜长期保存的,海关可以根据实际情况提前处理。被处理货物,如在货物变卖之日起一年内补报关,变卖所得货款在扣除有关费用、税款和罚金后,可发还货主。逾期无人认领,上缴国库。

2. 查验。查验是指海关在接受报关后,对单证和货物的查验。根据《海关法》规定,进出口货物除经海关总署批准的以外,都应接受海关查验。

海关的查验工作主要有两项:一是对单证的查验,或者说审单。主要是查验单证是否符合国家的有关进出口政策和其他有关法令的规定，是否符合海关对进出口货物的监管、征税和统计的要求，以及单证是否齐全、有效，货价是否真实等。比如，有的交验的是已失效的单证，海关可不接受申报；有的申报不实，如虚报货价以逃税等，海关可根据《海关法》规定，按违章案件处以适当罚款。二是对货物的查验，即在查验单证后，以已审查无讹的进出口许可证或进出口货物报关单（明细单）为依据，查验货物。主要是查验单物是否相符，如货物的名称、原产地、数量、重量、包装等是否与报关单相符，是否有未报、漏报的；检查货物有无残损，包装是否符合要求等。其目的是确定货物进出口是否合法，是否符合其他管理规定，防范国内外不法商人利用货运进行政治经济破坏活动。

3. 纳税。纳税是指进出口商或其代理人依据海关签发的税款缴纳证，在规定的日期内，向指定的银行缴纳税款。

海关在接受申报和查验货物完毕后，依据海关税则，向进出口商或其代理人签发税款缴纳证，进出口商或其代理人应在海关签发税款缴纳证的次日（节假日除外）起的7天内，向指定的银行缴纳税款。逾期不缴纳的，由海关自第8日起至缴清款日止，按日征收税款总额的千分之一的滞纳金。对超过3个月仍未缴纳税款的，海关责令担保人缴纳税款或者将货物变卖抵缴，必要时，可以通知银行在担保人或者纳税义务人存款内扣款。

纳税义务人同海关发生纳税争议时，应先缴纳税款，然后自海关填发税款缴纳证之日起30天内向海关书面申请复议。确属错缴或多缴的，可按规定办理退税。

在进出口货物放行后，如果海关发现少征或漏征税款，也可按规定向纳税义务人补征。

4. 放行。放行是指海关在接受进出口货物申报、查验货物，并在纳税义务人缴纳关税后，在货运单据上签印放行。进出口商或其代理人必须凭海关签印的货运单据才能提取或发运进出口货物。未经海关放行的海关监管货物，任何单位和个人不得提取或发运。

四、关税的经济效应

（一）关税的名义保护率和有效保护率

一个国家对进口货品征收关税给予本国经济的保护所达到的地步或水平，一般以课征关税使该国经济产生的变化与课征关税前该国经济相比的百分率来表示。对一国整体经济或某一经济部门的保护程度通常以全部进口货品或某类货品的平均关税税率，即关税水平来衡量。

1. 关税水平(Tariff Level)。关税水平是指一个国家进口关税的平均税率，用以衡量或比较一个国家进口关税的保护程度。在关税与贸易总协定以及世界贸易组织的关税减让谈判中，关税水平往往被作为削减关税的指标。

关税水平有不同的计算方法，但基本上不外乎有简单平均法和加权平均法两种。

最简单的一种是算术平均法，即以一国税则中所有税目中税率相加的总和，除以所有税目的总数，求出其税率的平均值。其公式是：

关税水平 = 所有税率之和 ÷ 所有税目数之和 × 100%

这种计算方式因为有的税目税率很高，是禁止性的关税，实际很少进口；有些在贸易中的重要税目(如汽车)和不太重要的税目(如汽车座椅、安全带等)作为同样分量的两个税目计算，显然不太合理；而且从量税要换成从价税率才能相加，折算也有困难，因此具有一定缺点。

另一种是加权平均法，即以进口商品的价值作为权数，进行平均，按一个时期内所征收的进口关税税款总金额占所有进口商品价值总额的百分比计算。由于统计的口径不同，进行比较的范围不同，又可有下列几种计算方式：

(1)关税水平 = 进口关税税款总额/所有进口商品总价值(包括有税商品和免税商品) × 100%

(2)关税水平 = 进口关税税款总额/有税进口商品总价值 × 100%

因为各国都有很多零税或免税的进口商品，(2)式要比(1)式计算出来的百分比值较高一些，而算术平均率的百分比数值最高。在统计分析或对等谈判时，有时只对某大类商品或某个行业商品的关税水平进行比较，则其公式为：

某类商品的关税水平 = 该类商品的关税总额/该类商品的进口总值 × 100%

如果比较的不只是一类商品而是几个大类商品的平均税率，则可先计算出每类商品的关税水平之和(算术平均或加权平均之和)，然后加权平均计算。有时要求比较精确的计算，把临时减免税税款也加在税款金额之中。在关贸总协定的 8 轮关税减让谈判后，各国的关税水平大大降低，发达国家的平均关税水平已由以前的 40% 以上降低到 4% 左右，发展中国家的平均关税水平仍比较高，大约在 12% 左右。

2. 关税的名义保护率(Nominal Rate Protection)。名义关税保护率又称内涵税率(Implicit Tariff)，是指由于实行关税保护而引起的某种进口商品国内市场价格超过国际市场价格的部分与国际市场价格的百分比。税则中的法定税率与内涵税率往往有差别，但在一般不要求十分精确地计算关税保护程度，特别是在计算有效保护率时，可以忽略其他因素，把法定税率看做内涵税率。

关税理论认为,对进口货品征收关税会降低其竞争能力,从而使国内同类产品的生产受到保护。关税平均税率代表了进口货品税后价格的平均提高幅度,即为国内经济受到关税保护的程度。

3.关税的有效保护率(Effective Rate of Protection,简称ERP)。二战以后,随着跨国公司的出现,大规模生产由一种产品从始至终的全过程纵向全面生产,发展到零部件、投入品的专业横向分工生产与合作,形成世界范围内的横向专业化分工生产,致使中间产品的贸易量在不断扩大,逐渐形成了以中间产品为主的国际贸易商品结构。传统的关税保护理论是建立在产品的生产过程完全发生在一个国家内的假设前提之上的,这一假设条件与现实的国际贸易状况有很大差异,因此成为关税保护理论的一个重大缺陷。于是有效保护理论应运而生。

有效保护是指对某类产品制成品及其所用原材料和中间产品征收的全部进口关税对该制成品生产过程的净增值所给予的影响。有效保护率就是由于上述关税措施而引起的国内增值的提高部分与自由贸易条件下增值部分相比的百分比。有效保护不但注意关税对成品价格影响,也注意投入品(原材料或中间产品)由于征收关税而增加的价格,因此有效保护率计算的是某项加工工业中受全部关税制度影响而产生的增值比,是对一种产品的国内、外增值差额与其国外增值的百分比。可用公式表示如下:

有效保护率=(国内加工增值-国外加工增值)/国外加工增值×100%。

若以ERP表示有效保护率,V表示自由贸易条件下某一生产过程的增值,V′表示在各种保护措施作用下该生产过程的增值,则有效保护率可以表述为:

$$ERP=(V'-V)/V\times 100\%$$

研究关税结构,区别名义保护率和实际保护率,具有重要的意义。当最终产品名义税率一定时,对所需的原材料等中间产品征收的名义税率越低,则最终产品名义税率的保护作用(即有效保护率)越大。因此,如果要对某种产业实行保护,不仅要考虑对该产业最终产品的关税率,而且要把整个关税结构与该产业的生产结构结合起来考虑,才能制定出相应的合理政策措施。

基于提高有效保护率的考虑,发达国家常常采用逐步升级的关税结构,即对原料进口几乎完全免税,对半制成品征收适度关税,但对最终产品,特别是对劳动密集型制成品征收较高关税。发达国家的逐步升级的关税结构对发展中国家是极为不利的。它吸引发展中国家扩大原料出口,而阻碍制成品、半制成品出口,从而影响到发展中国家的工业化进程。

（二）关税经济效应的局部均衡分析

对关税经济效应的局部均衡分析的研究前提是在其他条件不变的条件下，即假定一种商品的均衡价格只取决于这种商品本身的供求状况而不受其他商品的价格和供求状况的影响。

通常来讲，征收关税都会导致国内该种商品价格上涨，国内生产量增加，进口量减少，但对不同的国家来说，通常这些影响的程度是不同的。我们通常把这些国家分为贸易大国和贸易小国两种类型。贸易小国是指该国某种商品的进口量占世界进口量的很小一部分，因此，该国这一商品的进口量的变化不能影响国际市场价格。而贸易大国则指该国某种商品的进口量占世界总进口量的份额很大，该国这一商品的进口量变化能影响这种商品的国际市场价格。

1. 贸易小国的关税效应。假定进口国是贸易小国，即该国某种商品的进口量占世界进口量的很小一部分，因此，该国进口量的变动不会影响世界市场价格，如同完全竞争的企业，该国只是价格的接受者。这样，该国征收关税后，进口商品国内价格上涨的幅度等于关税税率，关税全部由进口国消费者负担，如图 4.1 所示。

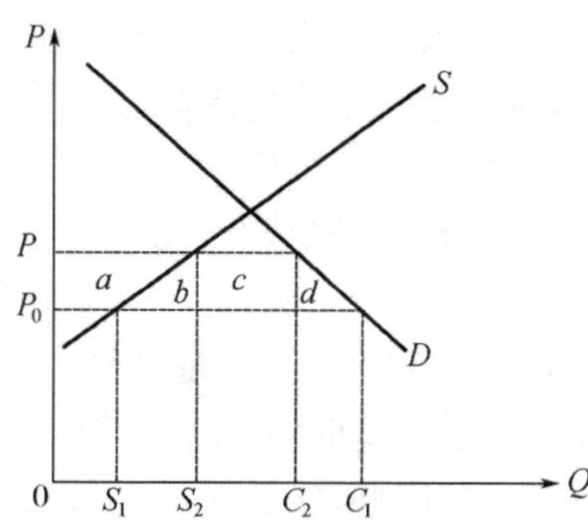

图 4.1　贸易小国的关税效应

假设图 4.1 中的 D 为国内需求曲线，S 为国内供给曲线；P_0 为自由贸易下的国际价格（也是国内价格），S_1C_1 为进口量；P_t 为征收关税后的国内价格（等于国际价格加关税额），S_2C_2 为进口量。贸易小国对某种进口商品征收关税后，将产生的经济效应如下。

（1）消费效应（Consumption Effect）。征收关税降低了该商品的国内消费量。征收关税前，国内需求量为 C_1，征收关税后引起价格上涨，需求量减少到 C_2。由于征收关税，引起国内消费量的减少，就是关税的消费效应。关税给消费者带来损失，其损失为 $a+b+c+d$ 的面积。由于征收关税，国内消费者减少消费，从而降低了物质福利水平。

（2）生产效应（Production Effect）。征收关税增加了该商品的国内产量。征收关税前，国内供给量为 S_1，征收关税后引起价格上涨，供给量增加到 S_2。由于征收关税，刺激国内供给量的增加，就是关税的生产效应。关税给生产者带来利益，其利益为 a 的面积。由于征收关税，一些国内资源从生产更有效率的可出口商品转移到生产较缺乏效益的可进口商品，由此造成了该国资源配置效率的下降。

(3)贸易效应(Trade Effect)。征收关税减少了该商品进口量。征收关税前,该国进口量为S_1C_1,征收关税后,进口量减少到S_2C_2。由于征收关税,导致进口量的减少,就是关税的贸易效应。

(4)财政收入效应(Revenue Effect)。征收关税给国家带来了财政收入。只要关税不提高到禁止关税的水平,它会给进口国带来关税收入,这项收入等于每单位课税额乘以进口商品数量,其数额为c的面积。

(5)净福利效应。征收关税后,各种福利效应的净值为$-(b+d)$。它意味着对贸易小国而言,关税会降低其社会福利水平,其净损为$(b+d)$。这部分损失也称为保护成本或无谓损失(Deadweight Loss)。其中,b为生产扭曲(Production Distortion),表示征税后国内成本高的生产替代原来来自国外成本低的生产,而导致资源配置效率下降所造成的损失。d为消费扭曲(Consumption Distortion),表示征税后因消费量下降所导致的消费者满意程度降低,是消费者剩余的净损失。

2. 贸易大国的关税效应。如果进口国是一个贸易大国,即该国某种商品的进口量占了世界进口量的较大份额,那么该国进口量的变化就会引起世界价格的变动。因此,大国征收关税虽然也有上述小国的种种关税经济效应,但由于大国能影响世界价格,因此从局部均衡分析所得的征收关税的代价和利益对比的净效果,就不同于小国情况。贸易大国对某种进口商品征收关税以后,将产生的经济效应如图4.2所示。

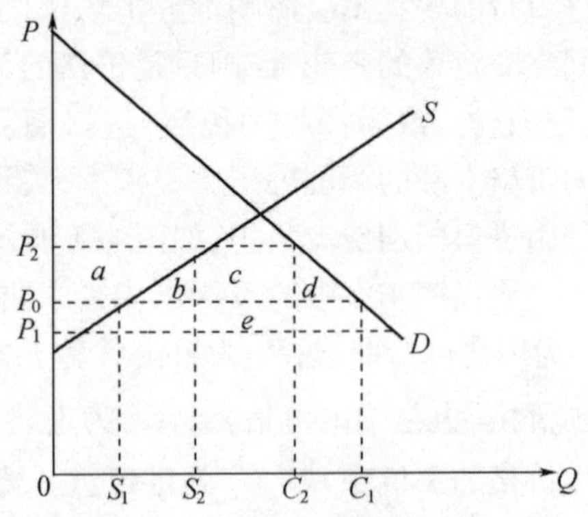

图4.2 贸易大国的关税效应

图4.2中的D为国内需求曲线,S为国内供给曲线;P_0为自由贸易下的国际价格(也是国内价格),S_1C_1为进口量;P_1为征收关税前的进口价格,P_2为征收关税后的国内价格(等于进口价格加关税额),S_2C_2为进口量。

大国征收关税后,产生几大效应。消费效应:$-(a+b+c+d)$的面积,只是此时的$(a+b+c+d)$的面积小于小国模型中的$(a+b+c+d)$的面积。生产效应:$+a$的面积。财政收入效应:$+(c+e)$的面积。则净福利效应为:$e-(b+d)$。它意味着对贸易大国而言,关税是增加还是降低其社会福利水平是不确定的。$e>(b+d)$时,大国征收关税将增加其社会福利水平,$e<(b+d)$时将降低其社会福利水平。$(b+d)$同样是无谓损失,e相当于外国出口商承担的关税部分。

与小国模型相比,大国模型关税效应还有两点不同。

(1)价格效应。进口大国因为进口量大而拥有的市场谈判力量,可能迫使该商品的进口价格下降。这就是说,大国进口商品价格上涨的幅度不是等于关税税率,而是低于关税税率。大国征收关税,进口商品国内价格从 P_0 上涨到 P_2;同时国际市场价格从 P_0 下跌到 P_1,价格上涨部分和下跌部分加在一起才等于进口关税税额。大国进口商在进口商品时支付的进口关税,不是全部由进口国的消费者负担的,而是由进口国消费者和出口国的生产者(通过出口商)共同负担的。大国向出口国转嫁了部分关税。

(2)贸易条件效应。由于征收关税,大国进口商品的国际价格下降,如果该国出口价格不变,则该国贸易条件得到了改善,其利益为面积 e。但与小国相比,在其他条件不变的前提下,大国关税对本国生产者的保护作用相对较小。这是由于大国关税引起的价格上涨,部分地被出口国下降的价格所抵消了,因此进口的数量下降不像小国情况那么多。

一般说来,小国从征收关税中遭受的净损失,永远等于面积为 $b+d$ 的保护成本,因为外国出口价格或世界价格不受其影响。而大国征收关税对该国净福利的影响,则要把关税的保护成本 $b+d$ 与贸易条件改善而获得的利益 e 相比较:如果该国贸易条件改善利益 e 超过关税保护的代价 $b+d$,则意味着从征收关税中获得了净利益;如果贸易条件改善利益 e 与保护成本 $b+d$ 相等,那该国从关税中既未获得收益,也未遭受损失;最后,贸易条件改善的利益 e 比保护成本 $b+d$ 小,该国仍会从征收关税中遭受净损失。

应该指出,以上考察的只是关税的局部均衡效应,其分析带有短期、静态的特征。事实上,关税还会带来种种动态影响。

第二节　非关税措施

非关税壁垒早在资本主义发展初期就已出现,但普遍建立起来却是在 20 世纪 30 年代。由于世界性经济危机的爆发,西方各国为了缓和国内市场的矛盾,对进口的限制变本加厉,一方面高筑关税壁垒;另一方面采用各种非关税壁垒措施阻止他国商品进口。二战后,特别是 60 年代后期以来,在关贸总协定的努力下,关税总体水平得到大幅度下降。因而关税作为政府干预贸易的政策工具的作用已越来越弱。于是发达国家为了转嫁经济危机,实现超额垄断利润,转而主要采用非关税壁垒措施来限制进口。到 70 年代中期,非关税壁垒已经成为贸易保护的主要手段,形成了新贸易保护主义。据统计,非关税壁垒从 60 年代末的 850 多项增加到 70 年代末的 900 多项,目前已达 2 000 多项,还有不断加强的趋势。

一、非关税壁垒的涵义与特点

非关税壁垒(Non - Tariff Barriers—NTBs)是指一国政府采取除关税以外的各种办法,来对本国的对外贸易活动进行调节、管理和控制的一切政策与手段的总和,其目的就是试图在一定程度上限制进口,以保护国内市场和国内产业的发展。

与关税措施相比,非关税措施主要具有下列三个明显的特点:

首先,非关税措施比关税具有更大的灵活性和针对性。关税的制定,往往要通过一定的立法程序,要调整或更改税率,也需要一定的法律程序和手续,因此关税具有一定的延续性。而非关税措施的制定与实施,则通常采用行政程序,制定起来比较迅速,程序也较简单,能随时针对某国和某种商品采取或更换相应的限制进口措施,从而较快地达到限制进口的目的。

其次,非关税措施的保护作用比关税的作用更为强烈和直接。关税措施是通过征收关税来提高商品成本和价格,进而削弱其竞争能力的,因而其保护作用具有间接性。而一些非关税措施如进口配额,预先限定进口的数量和金额,超过限额就直接禁止进口,这样就能快速和直接地达到关税措施难以达到的目的。

最后,非关税措施比关税更具有隐蔽性和歧视性。关税措施,包括税率的确定和征收办法都是透明的,出口商可以比较容易地获得有关信息。另外,关税措施的歧视性也较低,它往往要受到双边关系和国际多边贸易协定的制约。但一些非关税措施则往往透明度差,隐蔽性强,而且有较强的针对性,容易对别的国家实施差别待遇。

二、非关税壁垒的种类

非关税壁垒大致可以分为直接的和间接的两大类:前者是由海关直接对进口商品的数量、品种加以限制,其主要措施有:进口限额制、进口许可证制、“自动”出口限额制、出口许可证制等。后者是对进口商品制定严格的海关手续或通过外汇管制,间接地限制商品的进口,其主要措施有:实行外汇管制,对进口货征收国内税,制定购买国货和限制外国货的条例,复杂的海关手续,烦琐的卫生安全质量标准以及包装装潢标准等。

(一)进口配额制(Import Quotas)

又称进口限制,是一国政府对一定时期内某种商品的进口数量或金额所规定的限额。在规定的限额以内商品可以进口,超过限额就不准进口,或征收较高的关税或罚款。进口配额主要有绝对配额和关税配额两种。

1. 绝对配额(Absolute Quotas)。绝对配额是指在一定的时期内,对某种商品的进口数量或金额规定一个最高额,达到这个数额后,不准进口。在实施中又分为全球配额和国别配额两种。

(1)全球配额(Global Quotas)。属于世界范围内的绝对配额,对于任何国家和地区的商品一律适用。主管当局通常按进口商申请先后或过去某一时期的实际进口额批给一定的额度,直至总配额发完为止,超过总配额就不准进口。

(2)国别配额(Country Quotas)。是在总配额内按国别或地区分配给固定的配额,超过规定的配额便不准进口。为了区分来自不同的国家或地区的商品,进口商必须提交原产地证书,实行国别配额可以使进口国根据它与有关国家或地区的政治经济关系分配给不同的额度。

通常,国别配额可以分为自主配额和协议配额。自主配额(Autonomous Quotas)又称单方面配额,是由进口国完全自主地、单方面强制规定一定时期内从某个国家或地区进口某种商品的配额。这种配额不需征得出口国的同意。协议配额(Agreement Quotas)。又称双边配额(Bilateral Quotas)是由进口国家或出口国家政府或民间团体之间协商确定的配额。如果协议配额是通过双方政府的协议订立的,一般需要在进口商或出口商中进行分配;如果配额是双方的民间团体达成的,应事先获得政府许可方可执行。

一些国家为了加强绝对进口配额的作用,往往对进口配额规定的十分繁杂。例如对配额商品订得很细,有的按商品不同规格规定不同的配额,有的按价格水平差异规定不同配额,有的按原料来源的不同规定不同配额,有的按汇管制情况规定不同配额,有的按进口商不同规定不同配额等。

2. 关税配额(Tariff Quotas)。又称关税限额,指征收关税与进口配额相结合的一种限制进口的措施。它实行时要预先规定有关商品在一定时期内的关税配额,在配额以内进口的商品,给予低税或免税待遇(一般为优惠税率),对超过配额的进口商品征收较高的关税(一般为普通税率),或者征收进口附加税或罚款。这样就使配额外的进口商品的价格提高,往往超过进口国的国内市场价格,起到限制进口的作用,有的甚至起到禁止进口的作用。

(二)"自动"出口配额制(Voluntary Export Restraints)

"自动"出口配额制是出口国在进口国的要求或压力下,"自动"规定在某一时期内某种商品对该国的出口配额,在限定的配额内自行控制出口,超过配额即禁止出口。它是在二战后出现的非关税壁垒措施,出口限制实际上是进口配额制的变种,同样起到了限制商品进口的作用。它的重要特点就是带有明显的强制性。"自动"出口限制往往是出口国在面临进口国采取报复性贸易措施的威胁时被迫作出的一种选择。

"自动"出口配额制与绝对进口制在形式上略有不同。绝对进口制是有进口国直接控制进口配额来限制商品的进口,而"自动"出口配额制则是由出口国直接控制这些配额对指定进口国家的出口。但就进口国来说,"自动"出口配额制和绝对配额制一样,都起到了限制进口的作用。

"自动"出口配额制一般有两种形式:

1. 非协定的"自动"出口配额。即不受国际协定的约束,而是出口国迫于进口国的压力,自行单方面规定出口配额,限制商品出口。这种配额有的是由政府有关机构规定配额,并予以公布,出口商必须向有关机构申请配额,领取出口授权书或出口许可证才能出口。有的是由本国大的出口厂商或协会"自动"控制出口。

2. 协定的"自动"出口配额。即进出口双方通过谈判签订"自限协定"或有秩序的销售协定。在协定中规定有效期内的某些商品的出口配额,出口国应根据此配额实行出口许可证或出口配额签证制,自行限制这些商品的出口。进口国则根据海关统计进行检查,"自动"出口配额大多数属于这一种。

目前,发达国家主要是通过"自限协定"来限制其他国家的商品出口。"自限协定"的条款和内容主要包括:规定在协定有效期内第一年度的出口额和其他各年度的增长率,即配额水平;"自动"限制出口的商品分类;协调各种自限商品限额相互融通使用的权限;保护条款,即进口国有权通过一定程序,限制或停止某种造成"市场混乱"的商品进口。

(三)进口许可证(Import Licensing)

进口许可证制度是一国海关规定某些商品的进口必须申领许可证,没有许可证海关不予进口的制度,这是世界各国进口贸易行政管理的一种重要手段,也是国际贸易中一项应用较为广泛的非关税措施。

进口许可证制度作为一种行政手段,具有简便易行、收效快、比关税保护手段更有力等特点,因而成为各国监督和管理进口贸易的有效手段。发展中国家为了保护本国工业、贸易发展和财政需要,比较多地采用这种制度,而发达国家在农产品和纺织品等国际竞争处于劣势的领域也经常求助于进口许可证制来加以保护。进口许可证制是与WTO的基本原则相违背的,这种做法运用不当,不仅会妨碍贸易的公平竞争、国际贸易流量,又容易导致对出口国实行歧视性待遇。

从进口许可证与进口配额的关系上看,进口许可证可以分为两种:一种是有定额的进口许可证;一种是无定额的进口许可证,即国家在个别考虑的基础上,决定对某种商品的进口是否发给许可证。由于这种个别考虑没有公开标准,所以能起到更大的限制进口作用。

从进口商品的许可程度上看,进口许可证一般可分自动许可和非自动许可两种。各国政府通过自动许可证管理,可以不用很多人力财力就能得到进口统计数字和其他必要的情报。一般来说,自动进口许可证不包括对进口的任何限制,而只是一种申报程序,有关当局应立即批准和发给进口许可证。非自动进口许可证受政府有关机构的严格监督和控制,只对允许进口的商品的数量发给许可证。

(四)外汇管制(Foreign Exchange Control)

是一国政府通过法令对外汇的收支、结算、买卖和使用所采取的限制措施。其目的是集中外汇使用,防止外汇投机,限制资本的流出和流入,稳定货币汇率,改善或平衡国际收支。

外汇管制对于一国的进出口贸易有着重大的影响。出口商必须把出口所得的外汇卖给外汇管制机构,进口商必须向外汇管制机构购买外汇,本国货币的携带出入国境也受到严格的限制等。这样政府就可以通过控制外汇的供应数量来掌握进口商品的种类、数量和来源国别,从而起到限制进口的作用。

外汇管制较为复杂,一般可分为以下几种:

1. 数量性外汇管制。指国家外汇管理机构对外汇买卖的数量直接进行限制和分配,旨在集中外汇收入,控制外汇支出,实行外汇分配,以达到限制进口商品品种、数量和国别的目的。一些国家实行数量性外汇管制时,往往规定进口商必须获得进口许可证后,方可得到所需的外汇。

2. 成本性外汇管制。是指国家外汇管理机构对外汇买卖实行复汇率制,利用外汇买卖成本的差异,间接影响不同商品的出口。

所谓复汇率制,是指一国的货币对外汇率不止一个,而是两个以上的汇率。其目的是利用汇率的差别来限制或鼓励某些商品的进口或出口。各国实行的复汇率制不尽相同,但主要大致相似。

在进口方面:对于国内需要而又供应不足或不生产的重要原料、机器设备和生活必需品,适用较为优惠的汇率;对于国内可大量供应和非重要的原料和机器设备适用一般的汇率;对于奢侈品和非必需品使用最不利的汇率。

在出口方面:对于缺乏国际竞争力但又需要扩大出口的某些出口商品,给予较为优惠的汇率;对于其他一般商品的出口适用一般的汇率。

3. 混合性外汇管制。是指同时使用数量性和成本性的外汇管制,对外汇实行更为严格的控制,以控制商品的进出口。

1931 年资本主义世界金融危机爆发后,许多国家实行了外汇管制。第二次世界大战后的初期,由于国际收支长期失衡,黄金外汇储备短缺,许多资本主义国家不得不实行外汇管制。进入 20 世纪 50 年代以后,西方发达国家的国际收支平衡有所改善,"美元荒"有所缓和,逐步放宽了外汇管制,最后实行了货币自由兑换。近年来,由于货币金融危机不断加深,某些国家的外汇储备又显不足,进口外汇管制又有加强的趋势。

(五)最低进口限价(Minimum Import Price)

最低限价制即指一国政府规定某种进口商品的最低价格,若进口商品低于最低价,则禁止进口或征收进口附加税。例如,1985 年智利对绸坯布进口规定每公斤的最低限价为 52 美元,低于此限价,将征收进口附加税。20 世纪 70 年代,美国曾实行所谓"启动价格制"来抑制欧洲国家和日本的低价钢材和钢制品,启动价格制的实质也是进口最低限价制。

最低限价是一种非关税保护措施。按照 1981 年正式生效的新估价法规(于关贸总协定东京回合签订)的要求,最低限价的估价方法在关贸总协定成员国中被禁止使用。这是因为最低限价是对以成交价格为估价基础的估价制度的否定,违背了新法规确立的估价原则。但是,在新估价法规议定书中,发达国家成员国对发展中国家成员国就这一问题作了让步,同意发展中国家在过渡时期内保留最低限价的做法,以缓和因实施新法规而引起的财政收入减少的矛盾。

(六)歧视性的国内税

国内税费是指产品进入一国国内市场后,在流通领域发生的税费。若专门针对进口产品征收国内税费或对进口产品征收高于国内产品的税费,则构成对进口产品的限制。例如,日本对进口酒征收的国内税费高于本国酿造的同类酒。

国内税与关税不同,它的制定和执行属于本国政府机构,有时甚至是地方政府机构的权限,通常不受贸易条约和多边协定的限制,是一种比关税更灵活、更隐蔽的限制进口的措施。但由于违反了 WTO 的国民待遇原则,一国的这种做法也常常遭到贸易伙伴国的反对。

(七)进口押金制(Advance Deposit)

进口押金制又称进口存款制。在这种制度下,进口商若要进口商品,要预选按照进口金额的一定比率和规定时间,到指定银行无息存入一笔现金,以增加进口商的资金负担,达到限制进口的目的。进口押金制的实施,增加了进口商的资金负担,影响了资金的流转,从而起到了限制进口的作用。例如,第二次世界大战后,意大利政府曾规定某些进口商品无论从任何一国进口,必须先向中央银行交纳相当于进口值半数的现款押金,无息冻结 6 个月。据估计,这项措施相当于征收 5% 以上的进口附加税。芬兰、新西兰、巴西等国也实行这种措施。

(八)进出口国家垄断(Monopoly of Import&Export State)

进出口国家垄断即指在对外贸易中,对某些或全部商品的进出口,规定由国家机构直接经营，或者是把某些商品的进口或出口的专营权给予某些垄断组织。西方发达国家进出口的国家垄断主要集中在三类商品上面，即：第一类是烟和酒，这些国家的政府机构从烟和酒的进出口垄断中，可以获得巨大的财政收入；第二类是农产品，这些国家把农产品的对外垄断销售作为国内农业政策的一部分。美国的农产品信贷公司就是发达国家最大的农产品贸易企业；第三类是武器，西方国家的武器贸易多数由国家垄断。

（九）海关估价（Customs Value）

所谓海关估价制度，指的是进口国海关当局对进口货物的货价进行估算，并以此价格作为计算应付关税税款基础的制度。

关税最基本的种类是从价税（例如，进口产品价值的 20%）或从量税（例如，每公斤或每升 2 美元）。对于某些商品，还征收复合或混合税，既按从价税又按从量税征收（例如，价值的 10% + 每公斤 2 美元）。国际上，大多数国家按照从价税的方式课征关税。在国际贸易中，有些国家为了限制进口，对进口货物采取任意武断的估价，成为非关税壁垒的重要形式，为了便于贸易，关贸总协定的乌拉圭回合达成了海关估价协议。海关估价协议的宗旨是：消除或减少海关估价对国际贸易的不利影响，促进关贸总协定目标的实现，确保发展中国家在国际贸易中获得更多的利益。该协议的估价制度建立在简单和公平的标准之上，并充分考虑到了商业惯例，通过要求各成员将各自国内有关立法与该协议协调一致，进而确保这些规则在实际操作中的统一性，使进口商在进口之前，就可以有把握地判断应缴纳多少关税。

（十）技术性贸易壁垒（Technical Barriers to Trade）

所谓技术性贸易壁垒是指一国以维护国家基本安全、保障人类健康和安全、保护生态环境、保证产品质量、防止欺诈行为等合法目的为由，而采取的技术法规、标准、合格评定程序等种种强制性或非强制性的技术性限制措施。技术性贸易壁垒往往以维护生产、消费者安全和人民健康为由而制定，但标准与规定十分复杂，而且经常变化，往往使外国产品难以适应，从而起到限制外国商品进口和销售的作用。目前，世界各国（主要是发达国家）限制产品进口方面的技术措施主要有以下几种：

1. 技术标准（Technical Standards）。工业发达国家对于许多产品规定了极为严格的技术标准，其中，既有生产标准，也有试验、检验方法标准和安全卫生标准；既有工业品标准，也有农产品标准。有些标准的规定甚至是经过精心策划的，专门用以针对某个国家的出口产品。在国际贸易中，发达国家常常是国际标准的制定者。他们凭借着在世界贸易中的主导地位和技术优势，率先制定游戏规则，强制推行根据其技术水平定出的技术标准，而且这些技术标准、技术法规常常变化,使发展中国家的厂商要么无从知晓、无所适从,要么为了迎合其标准付出较高的成本,削弱产品的竞争力。例如,2006 年 5 月,欧盟出台新的 CR 标准规定,凡向欧盟市场出口的一次性打火机,必须加装防儿童开启装置(即 CR 装置),而且禁止不符合 CR 标准的打火机及新奇打火机进入欧盟市场。这个标准的出台对我国温州的打火机出口产生了巨大影响。当时温州有近 200 家打火机生产企业,年产打火机 6 亿只,产值 20 多亿元,占全球打火机市场 80% 份额,其中 30% 出口欧盟。而根据 CR 法案,类似卡通人物、玩具、枪、手表等形状的打火机,已经确定被列入禁售范畴。由此温州上万种打火机中,至少有近 3000 个品种将面临停产。另外,安装安全锁不仅提高了每个打火机约 15% ~20% 的成本,更严重的是安全锁专利大多掌握欧盟、美国的生产商手中。如果与欧盟企业研发的安全锁 80% 相似将会被起诉。欧洲很多技术研制出来之后并不投入生产,只等坐收来自中国的专利费。受此影响,温州打火机行业来自欧盟的订单急剧减少。据温州当地媒体报道,当时温州打火机的订单量比上年同期减少 30% 左右。

2. 卫生检疫规定(Health and Sanitary Regulation)。随着国际贸易竞争的加剧,发达国家更加广泛地利用卫生检疫的规定限制商品的进口。它们对于要求卫生检疫的商品越来越多,卫生检疫规定越来越严。例如,花生:日本、加拿大、英国等要求花生黄曲霉素含量不超过百万分之二十,花生酱不超过百万分之十,超过者不准进口。茶叶:日本对茶叶农药残留量规定不超过百万分之零点二至零点五。陶瓷制品:美国、加拿大规定含铅量不得超过百万分之七。澳大利亚规定的含铅量不得超过百万分之二十。美国对其他国家或地区输往美国的食品、饮料、药品及化妆品规定,必须符合美国的《联邦食品、药品及化妆品法》(FederalFood, Drug and Cosmetic Act),否则不准进口。

3. 商品包装和标签的规定(Packaging ang Labeling Regulation)。许多发达国家对于在国内市场上销售的商品,规定了种种包装和标签条例。这些规定内容复杂,手续麻烦。进口商必须符合这些规定,否则不准进口或禁止在其市场上销售。例如,欧盟一直通过产品包装和标签的立法来设置外国产品的进口障碍。如对易燃、易爆、腐蚀品、有毒品,法律规定其包装和标签都要符合一系列特殊标志要求。许多出口商为了符合进口国的这些规定,不得不重新包装或改换商品标签,从而增加了商品成本,削弱了商品的竞争能力。标签是商品上必要的文字、图形和符号。许多国家为了保护消费者的利益,要求尽量向消费者提供产品质量和使用方法的信息,因而对进口商品,特别是对消费品标签作了严格的规定。

从国际贸易发展趋势看,随着世贸组织贸易规则的完善,关税、配额、许可证等传统贸易壁垒逐渐弱化，而技术性贸易壁垒则快速发展，逐渐成为贸易保护主义的主要手段。据世界贸易组织统计，从1995年到2007年上半年，各成员国通报影响贸易的新规则总量为23897件，其中技术性贸易措施16974件，占总量的71%。据估计，2007年技术标准影响了全球80%的贸易，涉及金额达8万亿美元。技术性贸易措施或技术性贸易壁垒作为WTO各成员在国际贸易中市场准入的门槛，其性质有二重性。合理的技术性贸易壁垒对贸易也是有积极作用的，比如它保证了合格产品的市场准入机制；确保了不同国家合格产品之间的公平竞争；充分维护了消费者的权益。不合理的技术性贸易壁垒则背离维护国家安全、防止欺诈、保护人类健康、保护动植物生命健康、保护环境大等五大合理目标，背离WTO成员制定其技术性贸易措施的基本原则，构成对国际贸易的变相限制。WTO《技术性贸易壁垒协议》是世贸组织成员专门为处理可能对贸易造成不必要障碍的技术性贸易壁垒问题而达成的一个多边的框架协议。其宗旨，就是指导各成员制定、采用和实施正当的技术性措施，鼓励采用国际标准和合格评定程序，以保证这些措施不构成不必要的国际贸易障碍。

（十二）环境贸易壁垒（Environmental Trade Barriers）

自20世纪80年代以来，环境问题开始在国际贸易体系中显现出其重要作用，1992年里约热内卢世界环境和发展大会召开以后，世界范围内的环境保护热潮对国际贸易产生了深刻的影响。国际贸易和环境保护之间的互相制约、互相协调的关系也日渐突出起来。一些国家把环境因素作为贸易保护的一种武器，以环境保护法规和标准为原则，设置贸易壁垒，用来影响其他国家的环境政策，保护本国的利益。这种非关税的贸易保护策略被称为"绿色贸易壁垒"。例如：美国拒绝进口委内瑞拉的汽油，因为含铅（Pb）量超过了本国规定；欧盟禁止进口加拿大的皮革制品，因为加拿大猎人使用捕猎器捕获了大量的野生动物；20世纪90年代开始，由于欧洲国家严禁进口含氟利昂冰箱，中国的冰箱出口由此下降了59%等事例，都是"绿色贸易壁垒"所起的作用。

绿色壁垒保护的内容十分广泛，它不仅涉及与资源环境保护和人类健康有关的许多商品在生产和销售方面的规定和限制，而且对那些需达到一定的安全、卫生、防污等标准的工业制成品亦产生巨大压力，因此对发展中国家的对外贸易与经济发展具有极大的挑战性。因为发展中国家出口贸易中有相当部分是初级低附加值产品，产品的出口市场又主要集中在发达国家和部分新兴工业国家。而这些国家的环保行动起步早，公众环保意识强，环保技术居世界前列，因此在绿色贸易壁垒方面制定了苛刻标准和严格的合格评定程序，从而严重影响了发展中国家产品市场的范围和产品出口增长速度，尤其是在农产品、食品、机电产品、纺织、服装、纸张、服务贸易、产品包装等方面的影响更大。同时，由于各国技术水平的差异,其环境标志所依据的环境标准不一致,对产品的评价方法也有差异,加之对外国产品的歧视态度,发展中国家往往很难获得发达国家的环境标志认证,即使有幸获得,代价往往也太大,最终总会影响其产品的出口竞争能力。

20世纪90年代以来,国际标准化组织实施了《国际环境监察标准制度》,要求企业产品达到ISO9000系列质量标准体系,1995年开始又推行了ISO14000环境管理系统,要求产品从生产前到制造、销售、使用以及最后的处理都要达到规定的技术标准。而其他的国际性组织如IEC、ITU等亦在大力推行产品品质方面统一规范,虽然国际上对"绿色贸易壁垒"仍有争议,但绿色贸易毕竟推动了各国绿色消费的兴起,环境标志产品、ISO14000环境管理系列的出现等都标志着绿色产品将成为国际贸易的主导产品,绿色产品——绿色食品、绿色织物、绿色纸张、绿色冰箱、绿色包装等必将成为国家贸易竞争的新热点,谁拥有"绿色产品",谁就会拥有市场。正如专家们断言:"让贸易披上绿装"已是大势所趋,今后的国际贸易谈判必将是"绿色回合"。

第三节 鼓励出口的措施

鼓励出口的政策一般也被视作保护贸易政策的一种表现,也是干预主义的一种,只是在干预形式上与进口限制有所不同,隐蔽性较强。在当今国际贸易中,各国鼓励出口的做法很多,涉及经济、政治、法律许多方面。运用财政、金融、汇率等经济手段和政策工具较为普遍。

一、出口补贴和出口退税

(一)出口补贴(Export Subsidies)

出口补贴又称出口津贴,是一国政府在商品出口时给予出口厂商的现金补贴或财政上的优惠,目的在于降低出口商品的价格,增强其在国外市场的竞争力。出口补贴包括直接补贴和间接补贴两种,直接补贴是直接付给出口商的现金补贴。战后,美国和欧洲一些发达的工业国家对某些农产品的出口,就采用这种形式。这些国家农产品的国内价格一般要比国际市场价格高,向国外销售的价格损失由政府补贴来补偿,有时补贴金额甚至超过实际差价。间接补贴也称隐蔽性补贴,即政府对某些出口商品的种种财政上优惠。

世界贸易组织中的《补贴与反补贴协议》将出口补贴分为禁止性补贴、可申诉补贴和不可申诉补贴三种。禁止性补贴是不允许成员政府实施的补贴,如果实施,有关利益方可以采取反补贴措施;可申诉补贴指一成员所使用的各种补贴,如果对其他成员国内的工业造成损害,或者使其他成员利益受损时,该补贴行为可被诉诸争端解决;不可申诉补贴即对国际贸易的影响不大,不可被诉诸争端解决,但需要及时通知成员。实施不可申诉补贴的主要目的是对某些地区的发展给予支持,或对研究与开发、环境保护及就业调整提供的援助等。

长期以来,各国政府为了国内经济发展或其他政策的需要,或者为了促进出口,在不同的时期对不同的行业或产品实行补贴,这已经成了一种普遍的现象。然而,在国际贸易中对国内相关企业的利益行为可能构成对其他成员国贸易商的不利,一国对国内工业的补贴会直接或间接地影响其对外贸易。一国政府采取补贴措施,受到补贴措施影响的国家采取反补贴措施,而受到反补贴措施影响的国家又采用其他方法对付,这种补贴与反补贴的斗争成了国际贸易中的一个重要方面。

(二)出口退税(Export Rebates)

出口退税是指政府对国产品所征的货物税或加工出口前所缴纳的原料进口税,在制成品出口时予以退还。这是间接补贴的一种形式。

出口退税的主要目的有:

1. 增强出口产品的国际竞争能力,是发达国家实行这种措施的主要目标。

2. 降低外销成本、鼓励出口以带动国内工业。发展中国家在采取高关税保护国内产业时以此为配套措施。由于高关税使出口产业的投入物进口成本上升,而不利于出口业的发展。

出口退税虽然对一国的出口业发展有积极作用,但是这种退税同样也会对国内经济产生负面影响。

1. 税收的征、纳双方工作繁重,且造成出口厂商资金积压负担。

2. 骗税现象。不良厂商利用假出口真退税,冒领进口税款,或者国内次级原料加工出口,冒领进口原料退税。

3. 不利于产业结构均衡。由于工业发展中上下游之间的不协调,厂商急功近利,偏向于加工工业,而不愿投资于基础工业,以致基础工业发展缓慢。

4. 利益分配平均的难度极大。同一制造品的相关产业之间(上下游间)很难在退税问题上达成妥协。

二、出口信贷和出口信贷国家担保制

建立资助性的出口信贷体系,运用优惠信贷支持和扶植出口业的发展,是当今世界贸易中常用的方式。各国政府建立专门的出口和对外贸易的商业银行,办理出口信贷和保险业务,商业银行以国家信用担保。

（一）出口信贷（Export Credit）

即国家通过银行对本国商品所提供的一种信贷资助，对银行而言，就是出口信贷业务，用以促进和扩大出口。

出口信贷按时间长短分为三种，分别是：短期信贷（Short - Term Credit），一般指180天以内，主要适用于原料、消费品及小型机器设备的出口；中期信贷（Medium - Term Credit），为期1至5年，常用于中型机器设备出口；长期信贷（Long - Term Credit），通常是5到10年甚至更长时期，用于重型机器、成套设备等。

按借贷关系划分，出口信贷可分为卖方信贷和买方信贷。

1. 卖方信贷（Supplier's Credit），指出口国银行向本国出口厂商即卖方提供的信贷。由出口厂商与银行签订贷款合同，一次成交金额大、交货期长的成套设备和船舶等运输工具的出口，进口方通常以延期付款的方式，一般要4、5年，长的达7、8年时间才能全部收回货款。卖方信贷就是银行直接资助出口厂商向外国进口商提供延期付款，以利商品出口。

2. 买方信贷（Buyer's Credit）是出口国银行直接向进口国银行或进口厂商（即买方）提供的贷款。帮助解决进口厂商资金不足，不能立即付款的困难，以刺激国外消费者购买大型机器设备或成套设备。买方信贷是一种约束性贷款（Tied Credit），即所贷款项必须用于购买债权国的商品。

（二）出口信贷国家担保制（Export Credit Guarantee System）

即政府设置专门的机构或专业银行，为本国提供出口信贷的商业银行进行保险的一种方式。如英国的出口担保局、美国的进出口银行、日本的输出入银行、法国的对外贸易银行等以不同形式在不同程度上，为本国供款银行承担保险责任，当外国进口商不能按时付款或拒付货款时，由出口国政府担保支付一部分或全部货款，减少贷款银行的风险。国家担保制保险的范围，不仅包括一般商品性风险，还包括由政治因素、外汇管制、货币贬值等所引起的不能按时付款或拒绝付款的风险。

三、商品倾销和外汇倾销

（一）商品倾销（Dumping）

商品倾销是指以远低于国际市场价格、国内批发价格，甚至低于生产成本的价格，向国外抛售商品，从而打击竞争者，占领市场的一种手段。从表面上看，低于成本销售会使出口厂商蒙受经济损失。但是，实际上，倾销的这种损失不仅可以通过各种途径得到补偿，甚至可以获得更高的利润。例如：（1）以国内垄断高价补偿国外低价销售损失的“空间倾销”；（2）通过倾销击败竞争者、占领市场后，以垄断高价补偿倾销时期的损失的“时间倾销”；（3）接受国家组织的出口补贴来补偿倾销亏损。

倾销是一种不公平贸易行为。倾销是通过不正当的贸易手段在激烈的国际贸易竞争中获取优势,并损害进口国的利益。它不仅会影响进口国的经济发展,而且扰乱了国际正常竞争秩序,因此各国都通过制定反倾销法抑制和对抗倾销行为。反倾销制度也是 WTO 确立的仅有的几个合法的、可单边采取的保障制度之一。

(二)外汇倾销(Exchange Dumping)

外汇倾销是指政府利用本国货币对外贬值的机会争夺国外市场的一种手段。由于货币贬值后,出口商品以外国货币表示的价格降低,从而提高了竞争能力,达到扩大出口的目的。实施货币贬值以扩大出口并不是任何时候都是奏效的,一方面,由于货币贬值会引发国内通货膨胀,若货币贬值幅度被国内通货膨胀赶上,因此,外汇倾销的目的可能只是在一段时间内达到,甚至不能起作用;另一方面,外汇倾销对实行同样幅度货币贬值的贸易伙伴也是无效的。另外,外汇倾销也是以贸易伙伴不实施报复为条件的。

四、鼓励出口的经济特区

(一)经济特区的含义及其发展

所谓经济特区(Special Economic Zone),指的是一个国家或地区在其关境以外划出一定的区域,在这区域内实行各种特殊的优惠政策,发展出口加工贸易、转口贸易,推动该地区和邻近地区经济贸易的发展。建立经济特区作为促进贸易发展的政策措施由来已久,在当代国际贸易中,占相当重要的地位。

20 世纪 40 年代,特别是二战以后,自由港或自由贸易区在世界范围内获得了较大的发展,在国际贸易中担当起越来越重要的角色。50 年代末 60 年代初,出现了新型的自由贸易区——出口加工区。爱尔兰于 1959 年在香农国际机场兴建的自由贸易区,是世界上第一个出口加工区。以工业－贸易型为特征的出口加工区,是 60 年代至 70 年代国际间经济特区的主导,其中发展中国家和地区起到了决定性的作用。目前发展中国家参与设立的经济特区占世界经济特区总数的三分之二以上。经济特区向多行业多功能综合型发展,是 20 世纪 80 年代以来经济特区发展的主要特点。

(二)经济特区的种类

世界经济特区一般有自由港和自由贸易、出口加工区、保税区、边境自由区、科学工业园区及综合经济特区几种类型。

1. 自由港(Free Port)和自由贸易区(Free Trade Zone)。传统的自由港和自由贸易区基本上是一种商业型或贸易型的经济特区,是经济特区最常见的形式。

自由港又称自由口岸,一般设置在港口城市或地区,例如,香港就是典型的自由港。它的特征是:(1)对商品的输出输入不征关税或仅对少数商品征税(如烟、酒等),不必办理海关手续;(2)一般准予在港内自由进行改装、加工、装卸、整理、买卖、展览、销毁和长期储存等。自由港的设立主要是为了发展过境贸易,吸引外国船只或货物过境,从中收取运费、堆栈费、加工费等。

自由贸易区,又称免税贸易区(Tax - Free Trade Zone)和自由区(Free Zone),也有的称为对外贸易区(Foreign Trade Zone)等,是在关境以外,准许外国商品自由免税进出的地区。自由贸易区一般依靠河、山等天然屏障或藩篱等其他障碍把它与其他受海关管辖的部分隔离开来,规定允许在区内经营活动的种类,如贸易、工业及劳务等。

自由贸易区一般有以下几个特点:(1)关税减免。除少数特殊商品外,一般都允许商品自由进出,不必办理海关手续且免征关税。(2)活动自由。进入自由贸易区的商品,一般允许在区内自由地拆散、分类、改装、储存、展览、重新包装、重整贴标签、清洗、整理、加工、制造、销毁以及与外国或国内的原料混合再出口,海关不予监督或控制。(3)特殊商品受限制。各国一般都禁止武器、弹药、毒品等进入自由贸易区,国家专卖的烟草、酒等特殊商品进入则规定必须凭特种进口许可证。

自由港与自由贸易区对出口贸易提供的优惠和便利主要是:(1)关税优惠和免除海关手续,也不受配额限制和外汇管制,免除大多数统计申报;(2)节省费用,自由贸易区一般都设在近海港的城市区,为外商提供接近最终市场的商品储存和加工地;(3)商品展销的窗口,便于外商以自由贸易区作为展示市场,以便进一步进入当地市场;(4)允许从事加工装配,既可省去捐税,又能降低成本、运费、厂房租金、工资及保险费等。

2. 出口加工区(Export Processing Zone)。出口加工区源于自由贸易区,是专门为加工、制造和装配出口产品而开辟的特定区域。是自由贸易区转口贸易功能弱化、出口加工功能强化的产物。

出口加工区一般设置在港口或邻近港口、国际机场的地方,提供基础设施以及免税等优惠待遇,主要的目的是引进国外资金、技术和经营管理方法,利用本国的劳动力资源与国际市场,发展出口加工工业,以扩大设区国的出口贸易,增加劳动就业和外汇收入,取得工业方面的收益,促进本国经济的发展。

出口加工区有两种类型:一是综合性出口加工区,即在区内可以经营各种产品的出口加工。二是专业性出口加工区,即区内只能经营某种特定产品的加工。

出口加工区的优惠政策措施主要包括两方面。(1)提供工业化所必需的一般先决条件,如提供训练有素、工资水平与生产效率和技术熟练程度相适应的劳动力;提供良好的环境,如码头、水电供给、交通设施,国际机场及通讯等基础设施;精简高效的行政机构和规章制度;政策的稳定和对外投资的法律保护。(2)提供财政上的优惠和补贴,鼓励出口加工业务发展及吸引外国投资,包括:区内加工出口所需的各种进口设备、原材料一律免征进口税;加工产品出口一律免征出口税;区内外商投资企业可以减免部分国内税;按补贴性的收费率提供公用事业和基础设施服务以及工厂用地等;外商企业的经营所得的各种收入不受外汇管制的限制等。

出口加工区与自由港、自由贸易区的重要区别是:其功能主要是开发外向型的加工或精加工的业务,发展具有国际竞争能力的工业;其着眼点是获取工业方面而不是商业方面的利益;其政策优惠主要是对经过加工后增值并最终产品是销往国外的厂商给予减免优惠。

3. 自由边境区(Free Perimeter)与过境区(Transit Zone)。自由边境区设置主要是少数美洲国家(如墨西哥)的鼓励措施,一般设在本国的一省或几个省的边境地区,其特征与自由贸易区基本一致,目的是利用外资开发边区的经济。它与出口加工区相比,其进口商品在加工后只有少数用于再出口。

过境区则是沿海国家为了便利近邻国家的贸易进出口,在某些海港、河港或国境城市所开辟的特殊区域,对过境的货物简化海关手续,免征关税或只征小额的过境费用。过境货物可以在过境区作短期储存、重新包装,但不得加工。

4. 保税区(Bonded Area)。保税区也称保税仓库(Bonded Warehouse),它是由国家海关所设置的或经海关批准设置的特定地区或仓库。它的功能基本类似于自由贸易区。进入保税区的外国商品可以暂不缴纳进口税,如再出口也不必缴纳出口税。进入区内的商品也可以进行储存、改装、分类、混合、展览、加工与制造等。保税区(仓库)的设立,有利于货主选择有利的时机交易,有利于贸易业务的顺利开展和促进转口贸易。各个国家保税区的具体规定各有不同,做法上也有差异。日本则根据职能的不同将保税区分为:(1)指定保税区(Designated Bonded Area)与保税棚(Bonded Shed),是为方便报关的短期储存场所;(2)保税仓库,储存期较长,便于贸易业务特别是转口贸易的发展;(3)保税工厂(Bonded Factory),在海关监管下进行加工、制造分类等保税业务的专门工厂;(4)保税陈列场(Bonded Exhibition),便于展览和广告宣传的场所,促进交易的开展。

5. 综合型经济特区与科技型经济特区。综合型和科技型经济特区是在出口加工区基础上形成和发展起来的,是世界经济特区发展的新阶段和新趋势。它们除了具有一般出口加工区和自由贸易区的特点外,还有各自的特点。综合型经济特区的特点是:规模大、经营范围广,是一种多行业、多功能的特殊经济区域。它比小型的出口加工区具有更大的优势,经济效益显著。除了出口加工业和进出口贸易外,还经营农牧种植业、旅游业、金融服务业、交通电讯以及其他的行业。例如巴西的马瑙斯自由贸易区。

科技型经济特区则一般以大学和科研机构为依托,以科学研究为先导,拥有较雄厚的技术力量,能够创立技术密集与知识密集型的新兴产业,发展高精尖产品,具有较强的国际竞争力。这种类型的经济特区,对于东道国的科技进步和工业化起到巨大的促进作用。

五、其他鼓励和促进出口的措施

(一)设立专门的官方促进出口组织和机构。

政府设立为出口提供公共服务的机构,辅助本国企业走向国际市场,成为当今各国鼓励出口的重要手段。美国早在1960年成立了扩大出口全国委员会,1979年美国又成立总统贸易委员会和贸易政策委员会,定期讨论和制定对各国的贸易政策。有的国家则成立半官方的机构或政府支持的民间机构,为企业出口提供多项服务。

(二)外汇留成和进出口挂钩的制度

在实行外汇管制的国家,政府为了鼓励扩大出口的积极性,允许出口厂商从其出口所得的外汇收入中,提取一定比例的外汇用于进口。有的国家采取出口凭证制,即对本国出口厂商出口某种商品后,发给一种奖励证书,持有该证书可以进口一定数量的外国商品,或将该证书在市场上转让出售从中获利。较为普遍的是将进口许可证的分配与出口联系起来,用进口配额的额外收入促进出口业的发展。有的国家将进口原材料或设备的许可证与出口产品的价值联系起来。有的则根据出口实绩,对贸易保护政策进行调整,实行隐含的交叉补助。

(三)吸引外资流入

尤其是提供各种优惠,鼓励集资金、技术和管理技能一体的国外的直接投资,是许多发展中国家建立发展出口制造业的较快的途径之一。免税期是一种主要的吸引方式,一些国家则设立专门的经济特区,为外商投资企业提供多方面的优惠。

第四节　出口管制措施

出口管制(Export Control)是指在一些国家,特别是发达资本主义国家,为了达到一定的政治、军事和经济目的,对某些商品,特别是战略物资与先进技术资料,实行限制出口或禁止出口。

一、出口管制的目的

1. 政治与军事的目的。通过限制或禁止某些可能增强其他国家军事实力的物资、特别是战略物资的对外出口,来维护本国或国家集团的政治利益与安全。同时,也通过禁止向某国或某国家集团出售产品与技术,作为推行外交政策的一种手段。

2. 经济的目的。对出口商品进行管制,可以限制某些短缺物资的外流,有利于本国对商品价格的管制,减少出口需求对国内通货膨胀的冲击。同时,出口管制有助于保护国内经济资源,使国内保持一定数量的物资储备,从而利用本国的资源来发展国内的加工工业。

二、出口管制的商品

需要实行出口管制的商品一般有以下几类:

1. 战略物资和先进技术资料,如军事设备、武器、军舰、飞机、先进的电子计算机和通讯设备、先进的机器设备及其技术资料等。对这类商品实行出口管制,主要是从“国家安全”和“军事防务”的需要出发,以及从保持科技领先地位和经济优势的需要考虑。

2. 国内生产和生活紧缺的物资。其目的是保证国内生产和生活需要,抑制国内该商品价格上涨,稳定国内市场。如西方各国往往对石油、煤炭等能源商品实行出口管制。

3. 需要“自动”限制出口的商品。这是为了缓和与进口国的贸易摩擦,在进口国的要求下或迫于对方的压力,不得不对某些具有很强国际竞争力的商品实行出口管制。

4. 历史文物和艺术珍品。这是出于保护本国文化艺术遗产和弘扬民族精神的需要而采取的出口管制措施。

5. 本国在国际市场上占主导地位的重要商品和出口额大的商品。对于一些出口商品单一、出口市场集中,且该商品的市场价格容易出现波动的发展中国家来讲,对这类商品的出口管制,目的是为了稳定国际市场价格,保证正常的经济收入。比如,欧佩克(OPEC)对成员国的石油产量和出口量进行控制,以稳定石油价格。

三、出口管制的形式

出口管制主要有以下两种形式:

1. 单边出口管制。它是指一国根据本国的出口管制法律,设立专门的执行机构,对本国某些商品的出口进行审批和发放许可证。单边出口管制完全由一国自主决定,不对他国承担义务与责任。

2. 多边出口管制。它是指几个国家的政府,通过一定的方式建立国际性的多边出口管制机构,商讨和编制多边出口管制的清单,规定出口管制的办法,以协调彼此的出口管制政策与措施,达到共同的政治与经济目的。例如1949年11月成立的输出管制统筹委员会即巴黎统筹委员会,也叫巴统组织,就是一个典型的国际性的多边出口管制机构。

四、出口管制的手段

一国控制出口的方式有很多种,例如可以采用出口商品的国家专营、征收高额的出口关税、实行出口配额等,但是出口管制最常见和最有效的手段是运用出口许可证制度,出口许可证分为一般许可证和特殊许可证。

1. 一般许可证。一般许可证又称普通许可证,这种许可证相对较易取得,出口商无须向有关机构专门申请,只要在出口报关单上填写这类商品的普通许可证编号,在经过海关核实后就办妥了出口许可证手续。

2. 特殊许可证。出口属于特种许可范围的商品,必须向有关机构申请特殊许可证。出口商要在许可证上填写清楚商品的名称、数量、管制编号以及输出用途,再附上有关交易的证明书和说明书报批,获得批准后方能出口,如不予批准就禁止出口。

一般而言,一国实施贸易政策的目的是扩大出口和减少进口,但是一些国家出于政治和经济的考虑而实施出口管制政策。出口管制是一国对外实行通商和贸易的歧视性手段之一,实施出口管制,对被管制国家和实施该政策的国家经济造成负面影响。

总之,出口管制仅是国家管理对外贸易的一种经济手段,也是对外实行差别待遇和歧视政策的政治工具。20世纪70年代以来,各国的出口管制有所放松,特别是出口管制政治倾向有所减弱,但它仍作为一种重要的经济手段和政治工具而存在。

五、巴黎统筹委员会(Coordinating Committee for Export to Communist Countries)

巴黎统筹委员会(简称“巴统”)的正式名字是“输出管制统筹委员会”(Coordinating Committee for Export Control),是1949年11月在美国的提议下秘密成立的,因其总部设在巴黎,通常被称为“巴黎统筹委员会”。巴统有17个成员国:美国、英国、法国、德国、意大利、丹麦、挪威、荷兰、比利时、卢森堡、葡萄牙、西班牙、加拿大、希腊、土耳其、日本和澳大利亚。

巴统是冷战的产物,是第二次世界大战后西方发达工业国家在国际贸易领域中纠集起来的一个非官方的国际机构,其宗旨是限制成员国向社会主义国家出口战略物资和高技术。列入禁运清单的有军事武器装备、尖端技术产品和稀有物资等三大类上万种产品。被巴统列为禁运对象的不仅有社会主义国家,还包括一些民族主义国家,总数共约 30 个。随着国际政治经济形势的变化和科技水平的提高,西方国家为了自身的经济利益,不断突破巴统的禁运限制,巴统不得不缩小其管制范围。1990 年,巴统大幅度放宽对原苏联和东欧国家的高技术产品出口限制,禁运项目由成立初期的 400 个减少到 120 个,1991 年间又减少三分之二,受其禁运的国家也越来越少。

冷战结束后,世界格局发生重大变化,加上巴统的禁运措施与世界经济科技领域的激烈竞争形势也不相适应,一些西方国家又把巴统作为相互进行贸易战的工具。巴统会员国的高级官员 1993 年 11 月在荷兰举行会议,一致认为巴统“已经失去继续存在的理由”。1994 年 4 月 1 日,巴统正式宣告解散。

六、以美国为首的西方国家对华出口管制政策的变化

(一)冷战时期西方国家对华出口管制政策的形成

从 20 世纪上半叶开始,出口管制就成为美国对外政策的一个组成部分。1917 年美国的《对敌贸易法》和 1935 年《中立法》规定:为避免帮助敌国,禁止或减少军事设备、产品、工具、原材料或技术服务等出口。冷战的开始使原苏联等社会主义国家成为美国出口管制的主要对象。美国 1949 年《出口管制法》的出台,标志着对以原苏联为代表的所谓“新安全威胁”以及出口管制政策在相当长时间内存在的必要性的正式确认,它的规定十分严格,实际上等于禁运。该法所认定的出口管制理由有三:紧缺物资(禁止稀缺物资的出口以免损害美国的产业和经济);外交政策(促进美国外交政策目标的实现);国家安全(限制可能增强对美国国家安全构成威胁的国家的军事力量的货物和技术的出口)。此后 20 年该法几无修改,直到美苏缓和后被 1969 年《出口管理法》取代。1979 年《出口管理法》对这一体系进行了较大调整,奠定了现行美国出口管制体系的基本特征。

美国在构建自己的单边管制体系的同时,还着手与其北约盟友组建了一个多边管制体系,即以“巴黎统筹委员会”为核心的西方国家对苏联社会主义集团的出口管制体系。在相当长的时间里,“巴统”是美国及其西方盟国出口管制政策的主要标准之一。

美国等西方国家的对华出口管制政策正是在这种背景下形成和发展的。1949年,新中国成立之初,中美两国还保持了一定的双边贸易,美国政府允许对中国出口除军用技术以外的其他技术。1950年,朝鲜战争爆发,美国宣布中国为“敌对国家”,禁止向中国出售任何技术和商品,中美贸易中断。美国还推动“巴统”于1952年成立“中国委员会”,对中国采取极其严格的技术管制政策。

1959年,中苏关系破裂,而朝鲜战争的影响渐弱,美国希望联合中国抗衡原苏联。1969年12月,美国解除了对中国的贸易禁令,允许向中国出口非战略性物资。1972年,尼克松访华后,美国对中国采取了比对原苏联和其他东欧国家更加宽松的技术管制政策。1979年,中美正式建交,《中美科技合作协定》的签订,标志着美国对华技术管制政策进入了一个新阶段。此后,美国对华技术管制逐步放松,中美技术贸易稳定增长。1980年4月25日,卡特总统宣布将中国列入出口管制中专门为中国设立的P组,中国作为“非敌国”,原则上可以获得美国的军民两用技术和产品。里根就任总统后,提出允许向中国出口的技术水平和数量为允许向原苏联出口的两倍。1983年11月,中美签署美国向中国转让技术的有关文件,美国政府正式发表“对华出口指导原则”并修改了《出口管理条例》中有关中国的条款,将对华出口的技术和产品分为三类:(1)绿区:对美国国家安全影响较小的技术和产品,商务部有直接审批权,一般不需要跨部门审查。这类项目约占总数的75%。(2)黄区:属高级技术范畴,但低于红区水平的技术和产品,需要经过国防部及其他部门参与逐项审查。(3)红区:最先进的技术,能直接用于尖端军事系统并对美国国家安全构成显著威胁的技术和产品。这类项目禁止向中国出口。

1985年9月,“巴统”达成一项简化对华出口审批的协议,接受美国提出的绿区标准,并将数量从7项扩大到27项,条件是中国政府承担出具“最终用户证明”和提供担保的义务。为了方便出口商的对华出口申请,美国商务部出口管理局于1986年12月设立“中国科”,至此,美国新的对华出口管制体系基本成型。此后直至1989年6月,美国和“巴统”又先后5次调整和放宽了对华出口管制绿区的范围和标准。在宽松的管制政策下,1988年中美高技术贸易达到顶峰。根据美方统计,当年申请对华出口的报告共6900份,总额36亿美元,其中91%获得批准,出口额达30亿美元。

(二)冷战后西方国家对华出口管制政策的调整

冷战结束后,美国等西方国家的对华出口管制政策进行了较大调整。其背景是:

1. 中国与西方国家政治关系的变化和所谓“中国威胁论”的影响。1989年以后,国际形势发生了根本性的变化:原苏联、东欧集团解体,冷战终结。美国不再需要联合中国抗衡原苏联。随着中国改革开放进程的加快,综合国力的不断加强,西方国家对中国戒惧心加重。所谓“中国威胁论”以多种形式一再表现出来,西方国家对华出口管制因而获得了新的推动力,对华高技术出口管制受到高度重视。

2. 美国新出口管制体系的难产。到 1990 年 9 月 30 日,1979 年《出口管理法》10 年有效期满。由于朝野各界在出口管制问题上分歧严重,加上国会与行政部门之间的斗争,美国至今仍没有出台取代它的新法律。为了应急,老布什总统发布行政命令(总统行政令第 12730 号)规定,在《国际紧急状态经济权力法》授权范围内继续实行依据 1979 年《出口管理法》制定的《出口管理条例》;克林顿总统也使用同样的方式两次延长了该法的有效期。1994 年,《出口管理法》最终失效。此后,尽管美国参众两院多位议员 10 多次提出不同版本的新法案,但均因无法达成共识而胎死腹中。目前,根据小布什总统颁布的行政命令(总统行政令第 13222 号),《出口管理条例》在《国际紧急状态经济权力法》授权的范围内继续执行。

3. 多边管制体系的变化。随着东欧剧变、苏联解体和冷战终结,“巴统”的使命也基本结束。1994 年 3 月 31 日,“巴统”正式宣告停止一切活动。1996 年 9 月,《关于常规武器与军民两用产品和技术出口控制的瓦瑟纳尔协定》(简称“瓦瑟纳尔协定”)启动,在此基础上建立了新的多边出口管制机制。此外,多边机制中目前还包括:核供应国集团、导弹技术控制体系、澳大利亚集团、中亚及高加索出口管制论坛等。参加“瓦瑟纳尔协定”机制的国家有 33 个,除了原“巴统”成员国外,增加了一些前苏东国家。“瓦瑟纳尔协定”的基本项目清单与 1993 年“巴统”放松管制后的清单没有什么区别。但与“巴统”相比,“瓦瑟纳尔协定”是一个十分松散的组织。它没有正式列举被管制的国家,只在口头上将伊朗、伊拉克、朝鲜和利比亚四国列入管制对象。设在奥地利维也纳的秘书处也不具备审议职能,也就是说不要求成员国的出口许可申请送交秘书处通过其他成员国的审议。“瓦瑟纳尔协定”成员国可参照共同的管制原则和清单自行决定实施出口管制的措施和方式,自行批准本国的出口许可,即所谓的“各国自行处理”原则。该协定比较有约束力的是所谓的“不破坏协议”,意思是如果一个成员国向协定秘书处提交关于某个项目禁止出口的报告,那么其他成员国在批准同类项目出口时应首先向该国征求意见。

在这样的背景下,中国实际上成为美国等西方主要国家出口管制尤其是高技术出口管制的主要对象国之一。不过,就多边管制而言,西方国家对限制所谓“问题国家”,如古巴、利比亚、伊朗、朝鲜、苏丹等国的军民两用品出口是有共识的,而对中国的态度,各方分歧较大。以美国企业界为代表的一派认为,美国目前对华出口管制政策过于苛刻,损害了他们占领中国巨大市场的努力,而且也起不到真正的限制作用。而某些分析人士和议员则强调,随着实力的增加,中国很可能会在未来威胁美国在亚洲的利益和权力,因此保持严格的出口管制甚至加强管制是必要的。

从当前美国政府的保守态度来看,美对华出口管制不可能在可预见的将来被明显放松。有迹象表明,美对华出口管制并不单纯是为防扩散,而是有更广泛的目标。因此,立足本国研发,通过自身技术进步来突破美国出口管制的限制应当是我国主要的应对手段。从另一方面来看,由于目前的多边出口管制体制是一个不具审批权的松散体制,这就为我国突破某些项目的管制留下了努力的空间。

本章小结

国际贸易政策和措施可以分为关税措施和非关税措施两种。这两大类措施既可作用于进口,也可作用于出口,是各国政府用来干预对外贸易的主要手段。在当代国际贸易中,各国政府利用贸易政策和措施较多地倾向于限制进口和鼓励出口。

各国政府使用进口关税的主要目的有两种,一是增加财政收入,二是对国内经济起保护作用。另外,关税还可以起到调节国内经济和开展对外经济斗争、建立友好经济关系的作用。在当代国际贸易中,各国政府更多倾向于为保护国内相关产业而设置进口关税,而且保护的对象也从最初的幼稚工业更多地转向成熟工业。为了限制进口,一些国家除了征收正常关税以外,还使用反倾销税、反补贴税和报复关税等进口附加税。在有些情况下,为了促进进口,进口国设置了具有不同优惠程度税率的关税,如最惠国税、特惠关税、普遍优惠制关税等。关税由国家设置的海关根据关税税则来征收,征税的方法包括从价税、从量税、选择税、混合税等。

针对进口的非关税措施主要有进口配额制、“自动”出口限制、进口许可证制、外汇管制、对外贸易的国家垄断、歧视性的政府采购政策、最低限价和禁止进口、海关估价制度、进口押金制度、国内税收和商业限制、技术性贸易壁垒、环境标准等。针对出口的非关税措施主要有出口补贴、出口退税、出口信贷和出口信贷国家担保制、商品倾销、外汇倾销、设立经济特区、出口管制等。

关税和非关税措施具有各种经济效应,包括生产效应、消费效应、保护效应、贸易效应、价格效应、收入效应、再分配效应等。从保护角度来看,非关税措施的效果优于关税措施;但是,从社会福利角度来看,非关税措施的效果是不如关税措施的。在使用关税措施进行保护时，要注意关税的结构。不仅要看关税的名义保护率，还要看关税的有效保护率。从关税的福利效果来看，则要采用最适关税。

重要概念

名义保护率和有效保护率 海关税则 完税价格 从价税和从量税 非关税壁垒 进口配额 自动出口限制 进口许可证制 反倾销税 海关估价制度 技术性贸易壁垒 绿色壁垒 出口补贴 出口退税 出口信贷 商品倾销 外汇倾销 经济特区

习 题

1. 关税的性质和作用如何？
2. 什么是普遍优惠制？它的主要内容是什么？
3. 什么是名义保护率和有效保护率？二者有何区别？
4. 以贸易小国为例说明一国征收关税的经济效应如何？
5. 进口配额制有哪些主要类型？
6. 外汇倾销的含义和条件有哪些？
7. 自由港（自由贸易区）和出口加工区的主要区别有哪些？

第五章　国际间的国际贸易协调政策

学习目标

●掌握贸易与条约的种类、贸易与条约依据的法律原则。

●掌握区域经济一体化的概念和组织形式、区域经济一体化的经济效应。

●了解区域经济一体化的发展状况及当前的主要经济一体化组织。

●掌握世界贸易组织的宗旨、原则和职能。

●了解关贸总协定以来的多边贸易谈判、世界贸易组织的运行机制和特点。

由于贸易利益的差异及各国经济目标的要求,运用政策调节经济贸易行为成为政府的主要职能之一,这种各自以本国经济利益为出发点的贸易政策必然产生国与国之间利益冲突和政策的不协调,从而影响国际贸易的正常发展,各国的贸易利益也将因此而减少甚至消失。因此,国际贸易要真正体现互惠互利,促进世界经济的发展,就必须达成贸易政策国与国之间的协调,并形成一定的制度,以规范各国政府制定经济政策的行为。区域经济一体化和世界贸易组织就是这种国际贸易政策协调制度化的产物。

第一节　贸易条约与协定

本节的主要内容包括贸易条约和协定的含义、贸易条约与协定的种类(包括:贸易条约、贸易协定、支付协定、国际商品协定等)以及贸易与条约所依据的法律原则,主要依据两个原则:最惠国待遇原则和国民待遇原则。

一、贸易条约和协定的含义

贸易条约和协定(Commercical Treaties and Agreements)是两个或两个以上的主权国家为确定彼此间的经济关系,特别是贸易关系所缔结的书面协议,如通商航海条约、贸易协定、支付协定等。

贸易条约按照参加国的多少,可分为双边贸易条约和多边贸易条约两种。两国之间签订的,叫做双边贸易条约。两个或两个以上国家签订的,叫做多边贸易条约,如国际商品协定、关税及贸易总协定、洛美协定等。

贸易条约和协定的条款,通常是在所谓“自由贸易、平等竞争”的口号下签订的。但实际上,缔约国在经济上的利益,往往是靠缔约国的经济实力来保证的。因此,缔约国之间从贸易条约和协定中得到的好处是不一样的。

二、贸易条约与协定的种类

1. 贸易条约(Trade Treaties)。贸易条约的名称很多,如“通商条约”、“通商航海条约”、“友好通商条约”、“友好通商航海条约”等。贸易条约的内容比较广泛,常涉及缔约国经济和贸易各方面的问题,如关税的征收、海关手续、船舶航行、双方公民和企业组织在对方国家所享受的待遇。还有特种所有权(专利权、商标和版权等)、进口商品应征收的国内捐税、铁路运输和转口问题等等。这种条约一般由国际首脑和究特派的代表来签订,并经过双方的立法机关讨论通过,最高权力机关批准才能生效,条约的有效期限也较长。

2. 贸易协定(Trade Agreement)和贸易议定书(Trade Protocol)。贸易协定是缔约国间为调整和发展彼此的贸易关系而签订的书面协议。与贸易条约相比较,贸易协定所涉及的范围比较窄,内容比较具体,有效期较短,签定的程序也比较简单。一般只需签字国的行政首脑或其代表签字即可生效。

贸易协定的内容一般包括:贸易额、双方的出口货单、作价办法、使用的货币、支付方式、关税优惠等。对于贸易额和双发出口货单的规定,往往不是硬性的,在具体执行时还可通过双方协商加以调整。在没有签订通商航海条约的国家间,在签订贸易协定时,通常把最惠国条款列入。

贸易议定书一般是对已签订的贸易协定的补充或解释。它的内容和签订程序更简单,只须经签字国有关行政管理部门的代表签字即可生效。在国际贸易中,贸易议定书的形式为许多国家采用。它既可以用来修改、补充和解释贸易协定的某些条款,也可以在两国还没有签订贸易协定的情况下,先签订贸易议定书作为两国贸易的临时依据。如果两国订有长期贸易协定,则可以通过贸易议定书来确定年度贸易的具体安排。

3. 支付协定(Payment Agreement)。支付协定是两国间关于贸易和其他方面的债权和债务结算办法的协定。支付协定是在外汇管制情况下产生的。在外汇管制的情况下,一种货币往往不能自由兑换成另一种货币,对一国所持有的债权不能用来抵偿对第三国的债务,这样,结算就只能在双边的基础上进行,因而需要通过缔结支付协定来确定两国间的债务债权结算办法。这种通过相互抵账来清算两国的债务债权的办法,有助于克服外汇短缺的困难,有利于双边贸易的发展。

支付协定的主要内容包括:(1)规定清算机构,开立清算账户;(2)两国间一切债务债权结算,统一在双方清算机构中进行;(3)债权债务抵偿后余额,用黄金、可兑换货币支付或用双方同意的其他不可兑换货币支付,或转入下年度由逆差国用商品来清偿;(4)规定信用摆动额,只要抵偿后的金额不超过这一额度,债务国不给债权国利息,超过时则需付利息。

支付协定以双边支付协定为主,但也有多边支付协定。

自1958年以来,主要发达国家相继实行货币自由兑换,双边支付清算逐渐被多边现汇支付结算所代替。至于一些仍然实行外汇管制的发展中国家,有时还需要用支付协定规定对外债权债务清算办法。

4. 国际商品协定(International Commodity Agreement)。国际商品协定是指某项商品的主要出口国和进口国就该项商品购销、价格等问题,经过协商达成的政府间多边贸易协定。

国际商品协定主要对象是发展中国家所生产的初级产品。这些产品由于受到世界市场行情变化影响,价格波动的幅度较大,贸易量也不稳定。发展中国家为了保障他们的利益,希望通过协定维持合理的价格。而作为主要消费国的工业发达国家,则希望通过协定保证初级产品价格不至于涨得太高,并能保证供应。国际商品协定用来稳定价格的办法,主要有以下几种。

第一,设立缓冲库存。协定执行机构建立缓冲库存(包括存货与现金两部分),并规定最高、最低价格。当市场价格涨到最高限价时,就利用缓冲库存抛出存货;当市场价格跌至最低限价时,则用现金在市场上收购,以达到稳定价格的目的。国际锡协定就采用这种办法。按照国际锡协定规定,如果锡价低于锡理事会规定的最低限价时,锡的缓冲库存就从市场上买进锡,支持市场;如锡价高出最高限价时,就从缓冲库存中抛出锡,以压低市价。

第二,签订多边合同。这种合同,一方面要求进口国保证,在协定规定的价格幅度内,向各出口国购买一定数量的有关商品;另一方面要求出口国保证,在规定的价格幅度内,向各进口国出售一定数量的协定商品。国际小麦协定就是采用这种办法来稳定小麦价格的。

第三,规定出口配额。先规定一个基本的年度出口配额,再根据市场需求情况作相应的增减。如当市场价格超出最高限价时,配额自动增加;当市场价格跌到最低限价以下时,配额就会自动减少。这样,就可通过控制商品供应量的办法来稳定价格。国际上咖啡、糖的协定就是采取这种办法的。

国际商品协定除了出于价格原因外,也有的是进口国为了保护国内市场而与出口国签订的，以对某一时期某种商品的进出口数量作出安排。如国际多种纤维协定（MFA），就是在多边的基础上管理纺织品、服装的出口和限制这些商品的市场准入，它包括出口国和进口国。

三、贸易条约与协定所依据的法律原则

贸易条约和协定所依据的法律原则主要有两个：最惠国待遇原则和国民待遇原则。

1. 最惠国待遇原则（Most Favored Nation Treatment，简写 MFNT）。最惠国待遇原则是缔约国一方现在和将来给予任何第三国的优惠和豁免，必须同样给予对方。这是贸易条约和协定中的一项重要条款。

最惠国待遇条款适用的范围有大有小。在贸易协定中，其适用范围一般包括：（1）有关进口、出口、过境商品的关税和其他捐税；（2）商品进口、出口、过境、存包和换船方面的有关海关规定、手续和费用；（3）进出口许可证发放的行政手续。

在通商航海条约中。最惠国待遇条款适用的范围要大些，可把缔约国双方的船舶驶入、驶出和停泊时的各种税收、费用和手续等也包括在内。

最惠国待遇按照有无条件，分为有条件和无条件两种：无条件最惠国待遇原则，即缔约国一方现在和将来所给予任何第三国的优惠和豁免，立即无条件无补偿地自动适用于对方。有条件的最惠国待遇原则，即如果缔约国一方给予第三国的优惠和豁免是有条件的，那么另一方必须提供同样的条件，才能享受这些优惠和豁免。有条件的最惠国待遇原则目前已极少在国际间使用。

在贸易条约和协定中有时会采用“无歧视待遇原则”。无歧视原则是要求缔约国之间在实施进口数量限制或者其他限制及禁止措施时，不对缔约国对方实施歧视待遇，如果缔约国一方根据合法的理由而采用某种限制或禁止措施时，这些措施在同样情况下普遍实施于订有这项原则的所有缔约国，这就符合无歧视待遇原则。反之，如果这些措施单独对某缔约国实行，而对另一个缔约国不实行，这就违反了无歧视待遇原则。

最惠国待遇的条款是世界贸易组织基本原则中非歧视原则的具体体现。自从《1947 年关税与贸易总协定》签署以来，最惠国待遇条款成为多边贸易体系的支柱。该协定的缔约方有义务给予其他缔约方的货物不低于给予任何另一缔约方货物的优惠待遇。根据《1947 年关税与贸易总协定》（第 1 条）、《服务贸易总协定》（第 2 条）和《与贸易有关的知识产权协议》（第 4 条），世贸组织的成员在商品和服务的贸易方面，以及在知识产权的保护方面，承诺同样的义务。

在贸易条约中，一般还规定有不适用最惠国待遇的例外情况。如缔约国一

方给予邻国有关边境贸易上的特别优惠待遇,缔约关税同盟国家之间或在特定国家之间的特惠待遇以及目前发达国家给予发展中国家的普遍优惠制的关税优惠待遇等,这些都作为适用最惠国待遇的例外,而不适用最惠国待遇。

2. 国民待遇原则(Principle of National Treatment)。在国家间签订的贸易条约中,时常规定缔约国双方相互给予国民待遇原则。所谓国民待遇原则,就是缔约国一方保证缔约国另一方的公民、企业和船舶在本国境内经济上享有与本国公民、企业与船舶同等的待遇。它的适用范围通常包括:外国公民的私人经济权利(私人财产、所得、房产、股票)、外国商品应交的国内税、利用铁路运输和转口过境的条件、船舶在港口的待遇、商标注册、版权、专利权等等。但沿海贸易权、领海捕鱼权、土地购买权等均不包括在内。

《1994 年关税与贸易总协定》和《与贸易有关的知识产权协议》把国民待遇作为世贸组织成员的主要义务。根据关贸总协定第 3 条,进口的货物只要已支付关税,理应在国内的任何费用、税收、行政及其他规定方面享有与本国产品相同的待遇。与此同时,在保护知识产权和关于现行的国际公约所给予的豁免方面,世贸成员承诺给予其他成员方的国民不低于给予本国公民的待遇。由于服务贸易的特殊性,《服务贸易总协定》在协议的第三部分(特别承诺,第 17 条)涉及国民待遇问题,在这里,国民待遇成为一种有条件的让步,并且依各成员在服务贸易的特别减让表中所作出的承诺而定。

第二节 区域经济一体化

本节的主要内容包括区域经济一体化的概念和组织形式;区域经济一体化的经济贸易效应,其中包括静态经济效应和动态经济效应;区域经济一体化的发展,其中介绍了世界上主要的区域经济一体化组织。

一、区域经济一体化的概念和组织形式

区域经济一体化(Regional Economic Integration)是指两个或两个以上的国家或地区,通过相互协商制定统一的经济政策和措施,并缔结经济条约或协定,在经济上结合起来,形成一个区域性经济联合体的过程。

统一的经济政策和措施包括两个方面的内容:一个方面是统一的内部经济政策和措施,即有关成员国之间实施统一的经济贸易政策;另一个方面是统一的外部经济政策和措施,即有关成员国之间实施统一的对非成员国的经济贸易政策。经济政策实现统一的过程,实质上是成员国让渡经济主权的过程。成员国让渡出来的经济主权,需要有一个组织机构来管理及行使。因此,在较高层

次和水平的区域经济一体化中,一般都有一个根据条约或协定而组成的超国家机构,并限定该超国家机构的权利和职能。随着经济一体化水平的提高,各成员国逐步向该机构让渡更多的经济主权,由该超国家机构行使共同的内部经济政策和一致的对外经济政策。

让渡经济主权的程度意味着成员国之间经济结合程度的高低,据此可划分出不同层次和水平的区域经济一体化。

1. 优惠贸易安排(Preferential Trade Arrangement)。优惠贸易安排是区域经济一体化中最低级和最松散的组织形式。成员国之间通过贸易条约或协定规定了相互贸易中对全部商品或部分商品的关税优惠,对来自非成员国的进口商品,各成员国按自己的关税政策实行进口限制,如第二次世界大战前的英联邦特惠制及战后初期的东南亚国家联盟等。

2. 自由贸易区(Free Trade Area)。自由贸易区是指签订自由贸易协定的成员国相互彻底取消了在商品贸易中的关税和数量限制,使商品在各成员国之间可以自由流动。但是,各成员国仍然保持自己对来自非成员国的进口商品的限制政策。

自由贸易的商品有的是部分商品,如在欧洲自由贸易联盟内,只限于工业品,而不包括农产品。这种自由贸易区被称做工业自由贸易区。自由贸易的商品有的是全部商品,如在拉丁美洲自由贸易协会和北美自由贸易区内,对区内所有的工农业产品的贸易往来免除关税和数量限制。

3. 关税同盟(Customs Union)。关税同盟是指成员国之间彻底取消了在商品贸易中的关税和数量限制,使商品在各成员国之间可以自由流动。另外,成员国之间还规定对来自非成员国的进口商品采取统一的限制政策,关税同盟外的商品不论进入同盟内的哪一个成员国,都将被征收相同的关税。例如,“荷、比、卢”同盟和东非共同体就是这种关税同盟。

关税同盟意味着撤除了成员国各自原来的关境,组成了共同的对外关税。这样,使成员国的商品在内部自由流动的同时,排除了来自非成员国的竞争。关税同盟使成员国在关税方面形成了一体化。关税同盟开始具有超国家的性质,是实现全面经济一体化的基础和核心。

4. 共同市场(Common Market)。共同市场是指成员国之间在商品贸易方面废除了关税和数量限制,除对来自非成员国的商品进口商品征收共同关税外,还规定了生产要素(资本、劳动力等)也可以在成员国间自由流动。例如,欧洲共同体在 1992 年底建成了统一大市场,其主要内容就是实现商品、人员、劳务、资本在成员国之间的自由流动。

5. 经济联盟(Economic Union)。经济联盟实质成员国之间除了商品与生产要素可以进行自由流动即建立对外共同关税之外,还要求成员国制定和执行某些共同的经济政策和社会政策,废除政策方面的差异,使经济的各个方面均统一、协调的运行。目前的欧洲联盟就属于此类经济联盟。

6. 完全经济一体化(Complete Economic Integration)。完全经济一体化是经济一体化的最高组织形式。区域内各成员国在经济联盟的基础上,全面实行统一的经济政策和社会政策,建立统一的货币制度,使各成员国在经济上形成单一的经济实体。目前,世界上尚无此类经济一体化组织,但欧洲联盟实现这一目标已为期不远了。

二、区域经济一体化的经济贸易效应

区域经济一体化的产生和发展引起了许多经济学家对这一现象的研究和探讨,形成了一些理论。许多区域经济一体化的理论把关税同盟的特征作为基本的研究对象,用来描述区域经济一体化对贸易、投资、社会福利等所产生的经济效应。关税同盟的经济效应可分为静态经济效应和动态经济效应两类。

(一)静态经济效应

关税同盟的特征不仅是在同盟内成员国之间相互取消关税,而且各成员国实行对非成员国的统一关税。这种区域经济一体化的形式具有以下静态经济效应:

1. 贸易创造效应(Trade Creation Effect)。贸易创造是指关税同盟内部取消关税、实行自由贸易后,关税同盟国国内成本高的产品被同盟内其他成员国成本低的产品所替代,从成员国进口产品,新的贸易得以创立。以图5-1加以说明。设A、B、C分别代表三个国家,我们来看一下A国与B国组成关税同盟所带来的贸易创造效应。在图中,纵轴P表示价格,横轴Q表示数量,S和D分别表示A国国内的供应曲线和需求曲线。P_C表示C国的价格,P_B表示B国的价格。A国与B国在组成关税同盟前,A国从C国进口商品,进口商品价格是P_C,加上关税P_CP_T,A国的国内价格为P_T。在国内价格为P_T的条件下,国内生产供应量为Q_1,国内需求量为Q_2,供需缺口为Q_1Q_2,也就是进口数量。A国与B国组成关税同盟后,相互之间实行自由贸易,共同对外关税若与A国参加关税同盟前的关税相同,显然,A国贸易商品从B国进口所实际要支付的要比从C国进口所实际支付的要低。因此,A国不再从C国进口,而改为从B国进口。由于从B国进口的价格P_B比组成关税同盟前的进口支付

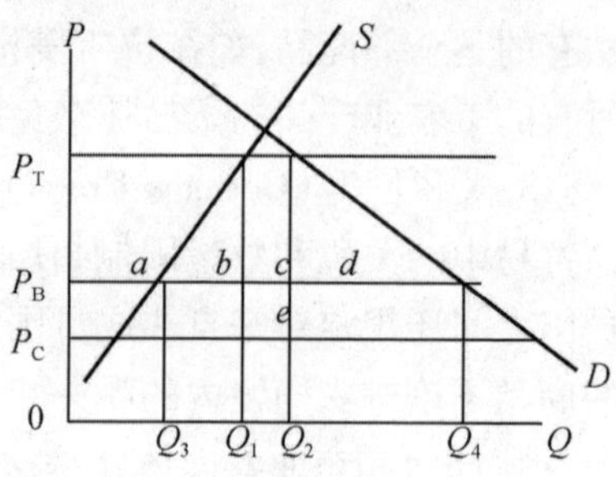

图5-1 贸易转移效应

P_T 要低，导致国内价格下降至 P_B 水平，国内生产供应量缩减至 Q_3，国内需求增加至 Q_4。因此，A 国增加进口 Q_1Q_3 和 Q_2Q_4。这就是贸易创造效应。

由于关税同盟取消关税，成员国由原来自己生产并消费的高成本、高价格产品，转向购买成员国低成本、低价格的产品，从而使消费者节省开支，提高福利；提高生产效率，降低生产成本。从一国看，以扩大的贸易取代了本国低效率生产；从同盟整体看，生产从高成本的地方转向低成本的地方，同盟内部的生产要素可以重新配置，可以提高资源的利用效率，扩大了生产所带来的利益。

贸易转移是指关税同盟对内取消关税，对外实行统一的保护关税，关税同盟国把原来从同盟外非成员国低成本生产的产品进口转换为从同盟内成员国高成本生产的产品进口，从而发生了贸易转移。我们仍以图 5 -1 来加以说明。

在图 5 -1 中，A 国与 B 国组成关税同盟后，由于从 B 国进口比从 C 国进口的支付减少，A 国不再从 C 国进口，而改为从 B 国进口，即 Q_1Q_2 的商品数量原来从 C 国进口，关税同盟后改为从 B 国进口。这就是贸易转移效应。

缔结关税同盟之前，某个国家不生产某种商品而从世界上生产效率最高、成本最低的国家进口商品；建立关税同盟后，如果世界上生产效率最高的国家被排斥在关税同盟之外，则关税同盟内部的自由贸易和共同的对外关税使得该国该商品在同盟成员国内的税后价格高于同盟某成员国相同商品在关税同盟内的免税价格，这样同盟成员国原来从非成员国进口的成本较低的商品转从关税同盟内部生产效率最高、生产成本最低的国家来进口。因为效应中新的贸易伙伴不一定是世界上生产成本最低的国家，所以贸易转移效应不能使资源得到最优的配置，因而在这方面的影响是消极的。

2. 贸易扩大效应（Trade Expansion Effect）。贸易扩大效应是指在关税同盟后，在贸易创立和贸易转移的综合影响下，产生贸易总量增加的结果。在图 5 -1中，A 国与 B 国组成关税同盟后，A 国的贸易创立 Q_1Q_3 和 Q_2Q_4，加上贸易转移 Q_1Q_2，大于关税同盟前 A 国的贸易量 Q_1Q_2，这就说明 A 国的贸易由于参加关税同盟而扩大了。

贸易扩大的原因在于，缔结关税同盟后，同盟国之间取消了关税，因此无论在贸易创造和贸易转移的情况下，进口国（上面例子中的 A 国）进口商品的价格都比原来下降了，都使得同盟内部总需求和彼此间的贸易量增加。如果 A 国进口产品的需求价格弹性大于 1，则 A 国对该产品需求数量的增加幅度要大于该产品价格的下降幅度，从而使该产品的销售额也就是进口额增加。

3. 社会福利效应（Social Welfare Effect）。关税同盟不仅对成员国的对外贸易产生影响，而且对成员国的社会福利变化产生影响。我们仍用图 5 -1 来加以说明。关税同盟后，导致 A 国国内价格下降，消费需求扩大。因此，A 国的消

费者剩余增加为 $a+b+c+d$,这是 A 国的福利所得。但是,A 国国内价格下降导致国内生产供应缩减,因此,A 国的生产者剩余减少 a,从 B 国进口不可征收关税导致政府关税收入减少 $c+e$,$a+c+e$ 是 A 国的福利所失。其中,生产者剩余损失的 a 和关税损失的 c 与消费者剩余所得中的 a 和 c 相抵。这样,消费者剩余中还剩 b 和 d。现在要把 b 与 d 之和的福利所得与关税收入损失 e 的福利相比较。如果 $b+d$ 大于 e,则 A 国的福利得到增加;反之,则 A 国的福利得到净减少。

4. 贸易条件效应(Trade Term Effect)。关税同盟的贸易条件效应是指组成关税同盟后,同盟成员国于同盟外国家的进出口价格之比所发生的变化,因此,同盟外世界市场的供应价格就会下降。如果同盟成员国向同盟外的出口价格不变,同盟成员国的贸易条件就会得到改善。这可以用图 5-2来加以说明。D_{cu}是关税同盟内部的需求曲线,S_{cu}是关税同盟内部的供应曲线,外部世界市场的供应价格为 P_w。如果没有关税,同盟内供应为 QQ_1,需求为 QQ_6。但关税同盟建立了共同对外关税后,关税同盟内的价格应该上升到 P_{W+T},关税同盟内的供应应从 QQ_1 扩大到 QQ_3,需求则应从 QQ_6 缩减至 QQ_4。同盟的进口应为 Q_3Q_4,即同盟外供应者的需求量从 Q_1Q_6 下降到 Q_3Q_4。但是,实际情况是同盟外部供应者为了阻止出口量的下降,会把价格降低至 P_W。这意味着其出口量可维持在 Q_2Q_5 的水平。这样,关税同盟进口的价格比以前便宜了,同盟内的价格实际为 P_{W+T}。假定关税同盟的出口不变,那么,关税同盟的贸易条件得到了改善,关税同盟的社会福利也相应地发生了变化。关税同盟的得益部分为 $CEIH$,损失部分为 $ABC+EFG$。如果 $CEIH$ 大于 $ABC+EFG$,则意味着有净利益;反之,则意味着有净损失。

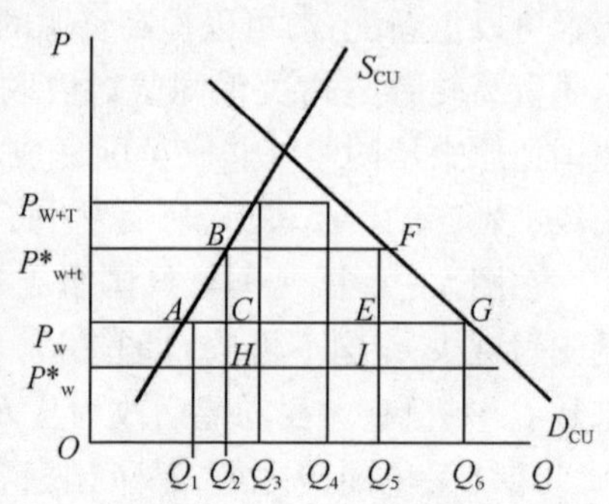

图 5-2 贸易条件效应

(二)动态经济效应

关税同盟具有的动态经济效应有:

1. 生产要素移动的经济效应。关税同盟建立之后,内部市场趋于统一,生产要素的流动性得到提高。生产要素的投入地区由生产要素供给有余的地区投向生产要素供给不足的地区。因此,生产要素得到了更加合理的配置,降低了生产要素闲置的可能性。生产要素在移动中还会带来较多的潜在利益,例如,可以促进区域内新技术、新观念、新的管理方式的传递,减少各国歧视性的政策与态度等等。

2. 规模经济效应。成员国之间取消关税后,出口市场得到扩大。厂商由此可充分利用其生产能力,扩大生产规模,从而降低单位产品的平均成本,提高经济效益。另外,随着生产规模的扩大,从企业内部来看,分工更加精细,可以减少管理人员的比例,可以购买大型的生产设备等;从企业外部来看,可以获得服务、运输、金融、人才供应、信息等多方面的便利条件。

3. 市场结构效应。关税同盟使得市场进一步的扩大,它将容许很多个适度规模的企业单位的生存,这样就降低了某个企业在行业中的垄断程度,提高了市场的竞争性。市场从垄断性向竞争性转化,使市场结构趋于完善。同时,市场竞争的加剧会促进专业化分工程度的提高,使生产效率提高,资源得到充分利用,经济福利得到增加。

4. 刺激投资效应。实现关税同盟后,区内投资的增加来源于以下两个方面:一方面是成员国厂商增加投资,关税同盟为商品自由流通开辟了广阔的市场,竞争也随之加强。为了提高竞争能力,成员国厂商会增加投资,以改进产品品质,降低生产成本,增加竞争力。另一个方面是非成员国厂商对同盟内增加投资。关税同盟内实行自由贸易后,市场扩大,对同盟外的厂商无疑也具有很强的吸引力,但关税同盟实施对外统一关税,具有贸易保护性质,同盟外的厂商为了绕过关税壁垒,会到同盟内去投资,在同盟内生产、同盟内销售。

5. 技术进步效应。关税同盟后,市场扩大,竞争加强。为了在竞争中取胜,厂商必然要努力利用新技术开发新产品。而投资增加,生产规模扩大,使厂商愿意投资于研究和开发活动,这样导致了技术水平不断地得到提高。

6. 经济增长效应。如果以上的各点有利效应得以发生,则关税同盟建立以后,成员国的国民经济必可获得迅速增长。

三、区域经济一体化的发展

区域一体化已成为当今世界经济发展的一大特点。现在,世界上有几十个区域经济一体化组织,以下介绍其中三个重要的区域经济一体化组织。

(一)欧洲联盟(European Union, EU)

欧洲联盟(European Union,简称 EU)的前身是欧洲经济共同体(European Economic Community,简称 EEC)。1951 年 4 月,西欧六国(法国、意大利、荷兰、比利时、卢森堡)在巴黎签订了《欧洲煤钢联营条约》(也称《巴黎条约》),建立了欧洲煤钢共同体。欧洲煤钢共同体建立之后,西欧六国试图把《巴黎条约》的原则扩大到其他领域。1957 年 3 月 25 日,西欧六国在意大利罗马签订了《建立欧洲原子能共同体条约》和《欧洲经济共同体条约》,这两个条约统称为《罗马条约》。《罗马条约》于 1958 年 1 月 1 日生效,欧洲原子能共同体和欧洲经济共同体正式成立。《罗马条约》的主要内容有:建立全面的关税同盟,即内部取消各种工业的关税,对外采用统一关税;对外实行共同的贸易政策;内部实施共同农业政策;逐步协调经济和社会政策,实现商品、人员、劳务和资本的自由流通。

按照《罗马条约》的规定,关税同盟应在1958年至1969年年底的12年内完成。这个12年的过渡期分为三个阶段,每个阶段为4年。每个阶段逐步削减成员国之间的关税,实现自由贸易;调整成员国的对外关税,实现共同的对外关税。至1968年,西欧六国提前达到了《罗马条约》的预定目标,完成了关税同盟的建设。同时,欧洲煤钢共同体、欧洲原子能共同体、欧洲经济共同体的主要机构合并,统称为欧洲共同体(European Communities,简称EC)。

进入20世纪70年代后,经济危机使欧洲共同体一体化的建设放慢了步伐。欧洲共同体的经济发展出现了滞胀。原因在于:在欧洲共同体内部虽然取消了关税壁垒,但非关税壁垒日益严重,导致内部市场分隔,企业难以获取规模经济效益;欧洲共同体的产业结构和出口商品结构调整迟缓,尖端科技落后,对外竞争能力削弱,经济发展速度下降。成员国领导人经过长期磋商,决定建立欧洲统一大市场,以振兴经济,与美、日争夺世界市场的主导权。自1985年起,欧洲共同体执行委员会主席雅克·德洛尔相继组织起草了三份重要文件:《关于完善内部市场的白皮书》、《欧洲一体化文件》、《为一体化文件的成功而奋斗:欧洲的新边界》。在这三份文件中,德洛尔提出了在1992年年底建成欧洲统一大市场的具体计划。该计划不仅得到了各成员国首脑的批准,而且实施的也比较顺利。到1992年年底,各国基本撤除了各种阻碍商品和要素自由流动的壁垒,一个欧洲统一大市场基本上形成了。这也意味着欧洲共同体从关税同盟进入了共同市场。

在建设欧洲统一大市场的计划确定之后,欧洲共同体又不失时机地把经济与货币联盟的建设提上议事日程,以实现《罗马条约》的最终目标。1991年12月,在荷兰马斯特里赫特城举行了成员国首脑会议,决定正式签署《马斯特里赫特条约》(简称《马约》),又称《欧洲联盟条约》。这个条约由《经济和货币联盟条约》和《政治联盟条约》组成,前者的最终目标是实现欧洲统一货币和成立欧洲中央银行,后者的目标是建立共同外交、防务、社会政策等方面的国家联盟。《马约》需交各成员国国内批准,待所有成员国批准后,条约方可生效。《马约》的生效日期原定于1993年1月1日,意在与统一大市场相衔接。由于1992年9月欧洲爆发了一场金融风暴,《马约》在有些成员国国内的通过过程中有一些波折。一直到1993年11月,《马约》才被所有的成员国批准通过,欧洲共同体则被改名为欧洲联盟。

西欧的区域一体化发展可以从以下两个方面来看:一是其内涵在不断深化,从关税同盟、共同市场发展到现在的经济与货币联盟。成员国之间的商品、劳务、资本、人员实现了自由流动，有了统一的货币——欧元和中央银行，内部和外部的经济政策也实现了高度的统一。二是其外延在不断扩大。欧洲联盟自身的成员国数量在不断地增加。20 世纪 70 年代，英国、爱尔兰和丹麦加入了欧洲联盟的前身——欧洲经济共同体；20 世纪 80 年代，希腊、葡萄牙和西班牙加入了欧盟；20 世纪 90 年代，芬兰、奥地利和瑞典加入了欧盟；2003 年，马耳他、塞浦路斯、波兰、匈牙利、捷克、斯洛伐克、斯洛文尼亚、爱沙尼亚、拉脱维亚和立陶宛加入了欧盟；2007 年，罗马尼亚、保加利亚加入欧盟。至今，欧盟由最初的 6 个国家发展到现在的 27 个国家。

1992 年，欧盟还与欧洲自由贸易联盟在卢森堡达成了有关欧洲自由贸易区的协议。这样，欧洲 19 个国家组成了世界上最大的自由贸易区。欧洲联盟还决定在 2010 年建立欧洲联盟与地中海的自由贸易区。

欧洲联盟的主要机构有部长理事会、执行委员会、欧洲议会、欧洲法院和欧洲理事会。欧洲联盟的总部设在比利时首都布鲁塞尔。

（二）北美自由贸易区（North American Free Trade Area，NAFTA）

北美的经济一体化是在 20 世纪 80 年代兴起的。北美的经济一体化首先在美国和加拿大之间进行。进入 20 世纪 80 年代后，美、加之间的经济关系获得了进一步发展，双方在贸易、投资上相互渗透、相互依赖的关系更加深入。然而，两国在经济上的矛盾又频频发生并不断扩大，以致危及双方的经济利益。于是，两国逐步意识到，只有通过双边自由贸易，才能避免矛盾的进一步激化，并获得自由贸易的好处，求得最佳的经济利益。这是促成《美加自由贸易协定》签订的内在动因。美、加两国经过 23 轮、历时一年零四个月的谈判，拟订了双边自由贸易的草案。1988 年 1 月 2 日，美国总统和加拿大总理签署了《美加自由贸易协定》，该协定在 1989 年 1 月 1 日分别获得了美国国会和加拿大国议会的批准，开始正式生效。

《美加自由贸易协定》规定在 10 年内取消商品进口关税和非关税壁垒，两国的商品关税分三批陆续于 1989 年、1993 年和 1998 年降至为零。为了防止转口逃税，确定了原产地规则。另外，对农产品、能源、汽车、劳务、金融服务贸易作了规定。关于两国贸易纠纷，则由一个处理争端的机构来负责。

美国在签订了《美加自由贸易协定》后，马上又在 1990 年 6 月与墨西哥磋商签订《美墨自由贸易协定》事宜。双方在磋商中感到加拿大也应该参加谈判，于是，1990 年 9 月，加拿大宣布参加谈判。美、加、墨三国于 1991 年 6 月正式开始谈判。经过 14 个月的讨论和协调，美、加、墨三国于 1992 年 8 月 12 日签订了《北美自由贸易协定》，该协定在 1994 年 1 月 1 日正式生效。

《北美自由贸易协定》规定在 15 年内建成北美自由贸易区（North American

Free Trade Area,简称NAFTA),三国的商品关税取消分三批进行:50%的商品关税立即取消,另外15%的商品关税在5年内取消,其余商品关税在第6~15年内逐步取消。在原产地规则方面,《北美自由贸易协定》比《美加自由贸易协定》更加严格。例如,《北美自由贸易协定》要求包含62.5%(美加协定是50%)以上北美部件的车辆才有资格享受关税待遇;纺织品及服装必须在北美自由贸易区内生产主要原材料,才能享受关税减免的待遇。另外,《北美自由贸易协定》对服务、投资、知识产权、政府采购等方面都作了规定,在较为棘手的汽车、农产品、纺织品、能源、运输、文化及环境等项目下还专门列出了细则加以说明。

在美、加、墨三国决定开展北美自由贸易协定谈判后,美国政府提出了"美洲倡议",意在把自由贸易的范围扩大至拉丁美洲,建立美洲自由贸易区。《北美自由贸易协定》生效后,1994年12月,在美国的召集下,在美国迈阿密举行了由北美、南美和加勒比海所有国家(除古巴外)共34个国家参与的美洲首脑会议,讨论建立美洲自由贸易区。会上通过了《原则声明》和《行动计划》,决定在2005年完成美洲自由贸易区的谈判。1998年4月,在智利圣地亚哥召开了第二届美洲国家首脑会议,会议的中心议题和最大成果之一就是5月份正式启动将于2005年建立美洲自由贸易区的谈判计划。

(三)亚太经济合作组织

亚太经济合作组织(Asia Economic Cooperation,简称APEC)是于20世纪80年代在澳大利亚的建议下建立起来的。1989年11月,亚太地区的12个国家(美国、日本、澳大利亚、加拿大、新西兰、韩国、马来西亚、泰国、菲律宾、印度尼西亚、新加坡、文莱)在澳大利亚堪培拉举行第一届部长级会议,拉开了亚太地区广泛开展区域经济合作的序幕。以后,每年举行一届部长年会。在1992年9月第四届部长年会上,决定在新加坡设立常设秘书处,以协调组织一年一度的部长大会和10个合作小组的具体事务性工作,并吸收了中国、中国台湾和中国香港加入了该经济组织。1993年,增加了墨西哥、巴布亚新几内亚,1994年又增加了智利,1998年越南、俄罗斯、秘鲁加入,现已达到21个成员国。

由于亚太地区各国在政治体制、经济体制、经济发展水平、社会文化等方面的差异较大,在短时期内不可能成立比较紧密的经济一体化组织。亚太经济合作组织只是一个松散的经济合作论坛,其合作的实质性内容尚处于讨论和制订阶段,还未产生任何贸易和投资自由化的现实成果。

美国为了积极推行其亚太政治经济战略,实现立足和主导亚太的战略目标,利用其强大的政治、经济和军事优势,在其作为第五任轮值主席期间,把亚太地区经济合作向前推进了实质性的一步。1993年11月,西雅图第五届部长级会议通过了《贸易与投资自由化框架协议》,并决定建立常设的贸易和投资委员会来协调和促进亚太地区及全球的贸易和投资活动。在西雅图会议上，在美国总统的倡议下，从 1993 年起，每年举行一次成员国首脑非正式会议。这不仅扩大了亚太经济合作组织的国际影响，而且为今后亚太经济合作组织向贸易投资一体化和技术一体化方向注入了政治推动力。

1994 年 11 月，在印度尼西亚茂物召开的第二次成员国首脑非正式会议上，通过了《茂物宣言》，承诺最迟不晚于 2020 年实现亚太地区的贸易和投资自由化。其中，发达国家不晚于 2010 年，发展中国家不晚于 2020 年。另外，在自由化问题上，还达成了以下两点共识：一是制定各成员国的方案，应有一套基本原则供大家遵守；二是利益均等，不强迫他人修改方案。成员国之间既要与世界贸易组织的原则和要求相协调，又要在自愿与自主基础上相互协调，以有利于解决亚太地区内部一些次区域性合作问题。

1997 年 11 月，在加拿大温哥华举行了第九届部长级会议和第五次成员国首脑非正式会议，分别发表了《联合声明》和《联系大家庭宣言》。该年会的内容有：重申坚持《茂物宣言》确定的实现贸易投资自由化的两个时间表；批准了 1997 年完成的单边和多边行动计划；同意 15 个部门提前自由化，并在 1998 年选定其中 9 个部门于 1999 年开始实施；针对亚洲金融危机而采取的行动计划等等。

第三节　世界贸易组织

本节主要介绍世界贸易组织的有关内容。包括从关贸总协定到世界贸易组织的发展过程、世界贸易组织的宗旨和原则、世界贸易组织的职能和运行机制、世界贸易组织的特点，以及对世界贸易组织的整体评价等。

一、从 GATT 到 WTO

（一）GATT 的产生

GATT 是二战后美国从其自身经济利益出发，联合世界上 23 个国家于 1947 年 10 月 30 日在日内瓦签订的一个临时性的国际多边贸易协定。

二战结束后，曾作为主战场的欧洲，经济遭受重创。不仅作为战败国的德、意和日本战时耗尽了财力，战后又被搬走了机器，经济面临崩溃，即使作为战胜国的英、法等同盟国为应付战争而竭尽了人力物力，以致战后资金短缺，生产萎缩。各国为了实现经济重建，纷纷实行贸易保护主义，以保护本国生产和就业。而同为战胜国的美国却是另一番景象。由于战争远离本土，加之受到战时军需品的刺激，美国经济急剧膨胀而成为战后最强大的国家。二战后，美国拥有西方世界 1/2 以上的生产能力，出口贸易的 1/3 和黄金储备的 3/4。凭借雄厚的经济实力,美国积极倡导自由贸易,以便为自己谋取更多的利益。

为了打破其他国家的贸易保护,美国在战后积极推动建立一个其战争结束前就拟订的全球性国际贸易组织,在国际经济领域专门协调各国间的贸易关系。1945 年 12 月,美国发表了《扩大世界贸易与就业法案》,呼吁召开一次联合国贸易与就业会议,以便缔结一项国际贸易条约并建立一个世界性贸易组织。在美国的提议下,联合国经济与社会理事会于 1946 年 2 月召开了第一次会议,通过了由美国提出的召开"世界贸易与就业会议"的决议草案,并成立了由 19 国组成的筹备委员会,着手筹建国际贸易组织。由于当时关税壁垒盛行,建立正式的国际贸易组织又需要一段时日,为了尽快解决各国在贸易中的摩擦,包括美、英、法、中、印度等的 23 个国家编组站在联合国经社理事会第二次筹委会通过的由美国起草的《国际贸易组织宪章草案》中的贸易政策部分,和他们各自在双边谈判基础上达成的关税减让协议加以合并,形成了《关税与贸易总协定》,作为国际贸易组织成立之前各国相互处理贸易纠纷的临时性根据。1947 年 10 月 30 日,23 个国家在日内瓦正式签署了《临时适用议定书》,决定 GATT 从 1948 年 1 月 1 日起临时生效。

后来,由于在 1947 年 11 月哈瓦那联合国贸易与就业会议上通过的《国际贸易组织宪章》对美国原先的草案作了大量修改,与美国的利益相去甚远,美国国会没有通过,美国政府也就放弃了成立国际贸易组织的努力。其他国家受美国影响也持观望态度,致使建立国际贸易组织的想法流产。这样,GATT 便作为一个临时性的应急协定而一直沿用至 1994 年底。

(二)GATT 的多边谈判

GATT 在 1948 年诞生到 1995 年被世界贸易组织所取代,共经历了 47 年的历史。GATT 的成员国从最初的 23 个创始国发展到 108 个成员国,占世界国家总数的 2/3。GATT 的成员国的贸易量占世界贸易总量中的 85%。GATT 为国际贸易自由化,建立国际贸易新秩序,推定国际贸易的发展,发挥了巨大的作用。

GATT 在 47 年中共主持了 8 轮谈判(见表 5-1)。这 8 轮谈判使全体缔约方的平均关税从 20 世界 40 年代末的 40% 左右,下降到 90 年代末发达国家的 4% 和发展中国家的 13% 左右;使许多非关税壁垒的应用受到了约束,从而排除了国际贸易发展轨道上的众多障碍,GATT 管辖的范围不断扩大,不仅商品范围扩大,而且还从商品扩展到服务贸易、知识产权和与贸易有关的投资措施等。GATT 建立了一套有关国际贸易的政策规章,推动了世界经贸信息交流,提高了国际贸易管理的透明度,还协商处理了 100 多起缔约方之间的贸易纠纷。这些都说明 GATT 的历史功绩是值得称赞的。

表 5－1　GATT 的 8 轮谈判

轮次	谈判地点或时间	参加国家数	主要成果
第一轮	瑞士日内瓦 1947 年 4 月～10 月	23	达成 45000 多项产品的关税减让，使占进口值 54% 的商品平均降低关税 35%。GATT 于 1948 年 1 月 1 日正式生效。
第二轮	法国安纳西 1948 年 8 月～10 月	33	5000 多项产品达成新的关税减让，使占进口值 5.6% 的商品平均降低关税 35%。
第三轮	英国托奎 1950 年 8 月～1951 年 4 月	39	达成 8700 项产品的关税减让，使占应税进口值 11.7% 的商品平均降低税率 26%。
第四轮	瑞士日内瓦 1956 年 1 月～5 月	28	就 3000 个税目的商品达成新的关税减让，使占进口值 16% 的商品平均降低税率 15%。
第五轮 狄龙回合	瑞士日内瓦 1960 年 9 月～1962 年 7 月	45	就 4400 项商品达成关税减让，使占应税进口值 20% 的商品平均降低关税 20%。
第六轮 肯尼迪回合	瑞士日内瓦 1964 年 5 月～1967 年 6 月	54	就 6000 多项商品达成关税减让，工业品进口关税至 1972 年 1 月 1 日下降 35%；首次涉及非关税壁垒谈判，并通过了第一个反倾销协议。
第七轮 东京回合	瑞士日内瓦（在东京发起） 1973 年 9 月～1979 年 4 月	99	达成了 27000 多项产品的关税减让，全部关税减幅为 25%～35%；达成反倾销、反补贴、政府采购、海关估价、进口许可证、技术壁垒等多项协议。
第八轮 乌拉圭回合	瑞士日内瓦（在乌拉圭发起） 1986 年 9 月～1993 年 12 月	117	货物贸易关税全面降低近 40%，减税产品涉及贸易额高达 1.2 万亿美元，并在近 20 个产品部门实行了零关税；将农产品贸易、纺织品贸易纳入 GATT 轨道；GATT 规则的范围扩大到服务贸易、知识产权和与贸易有关的投资措施；决定建立世界贸易组织。

(三)世界贸易组织的产生

世界贸易组织(World Trade Organization,简称 WTO)是一个由 GATT 发展而来,以市场经济为前提,以多边贸易法律框架为基础,具有国际法人资格的国际经济组织。世界贸易组织以其健全的法律体制,对国际贸易的发展产生着重大的影响。

虽然 GATT 取得了很大的成就,但由于总协定毕竟只是一项“临时性”的多边协定,因此,存在着许多先天不足。它缺乏适当的组织框架,其法律地位不明确,缺乏强有力的约束机制。它对贸易争端的解决主要采用协商方式,因此,它制定的规则没有得到普遍遵守。在 GATT 第 8 轮即乌拉圭回合中,许多国家感到 GATT 的先天不足,难以把乌拉圭回合的各项协议付诸实施,必须变革和扩大 GATT 体制的职能和作用,有必要建立一个正式的国际贸易组织来协调、监督和执行乌拉圭回合的成果。1990 年初,意大利提出建立多边贸易组织的建议得到了很多国家的赞成。1993 年 12 月 15 日,《建立多边贸易组织协议》形成,并根据美国的建议,把该多边贸易组织命名为“世界贸易组织”。该协议于 1994 年 4 月 15 日在马拉喀什部长会议上获得通过,被 104 个参加政府的代表签署,与其他协议共同组成了乌拉圭回合的一揽子成果。根据协议,1995 年 1 月 1 日,世界贸易组织正式成立。关税与贸易总协定与世界贸易组织并存 1 年后,结束了其历史使命。

二、世界贸易组织的宗旨和原则

世界贸易组织的宗旨和原则是对关贸总协定的继承和发展。

世界贸易组织的宗旨是:全体成员方认识到在处理它们的贸易和经济事业的关系方面,应以提高生活水平、保证充分就业、保证实际收入和有效需求的巨大持续增长,以扩大货物和服务的生产与贸易、可持续发展为目的,开发世界资源,并加以充分利用,寻求对环境的保护和维护,根据成员方各自需要和不同经济发展水平的情况采取相应的措施。世界贸易组织的宗旨与 1947 年签订的《关税与贸易总协定》提出的宗旨基本相似,但根据时代要求的不同作了补充:一个补充是要考虑到全球性环境保护的需要,另一个补充是要考虑到各国经济发展水平的需要,尤其是要考虑到发展中国家能够获得与国际贸易额增长相适应的经济发展。

世界贸易组织有许多具体规则,以确保实现上述宗旨。这些规则既包括实体规则,也包括程序规则。这些规则则体现了以下几个主要原则。需要指出的是,这些原则既适用货物贸易,也适用于服务贸易和与贸易有关的知识产权等领域。

(一)非歧视原则

非歧视原则要求每个缔约方必须平等的对待其他缔约方的贸易。一个缔约方不论实行限制型措施还是取消限制型措施,不能只适用于个别缔约方,而必须适用所有缔约方。非歧视原则是世界贸易组织全部规则体系的基础,并通过以下两个更具可操作性的原则来实现:

1. 最惠国待遇原则。最惠国待遇是指缔约方一方现在和将来给予任何第三方的优惠和豁免,也给予缔约对方。最惠国待遇分为双边的和多边的、有条件的和无条件的。世界贸易组织实行的是多边的和无条件的最惠国待遇。

2. 国民待遇原则。国民待遇的原意是指缔约国之间相互保证给予另一方的公民、企业、船舶在本国境内享有与本国公民、企业、船舶同等的待遇。世界贸易组织规定的国民待遇原则主要用在缔约国的产品贸易、服务贸易和与贸易有关的知识产权等方面。国民待遇原则是非歧视原则对进口的产品、服务和与贸易有关的知识产权等在国内措施方面的体现,以防止进口的产品、服务和与贸易有关的知识产权等享受的最惠国待遇因歧视性的国内规章而削减,确保进口的产品、服务和与贸易有关的知识产权等与本国的产品、服务等进行平等竞争。

(二)贸易自由化原则

消除国际贸易中的障碍是实现贸易自由化的有效途径。为此,世界贸易组织对各种限制国际贸易自由开展的措施作了限制性规定。贸易自由化原则在世界贸易组织协定中转化为以下两个具体原则:

1. 关税稳定减让原则。各缔约方通过谈判确定的关税减让需列入减让表中,不得随意提高,从而使谈判达成的关税税率成为有关缔约方的最高税率。如果减税要求提高税率,则必须在3年后经过谈判以其他产品的税率减让相补偿,从而确保总体关税水平不至于过高。

2. 一般取消数量限制原则。在各种非关税壁垒中,数量限制最为普遍。数量限制的具体形式包括配额、许可证、自动出口限制禁止等。由于数量限制缺乏透明度,与非歧视原则明显相违背,严重扭曲了国际贸易,所以,世界贸易组织特别反对数量限制措施的适用。

(三)关税保护原则

在符合世界贸易组织提出的条件的情况下,一个缔约方如果要实行保护,就要使用关税措施。关税是世界贸易组织允许的唯一保护形式,因为关税措施的保护程度显而易见,并且各缔约方之间就关税措施的适用容易开展谈判。

(四)透明度原则

各缔约方有关贸易的法规和政策要公布于世,并事先公布、接受检查。透明度原则的内容有:海关对产品的分类与估价的规定,关税和其他费用的规定,对进口货款支付限制的规定,影响进出口货物的销售、分配、运输、仓储、检验、展览、加工的规定,与其他缔约方达成的有关影响贸易的规定。

(五)公平竞争与贸易原则

世界贸易组织认为,各国在国际贸易中不应该采用不公正的贸易手段进行竞争,尤其是不应该以倾销或补贴的方式出口本国的商品。进口国如果遇到其他国家的商品倾销或商品补贴,就可以采取反倾销和反补贴的措施,以限制不公平竞争与贸易的行为。但是,为了反对各国滥用反倾销和反补贴以达到贸易保护主义的目的,关贸总协定规定了反倾销和反补贴的条件和程序。

(六)市场准入原则

市场准入原则是指一缔约方对其他缔约方的货物、劳务与资本逐步开放国内市场,并不断加大开放程度。

(七)对发展中国家的优惠待遇原则

为了鼓励发展中国家的经济发展和经济改革,关贸总协定给予发展中国家在关税减让、出口补贴、保障措施、服务贸易、农产品贸易等方面不同于发达国家要求的优惠待遇。发展中国家可以享受普遍优惠制待遇是其中突出的例子。

但是,世界贸易组织对与上述原则又制定了许多例外。这些例外主要有:

1. 国际收支平衡例外。国际收支困难时,可进行进口限制,此例外对发展中国家更宽容些。但是,实行限制须经 WTO 成立工作组定期审查,国际收支改善后取消。

2. 幼稚工业保护例外。保护幼稚工业可实行限制,但什么是幼稚工业,则没有明确定义,通常是采取申请,由缔约国审议批准。被确认为幼稚工业后,可采取提高关税、实行许可证、临时征收附加税等措施。一般不能把整个工业都视为幼稚工业。

3. 保障条款。即当大量进口造成严重损害,如开工不足、工人失业、利润大幅下降或亏损等,可以实行临时性进口限制。但是,该行业有义务进行结构调整。紧急保障措施的时间一般为 1 ~ 2 年,长的可达 4 ~ 5 年。

4. 关税和自由贸易区例外。一体化组织的贸易优惠可不同时给予非成员国。

5. 安全例外。为了国家安全和社会公德,可禁止火药、武器、毒品、淫秽出版物的进口。另外,对发展中国家的优惠待遇原则也是通过例外规定来实行的。

三、世界贸易组织的职能和运行机制

(一)世贸组织的职能

根据《建立世界贸易组织马拉喀什协议》,世贸组织的主要职能是:

1. 实施和管理已达成的协议。

2. 提供多边贸易谈判论坛。

3. 评审各国的贸易政策。

4. 解决成员方军之间的贸易争端。

5. 保持全球经济决策的一致性。

6. 对发展中国家成员,尤其是最不发达国家成员提供技术支持和培训。

(二)世贸组织的组织机构

1. 部长级会议。部长级会议是世界贸易组织的最高权力机构,由全体成员国代表组成。部长级会议至少每两年举行一次。部长级会议的权力主要有:

(1)立法权。只有部长级会议才有权对世界贸易组织的各项协定作出修改和权威性解释。

(2)对成员国之间所发生的争议或其贸易政策是否与世界贸易组织规定一致问题作出裁决或提出修改建议。

(3)在特定情况下豁免某个成员的义务。

(4)批准世界贸易组织的新成员或观察员。

2. 总理事会。总理事会由部长级会议休会期间的各成员方代表组成,并代行部长级会议职能。总理事会可视情况需要随时开会。总理事会负责日常监督各项协定和部长级会议所作决定的贯彻执行情况,并作为统一的争端解决机构和贸易政策评审机构发挥作用。总理事会下设以下机构:

(1)货物贸易理事会;

(2)服务贸易理事会;

(3)知识产权理事会。

这些理事会可视情况自行拟定议事规则,经总理事会批准后执行。

此外,总理事会还设若干负责处理相关事宜的专门委员会,如监督委员会、贸易与发展委员会、与贸易有关的投资措施委员会等。

3. 秘书处与总干事。世界贸易组织下设秘书处,由部长级会议通过的规则决定他们的职责。总干事的职责如下:

(1)监督各成员方遵守世界贸易组织规则;

(2)考虑和预见世界贸易组织的最佳发展方针;

(3)帮助解决成员方之间所发生的争议;

(4)负责秘书处的工作,管理预算和与所有成员方有关的行政事务;

(5)主持协商和非正式谈判。

(二)决策方式

世界贸易组织在决策方式上继承了原关贸总协定的“一致原则”,即“在作出决定的会议上,如果一个与会成员方对拟通过的决议不正式提出反对",就意味着达成一致意见。如果未能形成一致意见,则通过投票来决定。每一会员国在部长级会议和理事会上各拥有一票,一般以获得多数为通过。但是,世界贸易组织针对一些特别情况制定了不同的规则。

1. 全体通过。也称"必须接受规则",即所有世贸组织成员方接受有关协议后才具有法律效力。这个规则适用于下列事项:

(1)对世界贸易组织决策制度(投票程序)的修改。

(2)对《1994 年关税与贸易总协定》第一条款(最惠国待遇)和第二条款(关税减让)的修改。

(3)对《服务贸易总协定》第二条款(最惠国待遇)的修改。

(4)对《与贸易有关的知识产权协议》第四条款(最惠国待遇)的修改。

2. 四分之三通过。关于非常重大的事项,世贸组织规定,如果成员方不能取得一致同意,则采用 3/4 压倒多数通过。这些事项主要有:

(1)对《建立世界贸易组织马拉喀什协议》和其他多边协议条款的解释。

(2)对各协议的修改,由部长会议 3/4 多数通过决议认定有关的修改是否涉及变更成员方的权利和义务。

(3)豁免义务。当一成员方要求豁免义务,而世贸组织部长会议不能以一致同意做作决定时,可以 3/4 多数决定豁免该成员方义务。

3. 三分之二通过。对有些事项,如果成员方不能取得一致同意,必须采用 2/3 多数通过。这个规则适用于世界贸易组织协定附件 1 中的《多边货物贸易协定》、《服务贸易总协定》和《与贸易有关的知识产权协定》中关于成员方权利和义务修改的建议,新成员的加入,财务规则和年度预算等。

4. 简单多数通过。《建立世界贸易组织马拉喀什协议》第 9 条规定:"除另有规定外,若某一决定无法取得一致意见时,则由投票决定。除本协议和多边贸易协议另有规定外,部长会议和总理事会的决定应以多数表决通过。"但在实际上,这一规定从未实施过,今后会不会使用也很难说,因为有"另有规定的例外",而上述各种决策情况都已有了详细的规定。

5. 反向一致原则。也称一致不通过原则,指争端解决机构通过专家组报告和上诉机构报告及其他决定所遵循的原则。根据该原则,对于专家组报告和上诉机构报告,只要有一名成员同意通过相关报告,该报告即获得通过,要阻止该报告的通过,需要全体成员同意。这与以前的关税与贸易总协定框架下的一致通过原则形成对比,故称反向一致原则或一致不通过原则,实际上是一票通过制。

四、世界贸易组织的特点

把世界贸易组织与关贸总协定相比较有以下几个特点：

1. 世界贸易组织是具有国家法人资格的永久性国际组织。这一点与关税与贸易总协定不同。关税与贸易总协定原是一个“临时适用”的协定，而不是一个正式的国际性组织。

2. 世界贸易组织的管理范围广泛。关贸总协定仅管辖货物贸易，而且货物贸易中农产品、纺织品和服装又长期在关贸总协定的管辖范围之外。而世界贸易组织不仅要管辖包括农产品、纺织品和服装在内的各种货物，而且还管辖服务贸易、与贸易有关的知识产权、与贸易有关的投资措施等众多领域。

3. 世界贸易组织成员承担义务的统一性。世界贸易组织各成员方对世界贸易组织的各项协定必须“一揽子”接受，不同于关贸总协定的许多协定可以由成员方选择性地参加或提出保留。

4. 世界贸易组织建立了贸易政策审议机制。贸易政策审议机制的作用在于监督成员方遵守世界贸易组织各项协定的情况，并能促进各国贸易政策的透明度原则。贸易政策审议机构是总理事会。按照世界贸易组织协定的规定：贸易额占世界前 4 名的国家或地区每 2 年接受一次审议，排名 5 ~ 20 名的国家每 4 年接受一次审议，排名 20 名以后的成员国或地区每 6 年接受一次审议。

5. 世界贸易组织有更为完善的争端解决机制。世界贸易组织完善争端解决机制主要体现在以下三个方面：

(1)完善了争端机构。世界贸易组织有常设性的争端解决机构及上诉机构。

(2)争端解决机构作出的裁决采用“一致反对”规则，即按“除非世界贸易组织成员完全协商一致反对通过裁决报告”，否则，视为“完全协商一致”通过裁决。这个规则大大增强了争端解决机构解决争端的效力。过去，关贸总协定的争端解决机制中也采用“完全协商一致”规则，但其含义是只要有一个缔约方提出反对争端解决机构的裁决报告，就认为没有“完全协商一致通过”。显然，关贸总协定的争端解决效果是不如世界贸易组织的。

(3)对争端解决的时间作了规定。世界贸易组织在争端解决的各个程序上都作了最长时间限定。一般来说，从投诉到结案应在 15 个月内，特殊情况下不得超过 18 个月。世界贸易组织的规定克服了关贸总协定的“合理期限”导致无限拖延的缺陷。

五、对世界贸易组织的总体评价

世贸组织比关贸总协定更严密，规定更严格，拥有更广泛的达成贸易协议和解决贸易争端的能力，因此它的成立，标志着关税贸易协定临时性多边贸易体系的正式结束，在国际贸易领域中拥有了一个全球性的正式协调组织。作为国际贸易领域中一个全球性的正式协调组织，世界贸易组织拥有与国际货币基金组织，世界银行同等的地位。世贸组织被认为是多边贸易体制的代表，其核心是世贸组织的各项协定。这些协定由世界上绝大多数国家和地区通过谈判达成并签署，经各成员立法机构的批准。世贸组织把世界上的主要贸易国家纳入了一共同的框架之下，一方面保证各成员的重要贸易权利，另一方面对各成员政府起到约束作用，使它们的贸易政策保持在各方议定且符合各方利益的限度之内，使国际贸易向更加平稳、自由、公平的方向发展。

本章小结

本章主要介绍了贸易条约与协定、区域经济一体化组织和世界贸易组织的相关知识。其中在贸易条约与协定中介绍了贸易条约和协定的含义、贸易条约与协定的种类以及贸易与条约所依据的法律原则，主要依据两个原则：最惠国待遇原则和国民待遇原则；在区域经济一体化中介绍了区域经济一体化的概念和组织形式、区域经济一体化的经济贸易效应以及区域经济一体化的发展等；世界贸易组织的有关内容包括从关贸总协定到世界贸易组织的发展过程、世界贸易组织的宗旨和原则、世界贸易组织的职能和运行机制、世界贸易组织的特点，以及对世界贸易组织的整体评价等。

重要概念

贸易条约与协定　最惠国待遇　国民待遇　关税同盟　贸易创造效应　贸易转移效应　关贸总协定　世界贸易组织

习　题

1. 理解最惠国待遇和国民待遇的含义。

2. 简述贸易创造效应和贸易转移效应的含义及如何通过这两个效应评价一体化组织的利弊。

3. 世界贸易组织有哪些职能？

4. 世界贸易组织的基本原则有哪些？

第六章　国际服务贸易

学习目标

- 掌握国际服务贸易的概念和分类。
- 了解《服务贸易总协定》的宗旨、结构和主要条款。
- 掌握当前服务贸易发展的基本特征。
- 能熟练运用上述理论知识。

在经济一体化的背景下，国际服务贸易发展迅速，远远超过了国际货物贸易的发展速度。国际服务贸易在国际贸易中的地位越来越重要，新的国际贸易形势不断涌现。发展国际服务贸易并实现国际服务贸易的自由化，将是21世纪国际贸易发展的最重要内容之一。因此，乌拉圭回合将服务贸易作为主要谈判内容之一，并签署了与《关贸总协定》地位相当的《服务贸易总协定》。掌握国际服务贸易的发展状况、特点和趋势，了解《服务贸易总协定》的主要内容是学习国际贸易课程的一项重要任务。

第一节　国际服务贸易概述

本节主要是对国际服务贸易的概述，主要内容包括国际服务贸易的概念；国际服务贸易的发展背景；国际服务贸易的分类、形式和特点，以及国际服务贸易迅速发展的原因等。

一、国际服务贸易的概念

国际服务贸易(International Trade in Services)是不同国家之间发生的服务交易活动，这种服务是指以提供活劳动的形式满足他人需要并获取外汇报酬的活动。根据乌拉圭回合《服务贸易总协定》规定：国际服务贸易是指服务贸易提供者从一国境内，通过商业现场或自然人的商业现场向服务消费者提供服务，并获取外汇收入的过程。

二、国际服务贸易发展的背景

目前,国际服务贸易正以超过货物贸易发展的速度高速增长,在服务贸易市场开放方面,世界各国参与的成果之一便是签订了一个《服务贸易总协定》,促进了当代世界服务贸易的迅速发展。

当代世界服务贸易的发展是战后经济、科技发展、国际分工纵深发展的必然结果,它也是经济全球化发展必不可少的重要一环。一般来讲,一个国家第三产业发达,其国际服务业也相应发达。

我国政府代表在乌拉圭回合谈判中已签署了《服务贸易总协定》,这表示我国已对某些服务贸易行业的对外开放作出了实质性承诺。

三、国际服务贸易分类

当前国际上对服务贸易的分类大致有三种:

(一)把服务贸易等同于无形贸易,分为要素服务贸易和非要素服务贸易

一国向其他国家提供劳动、资本及土地等生产要素的服务,而从国外得到货币报酬,这种收入被认为是该国的要素服务收入,其中包括直接投资和间接投资收益及侨民的汇款,通常所说的服务贸易则是指无形贸易中的非要素服务贸易。

(二)根据服务贸易是否伴随着货物贸易发生,分为追加服务贸易和核心服务贸易

追加服务贸易是伴随着商品实体而提供的,这种服务是对商品实体本身提供的核心效用的一种追加,因而会在很大程度上左右消费者对所需核心效用的选择。随着经济和科技的不断发展,以及不完全竞争为主的市场格局的出现,促使名目繁多的追加服务,尤其是知识密集型的追加服务,被广泛地应用于商品生产的各个阶段,成为产品差异和增值的主要来源。

核心服务是消费者单独购买的、能为消费者提供核心效用的服务。它同生产和贸易无关,按照服务中供给者与消费者接触的不同情况一部分核心服务是通过服务主体与客体的实际接触,即双方的单向或双向流动来实现的,它通常会伴随着生产要素的跨国界流动。比如,国际金融服务、国际旅游、国际咨询等。另一部分核心服务是不需要服务主体和客体的实际接触,但往往需要通过一定的媒介体方可实现的扩国界服务,比如通讯卫生服务和广播电视等。

(三)将国际服务贸易分成三种基本类型

1. 要素服务贸易。提供要素的服务贸易有三个部分:一是以人力资本和知识资本的收入形式表现的;二是以手续费和版权税形式表现的,如以书籍、硬

盘、乐谱、电脑软件、药品以及类似的商品和服务形式使用的专利、商标、版权而支付的费用;三是劳务,包括工人、技术人员、管理人员的劳务贸易。

2. 人员和商品流动引起的服务贸易。如商务旅行者、旅游者、学生和病人,他们接受交通运输、旅馆、教育、医疗等方面的服务。

3. 物化服务贸易。物化服务贸易是指服务不仅是精神的,也是物质的,从而彻底改变了过去那种认为服务是“看不见、摸不着”和不能储存的虚幻概念。

国际服务贸易的应用分类大致有四种:一是联合国标转贸易分类,即按加工程度、科技智能含量区分,从高到低分成46种类别;二是国际标准工业分类,分为批发贸易、零售贸易、运输、餐馆、金融、娱乐文化等12个大类;三是国际货币基金组织按粗线条分为6大类;四是世界贸易组织统计与信息系统局的分类,该分类已被WTO认可,将世界服务部门分为12大类、155个服务项目。

四、国际服务贸易的形式和特点

(一)国际服务贸易的形式

《服务贸易总协定》规定:国际服务贸易有以下四种提供方式:

1. 环境服务。从一缔约方境外向任何缔约方提供服务,这是典型的“跨国界可贸易型服务”,其特点是服务提供者和消费者分出不同国家。这种服务虽然不一定构成人员、物资或资金的流动,但在提供服务过程中,服务内容本身已越过国界,如通过电讯、邮电、计算机网络、视、听等为对方提供服务,这种服务贸易充分体现了国际贸易的一般特征,是国际服务贸易的基本形式。

2. 境外服务。在一缔约方境内向任何其他缔约方的服务消费者提供服务,诸如涉外旅游服务、为外国病人提供医疗服务等。

3. 商业存在提供服务。一缔约方在其他缔约方境内通过商业存在提供服务,即服务提供者在外国建立商业机构为消费者服务,例如外国公司到中国开设百货公司、银行、保险公司、运输公司、咨询公司、律师和会计师事务所等。这种服务贸易往往与对外直接投资联系在一起。从消费国角度看,它是与服务贸易行业引进外资联系在一起的,也是利用外资的一种形式。这种贸易的规模大、范围广、发展潜力大,对服务消费国,特别是发展中国家的冲击力强,是国际服务贸易中最敏感、最活跃、最重要的形式。

4. 自然人存在方式提供服务。一缔约方的自然人在其他任何缔约方境内提供服务。这类贸易规模较小、时间有限。自然人流动也是生产要素流动的主要内容,发展中国家要求把劳工流动纳入服务贸易框架之中。根据WTO《服务贸易总协定》的说明,自然人流动中的自然人在他国境内的存在,服务是短暂的,时间有限,且不能取得其它成员国的永久公民资格,不能永久居留和就业。

(二)国际服务贸易的特点

1. 传统服务贸易的特点。传统观念认为,国际服务贸易相对于国际服务贸易有如下特点:

(1)国际服务贸易的生产和消费同时进行,服务在它们被生产的同时即为消费者所购买和消费,如理发、现场音乐会等;

(2)国际范围贸易体现的是劳动服务与货币的交换,不是物与货币的交换;

(3)国际服务贸易具有无形性和不可储存性,它是相对于有形的、可储存的货物贸易而言的。

2. 服务贸易的新特点。由于科学技术及服务业向高层次的不断发展,服务的特点发生了微妙的变化。具体表现如下:

(1)在许多情况下,很难把服务与货物截然分开,许多服务包含在货物之中,并构成货物总价值的绝大部分,这就是服务"无形"的"有形"化、服务的物质化,也就是前面讲的物化服务。例如,激光唱片中由于播放音乐而提供服务,但要得到这种服务首先就必须有货物,即要有唱片。其次,作为无形的服务,有时也是可以储存的。是否可以储存的问题,实际上就是服务是购买时消费还是在购买以后某个时候消费。例如购买保险就可以在一段时间内消费,这一服务的某些方面是在购买后的整个有效期内消费的,比日后购买觉得比较放心,有了安全感等。这一服务的另一些方面可以在有效期内任何时候的某些特定情况下消费,比如要求得到赔偿。

(2)科学技术的发展使得服务的可贸易性大大提高。第一,"无形"以高科技的"有形"为载体,并通过"有形"来体现,进而使服务有了可储存性。第二,服务种类发生了巨大变革,以至于把许多服务的成果输出到任何国家都成为可能。借助于微电子技术,这类服务的产品能以很低的成本和极小的时间差转变为传递的信息单位。工程技术人员可以坐在家里为海外机构设计图纸和开展咨询。资金可以通过计算机网络瞬间即由一个国家转移到另一个国家。第三,空间距离的重要性大大下降,因而推动了银行、保险、会计、管理、设计、咨询等服务贸易的进展。此外,新科技革命还加剧了劳动力和科技人员的国际流动。

五、国际服务贸易迅速发展的原因

(一)服务业在各部门劳动力所占比重上升

在世界上绝大多数国际的国民生产总值构成中,农业、工业所占比重呈下降趋势,而服务企业所占比重日趋上升。就业人口日益从第一、二产业部门转向第三产业部门,服务业在各部门劳动力中所占比重呈上升趋势。就拿美国来说,服务部门——从运输到零售及批发贸易、商业和专业服务、教育、医疗、信息和无数其他行业的产值占美国国内生产总值的3/4，它提供的就业岗位占总数的80%，特别是1996年，美国经济创造的260万个就业机会中，服务部门竟占了240万个。

(二)经济发展、科技进步，促使服务业的发展日益专业化，部门规模不断扩大

专业化和经济规模的扩大导致了效率的提高。为了寻求专业化和规模经济的优越性，各服务企业纷纷跨越国界走向世界市场，力求在国际范围内实现规模经济，取得最大收益，并获取更多利润。

(三)跨国公司全球性生产和经营活动的迅速发展，加强了服务的国际化

二战以来，随着生产与投资的国际化，跨国公司急剧发展。这些公司通常是集商品贸易、服务贸易、对外投资与一身。它们全球性的投资活动、技术转让和国际性的生产专业化过程，促进了专家、技术人员和劳动力等的国际流动，同时也带动了为这些公司提供服务的金融、法律、技术服务、保险、运输、计算机服务以及工程等服务业的全球化发展。

(四)世界商品贸易的增长和贸易自由化的发展

世界商品贸易的增长和贸易自由化促进了世界服务贸易的发展，导致了一些传统的辅助性服务如运输、保险和银行业的发展。

(五)国际服务合作的扩大

国际服务合作是指拥有工程等技术人员和劳动力的国家和地区，通过签订合同，向缺乏工程技术人员和劳动力的国家和地区提供所需要的服务，并由接受服务的一方付给报酬的一种国际间的经济合作形式。

国际服务合作主要有以下几种形式：

1. 承包外国各类工程，即工程设计服务与承包工程服务等；

2. 劳务输出，如派出各类技术工人、普通工人、海员、厨师、医生、工程师、教师、会计师、教练等从事体力和脑力劳动的人员，为输入国提供服务；

3. 各种技术性服务出口和生产技术合作，如出口各种技术、专利、科技知识、科研成果和工艺等知识形态的产品。

4. 向国外出租配有操作人员的各种大型机械；

5. 向国为提供咨询服务，如提供电子计算机软件使用以及经营管理铁路、公路、饭店等方面的咨询服务。

这些经济交往，一方面有利于服务输入国的经济发展，另一方面也有利于服务出口国的经济收益和科学技术的提高，国际服务合作已成为世界各国进行国际交往的重要方式和内容。

(六)国际旅游业的兴起、发展和壮大

二战以来，旅游业以惊人的速度迅猛发展，目前已成为仅次于石油和钢铁

工业的第三大产业。由于通讯业和运输业发展,再加上经济发展和收入的增加,导致个人和团体出国旅游度假日益盛行,旅游业的发展不仅可以增加外汇收入,扩大劳动就业,同时还可以推动工业、交通运输、通讯等的发展。

(七)各国政府鼓励和支持服务业的发展

服务业的发展不仅能够促进国民经济的发展,增加国内就业,而且成为国际竞争、跻身于世界市场的重要基础。因此,许多国家采取各种政策,鼓励和支持本国服务业的发展。

需要指出的是,由于当代世界各国经济和服务业发展严重不平衡,各国的对外服务贸易水平及在国际服务市场上的竞争实力十分悬殊,与国际商品贸易领域相比较,全球各地区和各国服务贸易发展的不对称性突出。世界服务贸易呈现出发达国家是主要出口国,发展中国家是主要进口国的大格局。近年来发达国家在世界服务贸易中仍占主导地位,发展中国家地位趋于上升。广大发展中国家已经充分意识到抓住新一轮国际产业转移趋势对本国经济发展的重要性,开始利用比较优势大力发展服务业和服务贸易。发展中国家除在劳务输出、建筑工程承包、旅游等传统服务贸易中继续保持一定优势外,在通讯、计算机和信息服务方面也在加大投入,发掘区位优势、人力资源优势和政策优势,积极承接发达国家的外包业务。

第二节 服务贸易总协定

本节主要介绍 WTO 管辖下的《服务贸易总协定》的相关内容,主要包括《服务贸易总协定》的宗旨和的构成等,《服务贸易总协定》由三大部分组成:一是协定条款本身,又称为框架协定,二是部门协议,三是各成员的市场准入承诺单。

一、服务贸易总协定的宗旨

《服务贸易总协定》(General Agreement on Trade in Service, GATS)是世界贸易组织管辖的一项多边贸易协议。《服务贸易总协定》由三大部分组成:一是协定条款本身,又称为框架协定,二是部门协议,三是各成员的市场准入承诺单。《服务贸易总协定》本身条款由序言和六个部分 29 条组成。前 28 条为框架协议,规定了服务贸易自由化的原则和规则,第 29 条为附件(共有 8 个附件)。主要内容包括:范围和定义、一般义务和纪律、具体承诺、逐步自由化、机构条款、最后条款等,其核心是最惠国待遇、国民待遇、市场准入、透明度及支付的款项和转拨的资金的自由流动。《服务贸易总协定》适用于各成员采取的影响服务贸易的各项政策措施,包括中央政府、地区或地方政府和当局及其授权行使权力的非政府机构所采取的政策措施。

《服务贸易总协定》的宗旨是在透明度和逐步自由化的条件下,扩大全球服务贸易,并促进各成员的经济增长和发展中国家成员服务业的发展。协定考虑到各成员服务贸易发展的不平衡,允许各成员对服务贸易进行必要的管理,鼓励发展中国家成员通过提高其国内服务能力、效率和竞争力,更多地参与世界服务贸易。

二、服务贸易总协定的构成

1995 年 1 月 1 日正式生效的《服务贸易总协定》由以下三部分组成:

1. 管理国际服务贸易的基本规律和纪律准则。

2. 有关单项、具体部门特殊条件的附件。

3. 各成员国关于服务贸易市场准入承诺的关税减让表(如同关贸总协定的关税减让表一样,服务贸易减让表是服务贸易总协定不可分割的一部分。)

除上述 3 个主要部分外,还有 9 项有关决议,包括部长决定和金融服务承诺谅解书,以及四项组织机构决定和一项关于服务贸易与环境的决定。它们都是《服务贸易总协定》的组成部分。

《服务贸易总协定》的基本框架由 6 部分,29 条构成,它阐明了国际服务贸易的一系列规则、纪律和基本义务。

第一部分:范围和含义

这部分仅含第一条。旨在说明服务贸易的定义,即:服务产品的跨境流动,消费者向服务出口国的流动,在需要提供服务的国家建立商业存在,自然人向任何其他成员境内流动而提供的服务。与此同时,第一条阐明“服务”涵盖任何服务部门的任何服务,包括上述定义所属四种方式进行服务的生产、分销、使用和交付等。此外,第一条明确规定,服务贸易总协定适用以商业为基础提供服务的私有部门企业及政府所有的公司(只要这些部门的服务是基于商业基础的),但在行使政府权限时提供的服务除外(如驻外使、领馆人员提供的服务等)。为履行协定所列义务和承诺,该条阐明各成员应采取所有可能的措施以确保其境内的地区、地方政府和当局及非政府机构(如行会、商会、同业公会等)遵守该协议。

第二部:一般义务和纪律

该部分含 14 条,分别涉及最惠国待遇、透明度、发展中国家更多地参与、经济一体化、国内法规、承认、垄断和专用服务提供者、商业惯例、经济保障措施、支付和转移、保障收支平衡的限制、政府采购、一般例外和补贴等内容。其中较重要的一般义务有最惠国待遇的实施、透明度、提供服务所需资格的相互承诺,关于垄断和专营服务提供者及其他限制性商业惯例的规则,发展中国家应更多参与的措施和实现贸易自由化所应采取的措施。

而服务贸易总协定框架规定的义务有两类:一是一般性义务,适用于所有服务贸易部门,第二部分所列各条即属于此类。二是有条件的义务,适用于国别减让表中具体承诺范围的部门。

服务贸易总协定规定的最惠国待遇适用于服务的产品和服务的提供者,要求各成员国政府不得在其他成员的服务及服务提供者之间实行差别待遇,并给予其他成员国以不低于该国政府给予任何国家的服务和服务提供者的待遇。然而一成员国可援引最惠国待遇豁免条款,在10年之后取消。此后,最惠国待遇应无条件地适用于服务贸易。

由于不适用关税限制,因而国内法规对服务贸易管制的影响和意义特别重大。鉴于此点,透明度义务要求各成员迅速公布所有与服务贸易有关的法律和规章,并要求各成员国建立一个或多个咨询点,其他成员可通过这些咨询点得到对其感兴趣的服务部门有影响的法律和规章制度,以及服务技术的情况、提供服务的商业和技术、入户登记、承认和得到专业资格等。这些咨询点在服务贸易总协定生效两年之内建立。这一时限在经同意的前提下,可给予个别发展中国家以适当的灵活处理。

由于各成员国对服务提供者的资格(如学历、工作经历等)存在着不同的规定和要求,外国服务的提供者往往难以得到在一特定国家的从业许可或相应的授权,从而形成偏离最惠国待遇的歧视或构成对服务贸易的隐蔽性限制。为此,服务贸易总协定敦促各成员通过双边协议或多边安排,对提供服务所需资格给予相互承认;同时规定这种相互承认体系应该向其他期望通过谈判加入者或就相关协定谈判的成员开放。

服务贸易总协定还要求,为建立相互承认的共同国际标准和采用从事相关服务贸易和专业的共同国际标准,各成员应与有关的政府和非政府组织进行合作。

针对成员国国内市场经常出现垄断服务业和服务提供者,以及一小部分服务提供者常得到政府授予其从事某些服务专营权的情况,服务贸易总协定要求各成员确保在其境内的任何垄断服务者,不滥用垄断权和专营权,在相关市场提供服务方面不得违背最惠国待遇等一般性义务和具体承诺的义务。对可能出现此类违背和滥用的情况,协定中也建立了相应的约束机制。

鉴于各成员承认服务提供者的某些商业惯例会抑制竞争,从而限制服务贸易,服务贸易总协定要求,若出现此类性质的问题,受影响的成员有权要求就上述商业惯例与服务提供者所在地成员进行双边磋商,以消除这类行为。

服务贸易总协定承认,就服务贸易的实际发展水平、涉及范围、服务能力、竞争力以及出口利益而言,发展中国家与发达国家之间存在着较大的距离。为帮助发展中国家发展服务贸易,服务贸易总协定要求发达国家成员和其他向发展中国家的服务提供者提供与相应的服务贸易市场有关的资料,如商业和技术、登记、获得专业资格及服务技术等方面的资料,并以下述方式促进发展中国家更多地参与:

1. 通过在商业的基础上获得技术,加强其国内服务能力、效率和竞争能力,改进分销渠道和信息网络,在发展中国家具有出口利益的服务部门和提供方式优先实现自由化。

2. 在服务贸易自由化过程中,尊重各成员国的国家政策目标,并确认各成员间整体及单项服务部门发展水平的差异,允许发展中国家成员在此方面维持较高的保护,开放较少的部门和较少类型的交易。

3. 对外国服务提供者的服务贸易市场准入实施附加条件,如以办合资企业,提供技术、信息或销售渠道等方式获得在发展中国家的商业存在,以便发展中国家根据实际发展状况,逐步实现服务贸易的自由化。

第三部分:具体承诺

这部分含 3 条,分别为第十六条市场准入、第十七条国民待遇和第十八条附加承诺。第三部分为有条件的义务。由于服务贸易不同于货物贸易,故其市场准入和国民待遇的承诺方式和程度需依各成员服务贸易的实际发展水平而定。在此方面,各成员经谈判达成具体义务,并以列表方式体现其待遇,反映其对服务贸易逐步自由化所作的承诺。具体义务承诺表以"肯定清单(Positive List)"方式开列,即以成员将一服务部门(或分部门)或交易方式列入承诺表,即意味着它将在这方面的贸易中履行市场准入和国民待遇的义务。

服务贸易总协定关于市场准入的内容表述如下:在第一条最惠国待遇确定的服务提供方式的市场准入方面,每个成员给予其他任何成员的服务和服务提供者的待遇,不得低于其承诺表中所同意的、已明确的规定、限制和条件。国民待遇表述为:在列入其承诺表的部门中,以及在遵照其中所列条件和资格的前提下,每个成员在所有影响服务提供的措施方面,给予任何其他成员的服务和服务提供者的待遇不得低于其给予本国相同服务和服务提供者的待遇。

这两条的核心是,有关内容一经列表作出具体义务承诺,则需给予外国服务提供者同等市场准入待遇，并给予它们不低于国内服务供应商的同等待遇。这些承诺使外国的服务进出口商的得以在有约束保障的一定条件下，从事国际服务业务。

第四部分：逐步自由化

这部分由第十九条具体承诺的谈判、第十二条具体承诺表和第二十一条承诺表的修改构成。服务贸易总协定通过第四部分阐明了下述规则：在 WTO 协议生效的 5 年内，开始多轮回合、多种方式的谈判，以减少或消除不利于开展服务贸易的措施为方向，提高各成员承担具体义务的总体水平，逐步推进自由化进程。在此进程中，若遇成员修改或撤销已作承诺，则修改成员应提前 3 个月通知服务贸易理事会，并应受影响成员的请求，就必要的补偿达成协议。协议规定谈判结果应不低于谈判前具体义务承诺表对贸易提供的有利条件，并需以适用最惠国待遇为基础。此外，第十二条规定具体义务表示为服务贸易总协定的附件，是其不可分割的组成部分，从而明确了承诺表的法律地位。

第五部分：制度条款

该部分含磋商、争端解决和实施、服务贸易理事会、技术合作、与其他国际组织的关系等 5 个条款，其中第二十二和第二十三条还规定了磋商、仲裁和争端解决及实施的程序规则。但一成员就影响服务贸易总协定运行的任何事项提出磋商请求时，成员间应相互协作，享有充分的磋商机会。若成员未就某些特定事项达成一致，则可交由服务贸易理事会仲裁。当发生未履行服务贸易总协定的一般义务或具体承诺情况时，可诉诸这些争端解决机制。当情形严重到一定程度时，争端解决机构可授权一成员或多个成员，依照有关条款对有关成员中止义务和具体承诺的适用。该部门还规定了服务贸易理事会的职责、附属机构设施及其与联合国下属专门机构和其他政府间组织进行与服务有关的协商与合作等内容。

第六部分：最后条款

该部分含利益的拒给、定义、附件等 3 条，第二十七条（利益的拒给）阐明：在确认一项服务有非成员或互不适用 WTO 协议的成员境内提供时，则该相关成员可拒绝在最惠国待遇等一般义务、市场准入和国民待遇等具体方面向对方提供协议项下的利益。第二十八条定义明确规定了在服务贸易总协定文本中“措施”、“服务的提供”、“商业存在”、“服务提供者”、“自然人和法人”、“直接税”等词的法律含义，对服务贸易总协定的正确适用起到不可或缺的作用。第二十九条述明服务贸易总协定的附件是总协定不可分割的组成部分，从而在法律上明确了附件具有与总协定同样的地位。

第三节　当前世界服务贸易发展的基本特征

2008年4月17日，WTO发表的《贸易快讯》依据初步统计数据概述了2007年世界经济与世界贸易的发展情况，并对2008年的形势进行了展望。根据最近几年的贸易数据分析，当前世界服务贸易发展呈现如下重要特征。

一、服务贸易增幅超过货物贸易增速

2007年世界服务贸易额首次突破了3万亿美元，服务贸易增幅重新超过了货物贸易增速。2007年，尽管受到美国次贷危机爆发和国际石油价格不断飙升的冲击，全球经济继续保持扩张态势。WTO的统计显示，2007年世界经济实际增长率由2006年的3.7%放缓至3.4%。在发达国家经济普遍放缓的同时，发展中国家的平均经济增长率约是发达国际的3倍，为全球经济强劲扩张提供了重要基础。若按市场汇率计算，2007年发展中国家对全球经济增长的贡献率超过了40%；若按购买力平价（PPP）计算，发展中国家对全球经济增长的贡献率则超过了一半。

在高增长的世界经济支撑下，2007年世界贸易规模持续扩大，对外贸易依然是主要经济体经济增长的重要推动力量。WTO的初步估计数据显示，按不变价格计算，2007年世界货物贸易量增长5.5%，尽管比2006年的8.5%低3个百分点，但仍然接近过去10年（1997—2007）的平均增长水平。世界货物贸易实际增长率要比世界经济实际增长率高2个百分点。若按名义价格计算，2007年世界货物贸易出口额增长15%，比2006年低1个百分点，出口总额达到13.57万亿美元；同期世界服务贸易出口额增长18%，比2006年高6个百分点，出口总额首次突破3万亿美元，达到3.26万亿美元，约是2000年1.49万亿美元的2.2倍。2007年，世界服务出口占全球出口总额（货物加服务）的比重为19.4%，高于2000年的18.8%。

服务贸易是国际贸易的重要组成部分。服务业信息化、现代化的加速发展，极大地提高了服务业的可贸易性，为服务贸易发展提供了重要基础。经济全球化加深和国际产业结构调整，使世界各国的服务贸易活动日益频繁，促进了服务贸易的快速发展。近年来，各国尤其是发达国家向服务业倾斜的产业结构调整策略，使服务业在本国经济中的地位不断上升，推动服务贸易发展继续趋于活跃。WTO的统计资料显示，世界服务贸易年出口规模从1万亿美元增加

到2万亿美元,大约用了10年时间,而从2万亿美元扩大到3万亿美元,只用了4年时间。可见,服务贸易已成为当今国际贸易中发展最为迅速的领域。

值得提出的是,2007年世界服务贸易额增幅不仅明显快于2006年,而且重新超过了世界货物贸易额的增速。在2003—2006年的4年里,世界服务贸易出口增速一度低于货物贸易。但在2007年,无论是服务贸易的三大类别,还是在世界所有的主要地区,服务贸易出口均呈现明显加速的态势。究其原因,这种情况的产生在很大程度上是由于汇率的变化,以及运输燃油成本的提高。其中,美元汇率的变化起到了更大的作用,其对服务贸易的影响要大于货物贸易,因为欧盟(27国)在世界服务贸易中占最大比重(2007年为46.4%),且所占份额远大于货物贸易(2007年为39.2%),而2007年欧元对美元汇率明显升值,这导致以美元计价的贸易额增长显著。从较长时期考察,2000—2007年间,世界货物贸易与服务贸易出口额基本保持同步增长,年均增长率都为12%。

二、其他商业服务增长速度继续快于运输和旅游等传统服务

其他商业服务的发展依然引人注目,增长速度继续快于运输和旅游等传统服务。服务贸易通常分为三大重要类别,即运输、旅游和其他商业服务(主要包括通信服务、建筑服务、保险服务、金融服务、计算机和信息服务、专有权利使用和特许、咨询、会计、法律等专业服务,以及广告及文娱乐服务等)。在世界服务贸易发展中,贸易结构不断走向高级化,运输、旅游等传统服务贸易部门所占比重下降,而以其他商业服务为代表的新兴服务贸易部门增长强劲。

目前,其他商业服务成为世界服务贸易中贸易额最大、增长最快的类别,年贸易额已占世界服务出口总额的一半以上。WTO资料显示,在其他商业服务中,增长最快的是计算机和信息服务,2000—2005年间年均增长17%,其次是保险服务增长14%和各类专业服务(other business services)增长13%。其中,各类专业服务是最活跃的部门,2005年的贸易额为5950亿美元,占当年其他商业服务总额的一半,所不同的是,在美、欧国家,涉及法律、会计、管理、咨询和公共关系等服务占各类专业服务的75%~80%;而在亚洲地区,涉及货物和与货物有关的专业服务最为突出,其中日本、中国内地、香港地区和新加坡就占了亚洲地区这类服务的72%。欧洲是世界上最大的其他商业服务出口地区,2006年共占世界其他商业服务出口总额的54%;其次是亚洲地区,占21.8%;再次是北美地区,占17.9%。但与2000年相比,欧盟和美国所占的份额均有所下降,而其他经济体正不断增强它们在世界其他商业服务中的地位。比如,2006年,印度的其他商业服务出口增长了近40%,而俄罗斯增长了30%以上。

WTO的统计显示,2007年世界其他商业服务增长19%,依然快于运输和旅

游,出口额1.65万亿美元,比2000年的规模翻了一番。2007年,较高的燃油成本造成以美元计价的运输服务实现了18%的高增长,增幅比2006年高9个百分点,出口额0.74万亿美元。2007年旅游服务出口增长14%,出口额0.86万亿美元。在2000—2007年间,其他商业服务持续快速增长,年均增长率达到14%,高于同期世界服务贸易整体12%的平均增幅;运输服务年均增长11%,高于同期旅游服务年均9%的增幅(见表6-1)。

表6-1　2000—2007年世界服务贸易分类别的增长情况

单位:十亿美元

	贸易额	年增长率%			
	2007	2000~2007	2005	2006	2007
世界服务贸易	3260	12	12	12	18
运输	742	11	13	9	18
旅游	862	9	7	9	14
其他商业服务	1653	14	14	15	19

数据来源:WTO《贸易快讯》,2008年4月

20世纪90年代,运输服务增长率略慢于旅游服务,但自2000年以来这种情况发生了逆转,运输服务增长再次高于旅游服务,这主要是由近年来世界货物贸易强劲增长和运输成本大幅提升共同作用的结果。欧盟、美国和日本分别位居世界运输服务的前三位,2006年三国合计占世界运输服务出口总额的60%以上。

在旅游服务方面,北美地区在世界旅游服务总额中所占比重从2000年的23.2%下降到2006年的17.9%,同期非洲地区所占比重从3.0%提高到4.3%。目前,旅游服务出口已占非洲地区服务出口总额的一半。2000—2006年间,埃及和摩洛哥的旅游服务出口分别增长70%和50%,旅游出口占本国GDP的比率提高了3~4个百分点。与2000年相比,2006年撒哈拉沙漠以南非洲国家的旅游收入翻了一番还多,旅游出口收入超过了这些国家的农产品出口所得。

增长速度的差异导致世界服务贸易总体结构发生变动。WTO的统计显示,2000年以来,运输服务在世界服务贸易中所占比重最小且基本保持稳定,由2000年的23.3%略降到2007年的22.8%;同期旅游服务在世界服务贸易中所占比重呈下降之势,由32.1%下降到26.5%;而其他商业服务所占份额显著提升,从2000年的44.6%上升到2005年的48.7%,2006年首次超过一半,2007年进一步提高到50.7%(见表6-2)。

表 6-2 各类别服务贸易占世界服务贸易出口总额的比重 单位:%

	2000	2003	2004	2005	2006	2007
世界服务贸易	100	100	100	100	100	100
运输	23.3	22.2	23.1	23.4	22.9	22.8
旅游	32.1	29.2	28.8	27.9	27.1	26.5
其他商业服务	44.6	48.5	48.2	48.7	50	50.7

数据来源:WTO《2007 年国际贸易统计》,2007 年 12 月;WTO《贸易快讯》,2008 年 4 月

三、发展中地区的发展速度快于发达地区

世界服务贸易的地区发展不平衡依然突出,发展中地区的发展速度快于发达地区。与 2006 年不同,2007 年欧洲地区服务进、出口分别增长 17% 和 19%,高于世界平均增长水平,并维持其在世界主要地区中的首位。其中,出口 1.66 万亿美元,占世界出口总额的 51%;进口 1.43 万亿美元,占世界进口总额的 46.9%。无论是进口还是出口,欧洲地区的其他商业服务和运输服务增长均明显快于旅游服务,而旅游收入增长呈现停滞,且低于世界平均水平。从出口看,作为欧洲两个最大的服务贸易国家,英国和德国和服务出口与本地区的发展趋势相一致;法国、意大利和荷兰的服务出口增长要弱于本地区的平均水平,但比西班牙、爱尔兰、瑞士、瑞典和波兰增长的更快。在进口方面,西班牙、丹麦和瑞典的服务进口增速超过了 20%。

2007 年,独联体服务进出口依然是世界所有地区中增长最快的,这与 2006 年的发展态势一致。其中,服务出口增长 25%,出口额 640 亿美元;服务进口增长 29%,进口额 900 亿美元。但目前独联体在世界服务贸易总额中所占份额最少,2007 年其出口占比为 1.96%,进口占比为 2.94%。

自 2004 年以来,亚洲地区的服务出口增长一直高于世界平均水平,也高于本地区服务进口增幅,因而减少了本地区的服务贸易逆差。2007 年,亚洲服务进、出口分别增长 17% 和 19%,都快于世界平均水平 1 个百分点。运输、旅游和其他商业服务的出口增幅基本相同,但在进口方面,旅游支出增长要远低于运输和其他商业服务。2007 年,亚洲各经济体的服务贸易发展情况存在着很大差异。以美元计价,日本和中国台湾的服务进出口增长疲弱,中国香港和新加坡则保持适度增长,而中国内地、澳大利亚和马来西亚的增幅可能超过 20%。初步数据表明,2007 年印度是亚洲服务进口增长最强劲的国家,增幅达到 24%,但其服务出口增长 15%,低于世界 18% 的平均水平,这是自 1996 年以来首次出现的情况。

在北美洲地区,2007 年的服务进、出口增长在世界主要地区中最弱,这与 2006 年的情况相同。尽管 13% 的出口增幅高于 2006 年的 9%,并且实现了连续 7 年的增长,但在 2000—2007 年间,北美地区的服务出口年均增长率仅为 7%,低于同期全球平均 12% 的增幅。2007 年,美国服务进口增长 9%,是世界服务进口排名前 30 位国家/地区中增速最低的国家之一;服务出口增长 14%;服务贸易顺差 1200 亿美元。受美国经济减速影响,2007 年加拿大服务出口仅增长 6%,而伴随着加拿大元对美元汇率的升值,刺激了加拿大人在美国的旅游支出,导致加拿大服务进口增长 11%。

中南美洲地区 2006 年服务进、出口均增长 14%,但 2007 年其服务进口增速快于出口,分别增长 18% 和 16%。据统计数据显示,出现这种变化的主要原因是旅游服务的变化,2007 年该地区旅游支出大约增长了 25%,是其旅游收入增长的 2 倍。作为本地区最大的服务贸易国,以及服务贸易发展最活跃的国家之一,2007 年巴西服务进口、出口均增长 25% 左右。

2007 年,非洲地区的服务贸易增长超过世界平均水平,其中出口增长 21%,进口增长 19%。中东地区的服务出口增长 15%,低于世界平均水平 3 个百分点;服务进口增长 17%,高于世界平均水平 1 个百分点。

从较长期考察,在 2000—2007 年间,欧洲、亚洲和中南美洲的服务出口增速高于各自的进口增速,独联体和中东的服务出口增幅低于各自的进口增幅,北美洲和非洲的服务进口、出口增速大体保持一致;除北美洲和中美洲地区外,其他地区的服务出口年均增长率要高于同期的世界平均水平(见表 6-3)。

表 6-3　2000~2007 年世界主要地区服务贸易进出口情况

单位:十亿美元

	出口额	出口年均增长率%				进口额	进口年均增长率%			
		2000~2007	2005	2006	2007		2000~2007	2005	2006	2007
世界	3260	12	12	12	12	3060	11	11	11	16
北美洲	533	7	11	9	13	440	7	9	9	9
中南美洲	91	10	20	13	16	97	8	22	15	18
欧洲	1662	13	10	10	19	1434	12	9	9	12
独联体	64	20	22	23	25	90	21	18	17	29
非洲	84	15	13	19	21	97	15	21	14	19
中东	79	13	17	16	15	125	14	20	19	17
亚洲	745	13	15	17	19	778	11	12	14	17

四、中国的贸易地位继续提高

主要服务进出口国家/地区的贸易实绩呈现较大差异，中国的贸易地位继续提高。由于世界各国经济和服务业发展严重不平衡，对外服务贸易水平及在国际服务市场上的竞争实力悬殊，各国服务贸易发展的不对称性十分突出。目前，全球服务贸易的85%左右集中在发达国家和亚洲新兴工业体，其中美国、英国和德国三国就占了全球服务贸易总额的30%。2007年，世界服务出口前十位除中国(排名第7位)外均是发达国家；服务进口前十位中除中国(排第5位)外均是发达国家(见表6-4)。

表6-4 2007年世界服务贸易进出口额前十位排名

单位：十亿美元

位次	出口国/地区	出口额	占比%	年增长率%	位次	进口国/地区	进口额	占比%	年增长率%
1	美国	454	13.9	14	1	美国	336	11	9
2	英国	263	8.1	17	2	德国	245	8	15
3	德国	197	6.1	18	3	英国	193	6.3	13
4	日本	136	4.2	11	4	日本	157	5.1	9
5	法国	130	4	11	5	中国	129	4.2	
6	西班牙	127	3.9	21	6	法国	120	3.9	12
7	中国	127	3.9		7	意大利	117	3.8	19
8	意大利	109	3.3	12	8	西班牙	97	3.2	24
9	荷兰	91	2.8	13	9	爱尔兰	93	3.0	18
10	爱尔兰	87	2.7	27	10	荷兰	89	2.9	13

2007年，世界主要服务贸易进出口国家/地区的贸易实绩存在着很大差异。根据初步统计数据，美国、德国和日本仍然是世界排名前四位的服务出口国和进口国。在服务出口方面，加拿大和奥地利分别比2006年降低4个和8个位次，同时韩国提升5个位次。奥地利位次的下降主要是因为统计方法发生了变化，这也导致其在世界进口中的位次出现下降。加拿大服务出口增长疲弱，原因在于对美国出口的下降，美国一直是加拿大最重要的市场。2007年韩国服务出口增长强劲，增幅达到28%，主要是由于其运输服务表现突出。在服务进口方面，2007年西班牙、韩国、丹麦瑞典和澳大利亚等国家服务进口额增长均在

20%以上。

近年来,中国、印度、俄罗斯和巴西正成为世界经济增长的新动力,与此同时这些国家的服务贸易发展也很突出。中国的服务贸易发展迅速,国际地位不断上升。中国在世界服务出口中的排名由2000年的12位上升到2003年的第9位,居发展中国家首位,中国在世界服务进口中的排名由2000年的第10位上升到2005年和2006年的第7位,但是,与美国等其他发达国家相比,中国服务贸易发展在绝对量上还存在着很大差距。比如,尽管2003年以来中国的计算机和信息服务年均增长40%,但2006年中国的计算机和信息服务出口额仍然很低,仅有30亿美元。

印度的服务贸易发展很快。2007年,印度服务出口860亿美元,服务进口780亿美元,是发展中国家中少有的服务贸易顺差国,在世界服务进口、出口中的份额分别为2.6%和2.7%,出口排世界第11位,进口排世界第13位。印度的软件服务在世界享有盛誉,2005年印度的计算机服务出口额达到158亿美元,约占亚洲地区计算机和信息服务出口总额的70%。2007年,俄罗斯服务进口570亿美元,同比增长30%;服务出口380亿美元,同比增长25%,是世界增长最快的国家之一。2000—2007年间,俄罗斯服务出口平均增速为22%,进口平均增速为20%。自2003年以来,俄罗斯的计算机服务出口年均增长率在60%以上。巴西是拉美大国,2000—2007年间其服务出口年均增长14%,进口年均增长12%,均高于本地区服务贸易的平均增速。

美国次贷危机所引发的国际金融市场动荡尚未完全消除,美国经济发展出现衰退的趋向,欧洲及日本的国内需求增长减弱,全球通货膨胀压力增大,美元汇率持续下跌,这些都增强了世界经济短期走势的不确定性。目前,主要国际经济组织或研究机构对近期的经济前景预测大都悲观。WTO的分析认为,新兴经济体经济的持续快速增长只能部分抵消发达国家经济增长大幅减速的影响,国际金融动荡和国际大宗商品价格不断上涨将进一步抑制全球经济活动。

据WTO估计,如果国际金融市场的动荡能够很快得到控制,且对实体经济的影响有限,则2008年世界经济增长率将为2.5%~3%,全球货物贸易增速将延续下滑趋势,进一步降至4.5%,比2007年低1个百分点,为2002年以来最低水平。根据WTO秘书处所做的时间序列预测模型,2008年经济合作与发展组织(OECD)国家的货物和服务出口增速将降至3%,比2007年低1.5个百分点。

本章小结

本章主要介绍了国际服务贸易的相关知识,主要包括国际服务贸易概述,其中包括国际服务贸易的概念;国际服务贸易的发展背景;国际服务贸易的分类、形式和特点,以及国际服务贸易迅速发展的原因等;服务贸易总协定的宗旨和构成以及当前世界服务贸易发展的基本特征等。

重要概念

国际服务贸易　要素服务贸易　物化服务贸易　环境服务　境外服务　服务贸易总协定

习　题

1. 服务贸易的概念是什么?
2. 分别从不同标准简述服务贸易的分类。
3. 服务贸易有哪些形式?
4. 简述服务贸易的特点。

第七章　国际贸易术语

学习目标

●掌握《2000 年通则》中各种贸易术语的含义。

●掌握主要国际贸易术语在实务中的使用方法。

●了解有关贸易术语的国际贸易惯例。

●了解使用贸易术语时需要注意的主要问题。

贸易术语是国际货物买卖合同中不可缺少的重要内容。从事国际贸易的人员必须了解和掌握国际贸易中现行的各种贸易术语及与贸易术语有关的国际贸易惯例,以便在实践中正确选择和使用各种贸易术语。因此,掌握贸易术语,具有重要意义。

第一节　贸易术语的含义与作用

在国际贸易中有关风险、各种责任和费用必须在买卖双方之间加以划分,实践中贸易双方一般通过贸易术语来加以确定。

一、贸易术语的含义

贸易术语(Trade Terms),又称贸易条件、价格术语,是指用一个简短的概念或三个字母的英文缩写来表示商品的价格构成、说明交货地点、明确在货物交接过程中买卖双方的有关费用、风险和责任划分的专门用语。

贸易术语是用来表示买卖双方各自承担义务的专门用语,每种贸易术语都有其特定的含义,采用某种专门的贸易术语,主要是为了确定交货条件,即说明买卖双方在交接货物方面彼此承担责任、费用和风险的划分。例如,按装运港船上交货条件(FOB)成交和按目的港船上交货条件(DES)成交,由于交货条件不同,买卖双方各自承担的责任、费用和风险,就有很大区别。在 FOB 条件下,买方要负责派船到约定的装运港接运货物,并承担货物越过的船舷后的一切费用和风险,而卖方则负责按时把约定的货物交到头方指定的船上,并承担货物越过船舷以前的一切费用和风险，在 DES 条件下，却由卖方负责派船将约定的货物运至指定的目的港，并承担货物在目的港船上交货前的一切费用和风险，而交货后的一切费用和风险，则转由买方负担。

同时，贸易术语也可用来表示价格构成因素，特别是货价中所包含的从属费用。例如，按 FOB 价成交与按 CIF 价成交，由于其价格构成因素不同，所以成交价应有区别，具体地说，前者不包括从装运港到目的港的运费和保险费，而后者则包括从装运港到目的港的通常运费和保险费，所以买卖双方确定成交价格时，FOB 价应比 CIF 价低。

不同的贸易术语，表明买卖双方各自承担不同的责任、费用和风险，而责任、费用和风险的大小，又影响成交商品的价格，一般地说，凡使用出口国国内交货的各种贸易术语，如工厂交货（EXW）和装运港船边交货（FAS）等，卖方承担的责任、费用和风险都比较小，所以商品的售价就低，反之，凡使用进口国国内交货的各种贸易术语，如目的港码头交货（DEQ）和完税后交货（DDP）等，卖方承担的责任、费用和风险则比较大，这些因素，必然要反映到成交商品的价格上，所以，在进口国国内交货比在出口国国内交货的价格高，有时甚至高出很多，由于贸易术语体现出商品的价格构成，按不同的贸易术语成交，会表示出成交商品具有不同的价格，所以，有些人便把它当做单纯表示价格的用语，而称其为“价格术语”或“价格条件”。

综上所述，贸易术语的含义具有两重性，即一方面表示交货条件，另一方面表示成交价格的构成因素，我们必须从贸易术语的全部含义来理解它的性质，正是由于贸易术语具有这两方面性质，所以也有人称之为“价格—交货条件”。

二、贸易术语的作用

贸易术语在国际贸易中起着积极的作用，主要表现在下列几个方面：

（一）有利于买卖双方洽商交易和订立合同

由于每种贸易术语都有其特定的含义，而且一些国际组织对各种贸易术语也作了统一的解释与规定，这些解释与规定，在国际上被广为接受，并成为惯常奉行的做法或模式。因此，买卖双方只需商定按何种贸易术语成交，即可明确彼此在交接货物方面所应承担的责任、费用和风险，这就简化了交易手续，缩短了洽商交易的时间，从而有利于买卖双方迅速达成交易和订立合同。

（二）有利于买卖双方核算价格和成本

由于贸易术语表示价格构成因素，所以买卖双方确定成交价格时，必须要考虑采用的贸易术语包含哪些属费用，如运费，保险费，装卸费，关税，增值税和其他费用。这就有利于买卖双方进行比价和加强成本核算。

(三)有利于解决履行当中的争议

买卖双方商订合同时,如对合同条款考虑欠周,使某些事项规定不明确或不完备,致使履约当中产生的争议不能依据合同的规定解决在此情况下,可以援引起有关贸易术语的一般解释来处理,因为,贸易术语的一般解释,已成为国际惯例,并被国际贸易界从业人员和法律界人士所理解和接受,从而成为了国际贸易中公认的一种类似行为规范的准则。

第二节　有关贸易术语的国际贸易惯例

在国际贸易中使用贸易术语,始于19世纪。随着国际贸易的发展,逐渐形成了一系列贸易术语,各种特定行业对各种贸易术语也有各自特定的解释和规定。因此,在使用贸易术语时,由于对贸易术语解释的不同,因而会出现矛盾和分歧。为解决这些矛盾,以便于国际贸易的发展。国际商会、国际法协会等国际组织以及美国一些著名商业团体经过长期的努力分别制定了解释国际贸易术语的规则,这些规则在国际上被广泛采用,从而形成为国际贸易惯例,并受到各国广泛的欢迎和使用。由此可见,习惯做法与贸易惯例是有区别的。国际贸易中反复实践的习惯做法只有经国际组织加以编纂与解释才成为国际贸易惯例。

国际贸易惯例的适用是以当事人的意思自治为基础的,因为,惯例本身不是法律,它对贸易双方不具有强制性,故买卖双方有权在合同中作出与某项惯例不符的规定。但是,国际贸易惯例对贸易实践仍具有重要的指导作用。在我国的对外贸易实践中,在平等互利的前提下,适当采用这些国际惯例,有利于外贸业务的开展。而且,通过学习和掌握有关国际贸易惯例的知识,可以帮助我们避免或减少贸易争端。在发生争议时,也可以引用有关惯例,争取有利地位,减少不必要的损失。

有关贸易术语的国际贸易惯例主要有以下三种:

一、《1932年华沙－牛津规则》〔Warsaw－Oxford Rules 1932〕

《华沙－牛津规则》是国际法协会专门为解释CIF合同而制定的。19世纪中叶,CIF贸易术语开始在国际贸易中得到广泛采用,然而对使用这一术语时买卖双方各自承担的具体义务,并没有统一的规定和解释。对此,国际法协会于1928年在波兰首都华沙开会,制定了关于CIF合同的统一规则,称之为《1928年华沙规则》,共包括22条。其后,将此规则修订为21条,并更名为《1932年华沙－牛津规则》,沿用至今。这一规则对于CIF的性质、买卖双方所承担的风险、责任和费用的划分以及所有权转移的方式等问题都作了比较详细的解释。

二、《1941 年美国对外贸易定义修订本》〔Revised American Foreign Trade Definitions 1941〕

《1941 美国对外贸易定义修订本》是由美国几个商业团体制定的。它最早于 1919 年在纽约制定,原称为《美国出口报价及其缩写条例》,后来于 1941 年在美国第 27 届全国对外贸易会议上对该条例作了修订,命名为《1941 年美国对外贸易定义修订本》。其中所解释的贸易术语共有六种,分别为:

1. Ex(Point of Origin,产地交货);
2. FOB(Free on Board,在运输工具上交货);
3. FAS(Free Along Side,在运输工具旁边交货);
4. C&F(Cost and Freight,成本加运费);
5. CIF(Cost,Insurance and Freight,成本加保险费、运费);
6. Ex Dock(Named Port of Importation,目的港码头交货)。

《1941 年美国对外贸易定义修订本》主要在北美国家采用。由于它对贸易术语的解释与《2000 年国际贸易术语解释通则》有明显的差异,所以,在同北美国家进行交易时应加以注意。

三、《2000 年国际贸易术语解释通则》〔《INCOTERMS2000》〕

《2000 年国际贸易术语解释通则》是由国际商会制定并进行过多次修订最终形成的。在进入 21 世纪之际,国际商会广泛征求世界各国从事国际贸易的各方面人士和有关专家的意见,对实行 60 多年的《通则》进行了全面的回顾与总结。为使贸易术语更进一步适应世界上无关税区的发展、交易中使用电子信息的增多以及运输方式的变化,国际商会多次对《通则》进行修订,并于 1999 年 7 月公布《2000 年国际贸易术语解释通则》,简称《INCOTERMS 2000》(以下简称《2000 年通则》)。《2000 年通则》于 2000 年 1 月 1 日起生效。

《2000 年通则》的公布和实施,使《通则》更适应当代国际贸易的实践,这不仅有利于国际贸易的发展和国际贸易法律的完善,而且起到了承上启下、继往开来的作用,标志着国际贸易惯例的最新发展。

在《2000 年通则》中,共有 13 种贸易术语,根据买卖双方承担义务的不同,将 13 种贸易术语划分为下列四组:

1. E 组(启运术语)。E 组仅包括 EXW(工厂交货)一种贸易术语。当卖方在其所在地或其他指定的地点(如工厂、工场或仓库等)将货物交给买方处置时,即完成交货。卖方不负责办理货物出口的清关手续以及将货物装上任何运输工具。EXW 术语是卖方承担责任最小的术语。

2. F 组(主运费未付术语)。F 组包括 FCA(货交承运人)、FAS(装运港船边交货)和 FOB(装运港船上交货)三种贸易术语。在采用装运地或装运港交货而主要运费未付的情况下,即要求卖方将货物交至买方指定的承运人或指定装运港时,应采用 F 组术语。按 F 组术语签订的买卖合同属于装运合同。

3. C 组(主运费已付术语)。C 组包括 CFR(成本加运费)、CIF(成本、保险费加运费)、CFR(运费付至目的地)和 CIP(运费/保险费付至目的地)四种贸易术语。按此类术语成交,卖方必须订立运输合同,并支付运费,但对货物发生灭失或损坏的风险以及货物发运后所产生的费用,卖方不承担责任。C 组术语包括两个"分界点",即风险划分点与费用划分点是分离的。按 C 组术语签订的买卖合同属于装运合同。

4. D 组(到达术语)。D 组包括 DAF(边境交货)、DES(目的港船上交货)、DEQ(目的港码头交货)、DDU(未完税交货)和 DDP(完税后交货)五种贸易术语。采用 D 组术语,卖方应负责将货物运至边境或目的港或进口国内约定目的地或地点,并承担货物运至该地以前的全部风险和费用。按 D 组术语订立的买卖合同属于到货合同。(见表 7-1)

表 7-1 《2000 年国际贸易术语解释通则》中的贸易术语划分

组别	术语缩写	术语英文名称	术语中文名称
E 组 启运术语	EXW	EX Works	工厂交货(……指定地点)
F 组 主运费未付术语	FCA	Free Carrier	交至承运人(……指定地点)
	FAS	Free Along Side	船边交货(……指定装运港)
	FOB	Free On Board	船上交货(……指定装运港)
C 组 主运费已付术语	CFR	Cost and Freight	成本加运费(……指定目的港)
	CIF	Cost Insurance and Freight	成本、保险费加运费付至(……指定目的港)
	CPT	Carriage Paid to	运费付至(……指定目的港)
	CIP	Carriage and Insurance Paid to	运费、保险费付至(……指定目的地)
D 组 到达术语	DAF	Delivered at Frontier	边境交货(……指定地点)
	DES	Delivered EX Ship	目的港船上交货(……指定目的港)
	DEQ	Delivered EX Quay	目的港码头交货(……指定目的港)
	DDU	Delivered Duty Unpaid	未完税交货(……指定目的地)
	DDP	Delivered Duty Paid	完税后交货(……指定目的地)

第三节 常用贸易术语

在我国对外贸易中，经常使用的主要贸易术语为 FOB、CFR 和 CIF 三种。近年来，随着集装箱运输和国际多式联运的发展，采用 FCA、CPT 和 CIP 贸易术语的也日渐增多。因此，首先应对这几种主要贸易术语有所了解。

一、FOB

FREE ON BOARD(...named port of shipment)，即装运港船上交货(……指定装运港)。此术语是指卖方在约定的装运港将货物交到买方指定的船上。按照《2000 年通则》规定，此术语只能适用于海运和内河航运。但是，如合同当事人不采用越过船舷交货，则采用 FCA 术语更为适宜。

(一) 买卖双方基本义务的划分

按国际商会对 FOB 的解释，买卖双方各自承担的基本义务。概括起来，可作如下划分：

1. 卖方义务

(1)在合同规定的时间或期限内，在装运港，按照习惯方式将货物交到买方指派的船上，并及时通知买方。

(2)自负风险和费用，取得出口许可证或其他官方批准证件。在需要办理海关手续时，办理货物出口所需的一切海关手续。

(3)负担货物在装运港越过船舷为止的一切费用和风险；

(4)自付费用提供证明货物已交至船上的通常单据。如果买卖双方约定采用电子通讯，则所有单据均可被具有同等效力的电子数据交换(EDI)信息所代替。

2. 买方义务

(1)自负风险和费用取得进口许可证或其他官方批准的证件。在需要办理海关手续时，办理货物进口以及经由他国过境的一切海关手续，并支付有关费用及过境费；

(2)负责租船或订舱，支付运费，并给予卖方关于船名、装船地点和要求交货时间的充分的通知；

(3)负担货物在装运港越过船舷后的一切费用和风险；

(4)接受卖方提供的有关单据，受领货物，并按合同规定支付货款。

(二) 使用 FOB 的注意事项

1.《1941 年美国对外贸易定义修订本》与《2000 通则》对 FOB 的解释不同。

《1941 年美国对外贸易定义修订本》对 FOB 的解释分为六种,其中只有:指定装运港船上交货(FOB Vessel,"named port of shipment")与《2000 年通则》对 FOB 术语的解释相近。所以,《1941 年美国对外贸易定义修订本》对 FOB 的解释与运用,同国际上的一般解释与运用有明显的差异。

2. FOB 的变形。在按 FOB 条件成交时,卖方要负责支付货物装上船之前的一切费用。但各国对于"装船"的概念没有统一的解释,有关装船的各项费用由谁负担,各国的惯例或习惯做法也不完全一致。如果采用班轮运输,船方管装管卸,装卸费计入班轮运费之中,自然由负责租船的买方承担;而采用程租船运输,船方一般不负担装卸费用。这就必须明确装船的各项费用应由谁负担。为了说明装船费用的负担问题,双方往往在 FOB 术语后加列附加条件,这就形成了 FOB 的变形。主要包括以下几种:

(1)FOB Liner Terms(FOB 班轮条件)。这一变形是指装船费用按照班轮的做法处理,即由船方或买方承担。所以,采用这一变形,卖方不负担装船的有关费用。

(2)FOB Under Tackle(FOB 吊钩下交货)。指卖方负担费用将货物交到买方指定船只的吊钩所及之处,而吊装入舱以及其他各项费用,概由买方负担。

(3)FOB Stowed(FOB 理舱费在内)。指卖方负责将货物装入船舱并承担包括理舱费在内的装船费用。理舱费是指货物入舱后进行安置和整理的费用。

(4)FOB Trimmed(FOB 平舱费在内)。指卖方负责将货物装入船舱并承担包括平舱费在内的装船费用。平舱费是指对装入船舱的散装货物进行平整所需的费用。

在许多标准合同中,为表明由卖方承担包括理舱费和平舱费在内的各项装船费用,常采用 FOBST(FOB Stowed and Trimmed)方式。

FOB 的上述变形,只是为了表明装船费用由谁负担而产生的,并不改变 FOB 的交货地点以及风险划分的界限。《2000 年通则》指出,《通则》对这些术语后的添加词句不提供任何指导规定,建议买卖双方应在合同中加以明确。

二、CFR

COST AND FREIGHT(... named port of destination),即成本加运费(……指定目的港)。此术语是指卖方必须负担货物运至约定目的港所需的成本和运费。这里所指的成本相当于 FOB 价,故 CFR 术语是在 FOB 价的基础上加上装运港至目的港的通常运费。《2000 年通则》指出,CFR 是全球广泛接受的"成本加运费"术语的唯一的标准代码,不应再使用 C&F(或 C and F,C + F)这种传统的术语。在《2000 年通则》中,明确规定 CFR 术语只能适用于海运和内河航运。

如合同当事人不采用越过船舷交货,则应使用 CPT 术语。

(一)买卖双方基本义务的划分

按国际商会对 CFR 的解释,买卖双方各自承担的基本义务,概括起来,可作如下划分:

1. 卖方义务

(1)自负风险和费用,取得出口许可证或其他官方批准的证件,在需要办理海关手续时,办理货物出口所需的一切海关手续。

(2)签订从指定装运港承运货物运往指定目的港的运输合同;在买卖合同规定的时间和港口,将货物装上船并支付至目的港的运费;装船后及时通知买方。

(3)承担货物在装运港越过船舷为止的一切风险。

(4)向买方提供通常的运输单据,如买卖双方约定采用电子通讯,则所有单据均可被同等效力的电子数据交换(EDI)信息所代替。

2. 买方义务

(1)自负风险和费用,取得进口许可证或其他官方批准的证件,在需要办理海关手续时,办理货物进口以及必要时经由另一国过境的一切海关手续,并支付有关费用及过境费。

(2)承担货物在装运港越过船舷以后的一切风险。

(3)接受卖方提供的有关单据,受领货物,并按合同规定支付货款。

(4)支付除通常运费以外的有关货物在运输途中所产生的各项费用以及包括驳运费和码头费在内的卸货费。

(二)使用 CFR 的注意事项

1. 卖方应及时发出装船通知。按 CFR 条件成交时,由卖方安排运输,由买方办理货运保险。如卖方不及时发出装船通知,则买方就无法及时办理货运保险,甚至有可能出现漏保货运险的情况。因此,卖方装船后务必及时向买方发出装船通知,否则,卖方应承担货物在运输途中的风险和损失。

2. 按 CFR 进口应慎重行事。在进口业务中,按 CFR 条件成交时,鉴于由外商安排装运,由我方负责保险,故应选择资信好的国外客户成交,并对船舶提出适当要求,以防外商与船方勾结,出具假提单,租用不适航的船舶,或伪造品质证书与产地证明。若出现这类情况,会使我方蒙受不应有的损失。

3. CFR 的变形。按 CFR 术语成交,如货物是使用班轮运输,运费由 CFR 合同的卖方支付,在目的港的卸货费用实际上由卖方负担。大宗商品通常采用租船运输,如船方按不负担装卸费条件出租船舶,故卸货费究竟由何方负担,买卖双方应在合同中订明。为了明确责任,可在 CFR 术语后加列表明卸货费由谁负担的具体条件：

(1)CFR Liner Terms (CFR 班轮条件)。这是指卸货费按班轮办法处理，即买方不负担卸货费。

(2)CFR Landed(CFR 卸到岸上)。这是指由卖方负担卸货费，其中包括驳运费在内。

(3)CFR EX Tackle(CFR 吊钩下交货)。这是指卖方负责将货物从船舱吊起卸到船舶吊钩所及之处(码头上或驳船上)的费用。在船舶不能靠岸的情况下，租用驳船的费用和货物从驳船卸到岸上的费用，概由买方负担。

(4)CFR Ex Ship's Hold (CFR 舱底交货)。这是指货物运到目的港后，由买方自行启舱，并负担货物从舱底卸到码头的费用。

应当指出，在 CFR 术语的附加条件，只是为了明确卸货费由何方负担，其交货地点和风险划分的界线，并无任何改变。《2000 年通则》对术语后加列的附加条件不提供公认的解释，建议买卖双方通过合同条款加以规定

三、CIF

COST, INSURANCE AND FREIGHT(... named port of destination)，即成本、保险费加运费(……指定目的港)。按《2000 年通则》的规定，CIF 术语只能适用于海运和内河航运。如合同双方不采用越过船舷交货，则使用 CIP 术语更为适宜。

(一)买卖双方基本义务的划分

按 CIF 术语成交，是指卖方必须在合同规定的日期或期间内在装运港将货物交至运往指定目的港的船上，负担货物越过船舷为止的一切费用和货物灭失或损坏的风险，负责租船订舱，支付从装运港到目的港的正常运费，并负责办理货运保险，支付保险费。由此可以看出，CIF 术语除具有 CFR 术语相同的义务外，卖方还应负责办理货运保险和支付保险费。

(二)使用 CIF 术语应注意的事项

1. CIF 合同属于"装运合同"。在 CIF 术语下，卖方在装运港将货物装上船，即完成了交货义务。因此，采用 CIF 术语订立的合同属于"装运合同"。但是，由于在 CIF 术语后所注明的是目的港(例如"CIF 伦敦")，在我国曾将 CIF 术语译作"到岸价"，所以 CIF 合同的法律性质常被误解为"到货合同"。为此必须明确指出，CIF 以及其他 C 组术语(CFR、CFR、CIP)与 F 组术语(FCA、FAS、FOB)一样，卖方在装运地完成交货义务，采用这些术语订立的买卖合同均属"装运合同"性质。按此类术语成交的合同，卖方在装运地(港)将货物交付装运后，对货物可能发生的任何风险不再承担责任。

2. 卖方办理保险的责任。在 CIF 合同中,卖方是为了买方的利益办理货运保险的,因为此项保险主要是为了保障货物装船后在运输途中的风险。《2000年通则》对卖方的保险责任规定:如无相反的明示协议,卖方只需按《协会货物保险条款》或其他类似的保险条款中最低责任的保险险别投保。如买方有要求,并由买方负担费用,卖方应在可能情况下投保战争、罢工、暴动和民变险。最低保险金额应为合同规定的价款加 10%,并以合同货币投保。

在实际业务中,为了明确责任,我国外贸企业在与国外客户洽谈交易采用 CIF 术语时,一般都应在合同中具体规定保险金额、保险险别和适用的保险条款。

3. 象征性交货问题。从交货方式来看,CIF 是一种典型的象征性交货(Symbolic Delivery)。所谓象征性交货,是针对实际交货(Physical Delivery)而言。前者指卖方只要按期在约定地点完成装运,并向买方提交合同规定的包括物权凭证在内的有关单证,就算完成了交货义务,而无需保证到货。后者则是指卖方要在规定的时间和地点,将符合合同规定的货物提交给买方或其指定人,而不能以交单代替交货。在象征性交货方式下,卖方是凭单交货,买方是凭单付款,只要卖方按时向买方提交了符合合同规定的全套单据,即使货物在运输途中损坏或灭失,买方也必须履行付款义务。反之,如果卖方提交的单据不符合要求,即使货物完好无损地运达目的地,买方仍有权拒付货款。由此可见,CIF 交易实际上是一种单据的买卖。所以,装运单据在 CIF 交易中具有特别重要的意义。但是,必须指出,按 CIF 术语成交,卖方履行其交单义务,只是得到买方付款的前提条件,除此之外,他还必须履行交货义务。如果卖方提交的货物不符合要求,买方即使已经付款,仍然可以根据合同的规定向卖方提出索赔。

4. CIF 的变形。在国际贸易中,大宗商品的交易通常采用程租船运输,在多数情况下,船公司一般是不负担装卸费的。因此,在 CIF 条件下,买卖双方容易在卸货费由何方负担的问题上引起争议。为了明确责任,买卖双方应在合同中对卸货费由谁负担的问题作出明确具体的规定。如买方不愿负担卸货费,在商订合同时,可要求在 CIF 术语后加列“Liner Terms”(班轮条件)或“Landed”(卸到岸上)或“Ex Tackle”(吊钩下交货)字样。如卖方不愿负担卸货费,在商订合同时,可要求在 CIF 术语后加列“Ex Ship's Hold”(舱底交货)字样。

上述 CIF 术语后加列各种附加条件,如同 CFR 术语后加列各种附加条件一样,只是为了明确卸货费由谁负担,并不影响交货地点和风险转移的界线。

四、FCA

FREE CARRER(.... named place),即货交承运人(……指定地点)。此术语是指卖方在指定地点将货物交给买方指定的承运人而言。当卖方将货物交给承运人照管,并办理了出口结关手续,就算履行了其交货义务。FCA 术语适用于各种运输方式,包括多式联运。

(一)买卖双方基本义务的划分

1. 卖方义务

(1)自负风险和费用,取得出口许可证或其他官方批准证件,在需要办理海关手续时,办理货物出口所需的一切海关手续。

(2)在合同规定的时间、地点,将符合合同规定的货物置于买方指定的承运人控制下,并及时通知买方。

(3)承担将货物交给承运人之前的一切费用和风险。

(4)自负费用向买方提供交货的通常单据,如买卖双方约定采用电子通讯,则所有单据均可被具有同等效力的电子数据交换(EDI)信息所代替。

2. 买方义务

(1)自负风险和费用,取得进口许可证或其他官方证件,在需要办理海关手续时,办理货物进口和经由他国过境的一切海关手续,并支付有关费用及过境费。

(2)签订从指定地点承运货物的合同,支付有关的运费,并将承运人名称及有关情况及时通知卖方。

(3)承担货物交给承运人之后所发生的一切费用和风险。

(4)根据买卖合同的规定受领货物并支付货款。

(二)使用 FCA 术语应注意的事项

1. 关于交货问题。《2000 年通则》规定,在 FCA 术语下,卖方交货的指定地点如是在卖方货物所在地,则当货物被装上买方指定的承运人的运输工具时,交货即算完成;如指定的地点是在任何其他地点,当货物在卖方运输工具上,尚未卸货而交给买方指定的承运人处置时,交货即算完成。

2. 关于运输合同。《2000 年通则》中的 FCA 术语,应由买方自付费用订立从指定地点承运货物的运输合同,并指定承运人,但《通则》又规定,当卖方被要求协助与承运人订立合同时,只要买方承担费用和风险,卖方也可以办理。当然,卖方也可以拒绝订立运输合同,如若拒绝,则应立即通知买方,以便买方另作安排。

五、CPT

CARRIAGE PAID TO(…named place of destination),即运费付至(... 指定目的地)。按此术语成交卖方应向其指定的承运人交货,支付将货物运至目的地的运费,办理出口清关手续。买方承担交货之后的一切风险和其他费用。CPT 术语适用于各种运输方式,包括多式联运。

(一)买卖双方基本义务的划分

1. 卖方义务

(1)自负风险和费用,取得出口许可证或其他官方批准证件,在需要办理海关手续时,办理货物出口所需的一切海关手续。

(2)订立将货物运往指定目的地的运输合同,并支付有关运费。在合同规定的时间、地点,将合同规定的货物交给承运人,并及时通知买方。

(3)承担将货物交给承运人之前的一切风险。

(4)自付费用向买方提供交货的通常单据,如买卖双方约定采用电子通讯,则所有单据可被同等效力的电子数据交换(EDI)信息所代替。

2. 买方义务

(1)自负风险和费用,取得进口许可证或其他官方证件,在需要办理海关手续时,办理货物进口所需的海关手续。支付有关关税及从他国过境的费用。

(2)承担自货物在约定交货地点交给承运人之后的风险。

(3)接受卖方提供的有关单据,受领货物,并按合同规定支付货款。

(4)支付除通常运费之外的有关货物在运输途中所产生的各项费用和卸货费。

(二)使用 CPT 术语应注意的事项

1. 风险划分的界限问题。按照 CPT 术语成交,虽然卖方要负责订立从启运地到指定目的地的运输契约,并支付运费,但是卖方承担的风险并没有延伸至目的地。按照《通则》的解释,货物自交货地点至目的地的运输途中的风险由买方承担,卖方只承担货物交给承运人控制之前的风险。在多式联运情况下,卖方承担的风险自货物交给第一承运人控制时即转移给买方。

2. 责任和费用的划分问题。采用 CPT 术语时,由卖方指定承运人,自费订立运输合同,将货物运往指定的目的地,并支付正常运费。正常运费之外的其他有关费用,一般由买方负担。

卖方将货物交给承运人之后,应向买方发出货物已交付的通知,以便于买方在目的地办理货运保险和受领货物。如果双方未能确定买方受领货物的具体地点,卖方可以在目的地选择最适合其要求的地点。

六、CIP

CARRIAGE AND INSURANCE PAID TO(…named place of destination),即运费、保险费付至(……指定目的地)。按《通则》规定,CIP 术语适用于各种运输方式包括多式联运。

(一)买卖双方基本义务的划分

按 CIP 术语成交,卖方除负有与 CPT 术语相同的义务外,还须办理货物在运输途中的保险,即卖方除应订立运输合同和支付通常的运费,还应负责订立保险合同并支付保险费。卖方将货物交给指定的承运人,即完成交货。

(二)使用 CIP 术语应注意的事项

1. 风险和保险问题。按 CIP 术语成交的合同,卖方要负责办理货运保险,并支付保险费,但货物从交货地点运往目的地的运输途中的风险由买方承担。所以,卖方的投保仍属于代办性质。根据《通则》的解释,一般情况下,卖分要按双方协商确定的险别投保,如果双方未在合同中规定应投保的险别,则由卖方法惯例投保最低的险别,保险金额一般是在合同价格的基础上加成 10%。即 CIF 合同价款的 110%,并以合同货币投保。

2. 应合理确定价格。与 FCA 相比,CIP 条件下卖方要承担较多的责任和费用。要负责办理从交货地至目的地的运输,承担有关运费;办理货运保险,并支付保险费,这些都反映在货价之中。所以,卖方对外报价时,要认真核算成本和价格。在核算时,应考虑运输距离、保险险别、各种运输方式和各类保险的收费情况,并要预计运价和保险费的变动趋势等方面问题。

第四节 其他贸易术语

《2000 年通则》包括的 13 种贸易术语,除第三节所述的六种常用贸易术语外,现将其他七种贸易术语简要介绍如下:

一、EXW

Ex WORKS(…named place),即工厂交货(……指定地点)。是指卖方在其所在地(如工场、工厂或仓库等)将备妥的货物交付买方,以履行其交货义务。按此贸易术语成交,卖方既不承担将货物装上买方备妥的运输工具,也不负责办理货物出口清关手续。除另有约定外,买方应承担自卖方的所在地受领货物时的全部费用和风险。因此,EXW 术语是卖方承担责任、费用和风险最小的一种贸易术语。

EXW 术语适用于各种运输方式。

使用 EXW 术语时,如双方同意,在起运时卖方负责装载货物并承担装载货物的全部费用和风险,则应在合同中订明。如买方不能直接或间接地办理出口手续,不应使用该术语,而应使用 FCA 术语。

二、FAS

FREE ALONGSIDE SHIP(…named port of shipment),即装运港船边交货

(……指定装运港)。是指卖方把货物运到指定的装运港船边,即履行其交货义务。买卖双方负担的风险和费用均以船边为界。该术语仅适用于海运或内河运输。

关于办理出口清关手续,《2000 年通则》与《1990 年通则》的规定相反,有了实质性的变化,即应由卖方自负费用和风险,取得出口许可或其他官方证件,在需要办理海关手续时,办理货物出口的一切海关手续,并交纳出口关税及其他费用。但是,《2000 年通则》又规定,双方当事人如希望买方办理出口清关手续,应在合同中订明。

三、DAF

DELIVERED AT FRONTIER(…named place),中译名为边境交货(……指定地点)。是指卖方须在边境指定地点和具体交货地点,在毗邻国家海关边界前,将仍处于交货的运输工具上尚未卸下的货物交给买方处置,办妥货物出口清关手续,即完成交货。卖方承担货物交给买方处置前的风险和费用。DAF 术语适用于陆地边界交货的各种运输方式。

根据《2000 年通则》的规定,买卖双方按边境交货条件成交时,"边境"一词可用于任何边境,包括出口国边境。为了明确交货责任和避免履约当中引起争议,买卖双方事先准确地规定边境交货的具体地点是非常重要的。假如交货的具体地点未约定或习惯上未确定的话,则卖方可选择最适合其要求的具体地点交货。

四、DES

DELIVERED EX SHIP(…named port of destination),即目的港船上交货(……指定目的港)。是卖方应将货物运至指定的目的港,在目的港船上交给买方处置,即完成交货。卖方承担在目的港卸货之前的一切费用和风险,买方则承担船上货物交由其处置时起的一切费用和风险,其中包括卸货费和办理货物进口的清关手续。

DES 术语适用于海运或内河运输或多式联运。如果双方当事人希望卖方负担卸货的风险和费用,则应使用 DEQ 术语。

采用 DES 术语时,卖方虽无订立保险合同的义务,但因货物在运输途中的风险由卖方承担,故卖方必须通过向保险公司投保来转嫁这方面的风险。可见,卖方及时办理货运保险是关系到其自身利益的一项不可缺少的重要工作。卖方投保时,应根据船舶所驶航线的风险程度和货物特性,投保适当的险别。

上述内容表明,DES 术语同 CIF 术语存在原则差别,具体表现在下列几个方面:第一,交货地点不同,即 CIF 是装运港船上交货,而 DES 是目的港船上交货;第二,风险划分不同,在 CIF 条件下,运输途中的风险由买方负责,而在 DES 条件下,运输途中的风险由卖方负担;第三,交货方式不同,即 CIF 属象征性交货,而 DES 属实际交货;第四,费用负担不同,在 CIF 条件下,卖方只负担正常的运费和约定的保险费,而在 DES 条件下,卖方则须负担货物运抵目的港交货前的一切费用。

五、DEQ

DELIVERED EX QUAY(... named port of destination)。即目的港码头交货(……指定目的港)。是指卖方在指定的目的港码头将货物交给买方处置,即完成交货。卖方应承担将货物运至指定的目的港并卸至码头的一切风险和费用,但不负责办理办理进口清关手续。

《2000 年通则》规定,只有当货物经由海运、内河运输或多式联运且在目的港码头卸货时,才能使用 DEQ 术语。如果当事人希望卖方负担将货物从码头运至港口以内或以外的其他地点(仓库、终点站、运输站等)时,则应使用 DDU 或 DDP 术语。

关于办理进口清关手续,《2000 年通则》规定,DEQ 术语要求买方办理进口清关手续,并支付一切办理海关手续的费用、关税、税款和其他费用。但如果当事人希望卖方负担全部或部分进口时交纳的费用,则应在合同中订明。

六、DDU

DELIVERED DUTY UNPAID(... named place of destination)。即未完税交货(...指定目的地)。是指卖方在指定的目的地将货物交给买方,不办理进口手续,也不从交货的运输工具上将货物卸下,即完成交货。卖方应承担将货物运至指定目的地的一切费用和风险,但不负责卸货。

DDU 术语适用于各种运输方式。

《2000 年通则》规定 DDU 术语应由买方负责办理进口清关手续,并支付在目的国进口应缴纳的任何“税费”和因其未能及时办理货物进口清关手续而引起的费用和风险。如果双方希望由卖方办理海关手续并承担由此而发生的费用和风险,以及在进口时应支付的一切费用,则应在合同中订明。

七、DDP

DELIVERED DUTY PAID(…named place of destination),即完税后交货(...指定目的地)。是指卖方在指定的目的地,办理进口清关手续,将在运输工具上尚未卸下的货物交给买方,即完成交货。卖方须承担将货物运至目的地的一切风险和费用,办理进口清关手续,交纳进口"税费"。所以,DDP 术语是卖方承担责任、费用和风险最大的一种术语。

DDP 术语适用于所有运输方式。

《2000 年通则》还规定,办理进口清关手续时,卖方也可要求买方予以协助,买方应给予卖方一切协助取得进口所需的证件,但费用和风险仍由卖方负担。如果当事人希望买方承担货物进口的风险和费用,则应使用 DDU 术语。

本章小结

在这一章里,主要介绍了国际贸易术语和有关贸易术语的国际贸易惯例。贸易术语由国际贸易惯例规定其内涵,国际贸易惯例是在长期的国际贸易实践中逐渐形成的,为多数国家和地区的当事人所接受并反复使用的习惯做法、先例和原则。

国际贸易术语规定了买卖双方在货物交接方式、价格构成和费用、风险责任划分方面各自的权利和义务,我国对外贸易中最常用的贸易术语为 FOB、CFR 和 CIF。

重要概念

贸易术语　国际贸易惯例　装运合同　到达合同　象征性交货

习　题

1. 我某公司以 CFR 价出口货物一批,装运后即以电报形式向买方发出装船通知,但对方没有收到通知,因而未及时投保,结果船在运输途中沉没,货物全部损失,买方向我方提出索赔,我方应如何处理?如果此事系我方未及时发出装船通知引起的,又该如何处理?

2. 我某公司以 CIF 价格向外商出口一批季节性较强的货物,双方在合同中规定:卖方应保证运货船只不得迟于 12 月 1 日抵达目的港。如迟与 2 月 1 日抵达,买方有权撤消合同。如货款已收,卖方须将货款退还买方。问这一合同的性质还属于 CIF 合同吗?为什么?

第八章　国际贸易洽商与合同的签订

学习目标

●掌握询盘、发盘、还盘和接受的含义和用法。

●掌握我国《合同法》和《联合国国际货物销售合同公约》对发盘、还盘和接受的有关规定。

●掌握国际贸易洽商的程序和注意事项。

●掌握合同成立的条件。

在国际贸易中，达成交易要通过交易的洽商来实现，而达成交易的法律形式是合同。国际贸易合同一般是由买卖双方经过多次洽商达成的，因此，贸易洽商是国际贸易实务中不可或缺的环节，它是国际贸易合同订立的前提和基础。可以说，没有贸易洽商，就没有合同，贸易洽商工作的好坏，直接影响到合同的签订和履行，关系到双方的利益，所以必须格外重视。

第一节　国际贸易洽商概述

国际贸易洽商又称交易磋商，是指买卖双方就买卖商品的有关条件进行协商以期取得一致意见、达成交易的过程，有时又称贸易谈判。

一、国际贸易洽商的重要性

国际贸易洽商是一个很重要的环节，做好这个环节的工作，妥善处理好谈判中出现的各种问题，在平等互利的基础上达成公平合理和切实可行的协议，具有十分重要的意义。因此，凡从事外经贸活动的人员，都应高度重视并切实做好这一环节的工作。

二、国际贸易洽商前的准备

（一）选配参加谈判的人员

1.必须熟悉我国对外经济贸易方面的方针政策，并了解国家关于对外经济贸易方面的具体政策措施。

2.必须掌握洽商交易过程中可能涉及的各种商务知识。

3.必须熟悉我国颁布的有关涉外法律、法令与规则，并了解有关国际贸易、国际技术转让和国际运输等方面的法律、惯例以及有关国家的政策措施、法规和管理制度等方面的知识。

4.应当熟练地掌握外语，并能用外语直接洽谈交易。

5.具有较高的政治、心理素质和策略水平，并善于机动灵活地处理洽商过程中出现的各种问题。

（二）选择目标市场

1.在考虑贯彻国家对外贸易方针政策和国别政策的同时，应该尽量考虑经济效率问题，力争做到在政治上和经济上都体现平等互利。

2.应根据购销意图，合理选择国外销售市场和采购市场。

（三）选择交易对象

（四）制定商务谈判的方案

第二节 国际贸易洽商程序

国际贸易洽商的程序可概括为四个环节：询盘、发盘、还盘和接受。其中，只有发盘和接受是每笔交易必不可少的两个基本环节或法律步骤。

一、询盘（Enquiry）

询盘是为了试探对方对交易的诚意和了解其对交易条件的意见。其内容可以涉及价格、规格、品质、数量、包装、交货期以及索取样品、商品目录等，而多数是询问价格，所以，通常将询盘称做询价。询盘可由买方发出，也可由卖方发出，可采用口头方式，亦可采用书面方式。书面方式除包括信件、电报、电传外，还常采用询价单进行询盘。用书信询盘时，除了说明要询问的内容外，一般还带有礼貌性的客套语言以及对交易内容的宣传，以达到诱使对方发盘的目的。电报、电传发盘由于传递速度快，在业务中采用较多。但是用电报、电传询盘，文字要简洁明了，开门见山，以下为两则电报询盘的实例：

买方询盘：请报500辆飞鸽牌自行车成本加运费至新加坡的最低价，五月装运，尽速电告。

卖方询盘：可供99%铝锭，七月份装运，如有兴趣请电告。

二、发盘(Offer)

(一)发盘的定义

发盘是指交易的一方——发盘人，向另一方——受盘人提出购买或出售某种商品的各项交易条件，并表示愿意按这些条件与对方达成交易、订立合同的行为。

发盘既是商业行为，又是法律行为，在合同法中称之为要约。发盘可以是应对方的邀请发盘作出的答复，也可以是在没有邀请的情况下直接发出。发盘多由卖方发出，这种发盘称做售货发盘，也可以是由买方发出，称做购货发盘或递盘。

(二)构成发盘的条件

1. 向一个或一个以上特定的受盘人发出。发盘要有特定的受盘人，受盘人可以是一个，也可以是一个以上的人。可以是自然人，也可以是法人，但必须特定化，而不能是泛指广大的公众。因此，一方在报刊杂志或电视广播中作商业广告，即使内容明确充整，由于没有特定的受盘人，也不能构成有效的发盘，而只能看做是邀请发盘。

2. 表明发盘人在得到接受时承受约束的意旨。这是指发盘人在发盘时向对方表示，在得到有效接受时双方即可按发盘的内容订立合同。

发盘中通常规定有效期，作为发盘人受约束的期限和受盘人接受的有效时限。但规定有效期并非构成发盘的必要条件，如果发盘中没有明确规定有效期，受盘人应在合理时间内接受，否则无效。何谓"合理时间"，需视交易的具体情况而定，一般按惯例处理。

发盘人在规定有效时间时要根据商品的特点和采用的通讯方式来合理确定，对于像粮谷、油脂、棉花、有色金属等初级产品，有效期的规定要短，因为它们的价格受交易所价格的影响，行情变化很快，而且这类商品多属大宗交易，成交金额大，如果有效期过长，一旦行情发生对发盘人不利的变动，他就会蒙受很大损失，双方通讯联系的方式不同，在规定有效期时也应有所考虑。如果是以电报、电传等方式联系，有效期可规定短一些；如果是采用航空信件方式洽商，有效期则应稍长一些，至少应包括邮程的时间。

发盘人在规定有效期时最好明确具体，而如果规定不明确，在执行中则会发生争执，如有一个发盘中这样规定：

本发盘有效期5天。

这5天何时起算就不清楚,因而无法确定它的截止日期。在业务中,规定有效期时多采用明确截止日期的做法。

例如:发盘限5月18日复到

发盘限30日复到我方

发盘有效至星期四我方时间

3. 内容必须十分确定。对于什么是"十分确定",《公约》的解释是在发盘中明确货物,规定数量和价格,在规定数量和价格时,可以明示,也可以暗示,还可以只规定确定数量和价格的方法。《公约》的这一规定是符合有些国家如美国有关合同法规定的,按美国有关合同法的规定,对于发盘中没有规定的其他事项,可以在合同成立之后按照《公约》中关于买卖双方权利义务的有关规定来处理。但是在我国的外贸业务中,一般都要求在发盘中列明商品名称、品质或规格,数量、包装、价格、交货和支付等必要条件,这样,一旦对方接受,便可据以制作详细的书面合同。这样做既有利于减少事后的争执,也有利于合同的订立和履行。

(三)发盘的生效期限

按照《公约》第15条的解释,"发盘于送达受盘人时生效"。就是说发盘虽已发出,但在到达受盘人之前并不产生对发盘人的约束力,受盘人也只有在接到发盘后,才可考虑接受与否的问题,在此之前凭道听途说表示接受,即使巧合也属无效。发盘规定的接收期限有以下两种方法。

1. 规定最迟接受的期限。规定最迟接受期限时,可同时限定以接受送达发盘人或以发盘人所在地的时间为准。如:"发盘限6月15日复到有效"或"发盘有效至我方时间星期五"。

2. 规定一段接受的期间。采用这种方法存在一个如何计算"一段接受期间"的起讫问题。(见《公约》第20条的规定)

(四)发盘的撤回与撤销

1. 发盘的撤回。发盘发出之后,在其到达受盘人之前,发盘人能否改变主意将其撤回呢?答案是肯定的。按照《公约》第15条第二款的规定:"一项发盘,即使是不可撤销的,也可以撤回,如果撤回的通知在发盘到达受盘人之前或同时到达受盘人,"这一规定是基于发盘到达受盘人之前对于发盘人没有产生约束力,所以,发盘人可以将其撤回。但是,这有个前提条件,就是发盘人要以更快的通讯方式使撤回的通知赶在发盘到达受盘人之前到达受盘人,或起码与之同时到达。反之,如果发盘人做不到这一点,发盘的通知已先到达受盘人,发盘即已生效,对发盘人产生了约束力。这时,发盘人再想改变主意,就不是撤回的问题,而是撤销的问题。

2. 发盘的撤销。发盘的撤销不同于撤回，它是指发盘送达受盘人，即已生效后，发盘人再取消该发盘，解除其效力的行为。

对于发盘生效后能否再撤销的问题，各国合同法的规定有较大分歧。英美等国采用的普通法认为，发盘在原则上对发盘人没有约束力，在接受作出之前，发盘人可以随时撤销发盘或变更其内容。大陆法中的德国法认为，发盘原则上对发盘人有约束力，除非他在发盘中已表明不受其约束。法国法虽然允许发盘人在有效期内撤销其发盘但判例表明，他须承担损害赔偿的责任。

《公约》第16条的规定是：(1)在未订立合同之前，发盘可以撤销，如果撤销的通知于受盘人发出接受通知之前送达受盘人。(2)但在下列情况下，发盘不得撤销：(a)发盘中写明了发盘的有效期或以其他方式表明发盘是不可撤销的；或(b)受盘人有理由信赖该发盘是不可撤销的，而且受盘人已本着对该发盘的信赖行事。以上规定表明，发盘在一定条件下可以撤销，而在一定条件下又不得撤销。可撤销的条件是在受盘人发出接受通知之前将撤销的通知传达到受盘人；不可撤销的条件有二，一是发盘中明确规定了接受的有效时限，或者虽未规定时限，但在发盘中使用了"不可撤销"的字眼，如 Firm、Irrevocable 等，那么在合理时间内也不得撤销。二是受盘人从主观上相信该发盘是不可撤销的，并且在客观上采取了与交易有关的行动，如寻找用户，组织货源等，这时，发盘人也不得撤销，因为这种情况下，发盘人再撤销发盘会造成较严重的后果。

(五)发盘的失效

对于发盘在什么情况下失去效力的问题，《公约》第17条规定："一项发盘，即使是不可撤销的，于拒绝通知送达发盘人时终止"。就是说，当受盘人不接受发盘提出的条件，并将拒绝的通知送到发盘，人手中时，原发盘就失去效力，发盘人不再受其约束。

除此之外，在以下情况下也可造成发盘的失效：

1. 受盘人作出还盘。

2. 发盘人依法撤销发盘。

3. 发盘中规定的有效期届满。

4. 人力不可抗拒的意外事故造成发盘的失效，如政府禁令或限制措施。

5. 在发盘被接受前，当事人丧失行为能力、或死亡或法人破产等。

三、还盘(Counter – Offer)

还盘是指受盘人不同意或不完全同意发盘人在发盘中提出的条件，为了进一步协商，对发盘提出修改意见，还盘可以用口头方式或者书面方式表达出来，一般与发盘采用的方式相符。还盘可以是针对价格，也可以是针对品质、数量、交货时间及地点、支付方式等重要条件提出修改意见。

例如，某商人根据某发盘作出如下答复：

1. 你 10 日电收悉，还盘每打 70 美元 CIF 纽约。

2. 你 10 日电收悉，装运期 5 月 D/P 远期 30 天。

上述第二种答复中虽未使用“还盘”字眼，但由于对发盘中规定的装运期和支付方式作出了修改，所以，它与第一种答复一样，也可以构成还盘。

在通常的贸易谈判中，一方在发盘中提出的条件与对方能够接受的条件不完全吻合的情况是经常发生的。特别是大宗交易中，很少有一方一发盘即被对方无条件全部接受的情况。所以，虽然从法律上讲，还盘并非交易磋商的必须环节，就是说，交易的达成可以不经过还盘这一环节，然而，在实际业务中，还盘的情况还是很多的。有时，一项交易须经多次还盘，才最后达成协议，订立合同。

需要注意的是，还盘是对发盘的拒绝。还盘一经作出，原发盘即失去效力，发盘人不再受其约束。一项还盘等于是受盘人向原发盘人提出的一项新的发盘。还盘作出后，还盘的一方与原发盘的发盘人在地位上发生了变化。还盘者由原来的受盘人变成新发盘的发盘人，而原发盘的发盘人则变成了新发盘的受盘人。新受盘人有权针对还盘的内容进行考虑，决定接受、拒绝或是再还盘。

四、接受（Acceptance）

（一）接受的定义

所谓接受，是指受盘人接到对方的发盘或还盘后，同意对方提出的条件，愿意与对方达成交易，并及时以声明或行为表示出来。这在法律上称做承诺。接受如同发盘一样，既属于商业行为，也属于法律行为。接受产生的重要法律后果是交易达成，合同成立。

（二）构成接受的条件

1. 接受必须有受盘人作出。这一条件与构成发盘的第一项条件是相呼应的。发盘必须向特定的人发出，即表示发盘人愿意按发盘中提出的条件与对方订立合同，但这并不表示他愿意以这些条件与任何人订立合同。因此，接受只能由受盘人作出，才具有效力，其他人即使了解发盘的内容并表示完全同意，也不能构成有效的接受。当然，这并不是说发盘人不能同原定受盘人之外的第三方进行交易，只是说，第三方作出的接受不具有法律效力，它对发盘人没有约束力。如果发盘人愿意按照原定的条件与第三方进行交易，他也必须向对方表示同意才能订立合同，因为，受盘人之外的第三方作出的所谓“接受”只是一种“发盘”的性质，并不能表示合同成立。

2. 接受必须是同意发盘所提出的交易条件。从原则上讲,接受的内容应该与发盘中提出的条件完全一致,才表明交易双方就有关的交易条件达成了一致意见,即所谓“合意”,这样的接受也才能导致合同的成立。而如果受盘人在答复对方的发盘时虽使用了“接受”的字眼,但同时又对发盘的内容作出了某些更改,这就构成有条件的接受,而不是有效的接受。因为有条件的扩量属于还盘的性质。《公约》第19条第(1)款中规定:“对发盘表示接受但载有增加、限制或其他变更的答复,即为拒绝该项人盘,并构成还盘。”

那么,是不是说受盘人在表示接受时,不能对发盘的内容作丝毫的变更呢?也不是的,根据《公约》的精神,这里的关键问题是看这种变更是否属于实质性的,什么叫实质性变更呢?“有关货物付款、货物质量和数量、交货地点和时间、一方当事人对另一方当事人赔偿责任范围或解决争端等等的添加或不同条件,均视为实质上变更发盘的条件”。实质性变更是对发盘的拒绝,构成还盘。非实质性变更的后果又是什么呢?《公约》中指出:“对发盘表示接受但载有添加或不同条件的答复,如所载添加或不同条件在实质上并不改变发盘的条件,除非发盘人在不过分迟延的期间内以口头或书面通知反对其差异外,仍构成接受。”这就告诉我们,如果受盘人对发盘内容所作的变更不属于实质性的,能否构成有效的接受,要取决于发盘人是否反对。如果发盘人不表示反对,合同的条件就包含了发盘的内容以及接受通知中所作的变更。

在实际业务中,有时还需要判定一项接受是“有条件的接受”还是在接受的前提下有某种希望和建议,有条件的接受属于还盘,但如果受盘人在表示接受的同时提出某种希望,而这种希望不构成实质性修改发盘条件,应看做是一项有效接受,而不是还盘。

3. 接受必须在发盘规定的时效作出。发盘中通常都规定有效期。这一期限有双重意义:一方面它约束发盘人,使发盘人承担义务,在有效期内不能任意撤销或修改发盘的内容,过期则不再受其约束;另一方面,发盘人规定有效期,也是约束受盘人,只有在有效期内作出接受,才有法律效力。如发盘中未规定有效期则应在合理时间内接受方为有效。

(三)接受生效的时间

关于接受在什么情况下生效的问题是一个很重要的问题,然而对于这一问题的规定,国际上不同的法律体系存在着明显的分歧,英美法系实行的是“投邮生效原则”(又称“投邮主义”或“发送主义”),这是指在采用信件、电报等通讯方式表示接受时,接受的函电一经投邮或发出立即生效,只要发出的时间是在有效期内,即使函电在邮途中延误或遗失,也不影响合同的成立。大陆法中以德国法为代表采用的是“到达生效原则”,即表示接受的函电须在规定时间内送达发盘人,接受方生效,因此.函电在邮递途中延误或遗失,合同不能成立。

《公约》采纳的是到达生效的原则,在第十八条中明确规定“接受发盘于表示同意的通知送达发盘人时生效”,这是针对以书面形式进行发盘和接受时的规定。如果双方以口头方式进行磋商。接受何时生效呢?《公约》的解释是“对口头发盘必须立即接受,但情况有别者不在此限”,就是说,受盘人如果同意对方的口头发盘,就马上表示同意,接受也随即生效,但如果发盘人有相反的规定,或双方另有约定则不在此限。另外,前面已提到受盘人除以口头或书面声明的方式表示接受外,还可以行为表示接受。那么这种以行为表示的接受何时生效呢?《公约》中也有说明:“接受于该项行为做出时生效,但该项行为须在上一款规定的期限内做出”。

(四)逾期接受

在国际贸易中,由于各种原因,导致受盘人的接受通知有时晚于发盘人规定的有效期送达,这在法律上称为“迟到的接受”。对于这种迟到的接受,发盘人不受其约束,不具有法律效力。但也有例外的情况,《公约》第二十一条规定过期的接受在下列两种情况下仍具有效力:

(1)如果发盘人毫不迟延地用口头或书面形式将表示同意的意思通知受盘人。

(2)如果载有逾期接受的信件或其他书面文件表明,它在传递正常的情况下是能够及时送达发盘人的,那么这项逾期接受仍具有接受的效力,除非发盘人毫不迟延地用口头或书面方式通知受盘人,他认为发盘已经失效。

第一款规定,在一定条件下,过期的接受仍有效力。这条件是由发盘人确认,并且毫不迟延地通知受盘人。通知的方式可以是口头的,也可以是书面的,而如果发盘人不及时通知,这项接受就失去效力。这一规定的意义在于,它既保证了发盘人的正当权益(即他所承受的约束仍以发盘中所规定的有效期为限,过期不再受约束),同时,又照顾到贸易实务中许多难以预料的情况。为了促成交易,特别作出这项规定。

第二款规定:如果迟到的接受并非受盘人的过失,而是传递方面造成的失误。就是说,受盘人已按期发出了接受,如果传递正常的话本可以及时送达发盘的。那么,这种迟到的接受仍具有效力。相反的情况是发盘人及时通知受盘人,他认为发盘已经失效。反过来说,如果发盘人没有及时表态,而受盘人又能证明接受迟到不属于他的责任,那么该接受即有效。

总而言之,在接受迟到的情况下,不管受盘人有无责任,决定该接受是否有效的主动权在发盘人。

关于逾期接受,《公约》认为一般无效,但也有例外情况。《公约》第二十一条规定:(1)逾期接受仍有接受的效力,如果发盘人毫不延迟地用口头或书面形式将此种意见通知受盘人。(2)如果载有逾期接受的信件或其他书面的文件表明,它在传递正常的情况下是能够及时送达成发盘人的,那么这项逾期接受仍具有接受的效力,除非发盘人毫不延迟地用口头或书面方式通知受盘人,他认为发盘已失效。根据这条规定,不管什么原因造成的逾期接受,发盘人都有权决定它有效还是无效,只要采取相应的行动即可。

第三节　国际货物贸易合同的签订

国际贸易中能否顺利进行,在很大程度上取决于国际贸易合同的订立状况。合同是用来约定当事人各方义务的,合同内容的严密性对于争议的防范显得非常重要。

一、合同有效成立的条件

前一节已经谈到,一方的发盘一经对方有效接受,合同即告成立,但合同是否具有法律效力,还要视其是否具备了一定的条件。不具法律效力的合同是不受法律保护的。因此,了解和掌握合同有效成立的条件非常重要。

一个合同究竟具备哪些条件才算有效成立,各国的法律规定不尽相同。综合来看,主要要求具备以下几项:

(一)当事人必须在自愿和真实基础上达成协议

我国《涉外经济合同法》第七条也指出,当事人必须就合同条款达成协议,合同方告成立。这是我国涉外经济合同,包括国际货物买卖合同有效成立的实质条件。如果当事人不能达成协议,就不存在合同。而且,协议必须建立在当事人自愿和真实的基础上。《涉外经济合同法》第十条明确规定“采取欺诈或者胁迫手段订立的合同无效”。

(二)当事人必须具有订立合同的行为能力

是指精神正常的成年人才能订立人事合同,未成年人或精神病人订立合同必须受到限制。关于法人签订合同的行为能力,各国法律一般认为,法人必须通过其代理人,在法人的经营范围内签订合同,也就是说,越权的合同不具有法律效力,我国法律规定,除对未成年人,精神病人签订合同的能力加以限制外,对某些合同的签约主体还作了一定的限定,例如,规定只有取得对外贸易经营权的企业或其他经济组织,才能签订对外贸易合同,没有取得对外贸易经营权的企业或组织,如签订对外贸易合同,必须委托有对外贸易经营权的企业代理进行。

(三)合同必须有对价和合法的约因

对价是英美法的一种制度,是指合同当事人之间所提供的相互给付,即双方相互有偿。例如,在买卖合同中,买方支付货款是为了得到卖方提交的货物,而卖方交货是为了取得买方支付的货款,买方支付和卖方交货就是买卖双方的相互给付,就是买卖合同的对价。

“约因”是法国法所强调的,它是指当事人签订合同所追求的直接目的。

买卖合同只有在有“对价”和约因的情况下,才是有效的。否则,它得不到法律的保障,是没有强制执行力的。

(四)合同的标的和内容必须合法

几乎所有国家的法律的都要求当事人所订立的合同必须合法,并规定,凡是违反法律,违反善良风俗与公共秩序的合同,一律无效。我国《涉外经济合同法》第四条规定:“订立合同,必须遵守中华人民共和国法律,并不得损害中华人民共和国社会公共利益。”否则,合同无效。

(五)合同的形式必须符合法律规定的要求

联合国《国际货物销售合同公约》对国际货物买卖合同的形式,原则上加以限制。无论采用书面方式还是口头方式,均不影响合同的效力,该《公约》第十一条明确规定:“买卖合同无须以书面订立或证明,在形式方面不受任何其他条件的限制。买卖合同可以包括人证在内的任何方法证明。”

但公约允许缔约国对该条的规定提出声明予以保留,我国在核准该《公约》时,对这一条提出保留,坚持订立国际货物买卖合同必须采用书面方式,书面方式包括电报和电传,我国《涉外经济合问法》第十条和第三十二条规定,涉外经济合同的订立、更改或者解除,应当采用书面形式。这是我国对涉外经济合同,包括国际货物买卖合同有效成立的形式要求。

以上是合同成立的条件。一个合同只有符合了如上条件,才具有法律效力,才能得到法律的承认和受到法律保护,因此,我们在实际业务中,尤其在与外商签订合同时,对此要严格遵守,善加运用。

二、书面合同的签订

(一)合同和确认书

按照由谁制作合同分类,可分为由卖方制作的销售合同和由卖方制作的订购合同。目前我国各进出口公司都印有固定格式的书面合同,在成交后一般都由我方制作书面合同,经双方核对无误签字后,各执正本一份,副本若干份,作为执行的依据。这类书面合同有两种形式,一种为正式合同,即售货合同或订购合同;另一种叫确认书,即售货确认书或订购确认书。合同和确认书虽然在格式、条款项目的设立和措辞上有所不同，但作为合同主体的双方协议一致的交易条件，都应完善、明确。经买卖双方签署的合同和确认书，都是法律上有效的文件。

（二）协议

“协议”或“协议书”，在法律上是“合同”的同义词。因为合同本身就是当事人为了设立、变更或终止民事关系而达成的协议。如果书面合同冠以“协议”或“协议书”的名称，只要它的内容对买卖双方的权利和义务已作了明确、具体和肯定的规定，它就与合同一样对买卖双方有约束力。

（三）备忘录

备忘录也可作为书面合同的形式之一，在外贸实际工作中较少运用。如果买卖双方商定的交易条件明确、具体的在备忘录中一一作了规定，并经双方签字，那么这种备忘录的性质与合同无异，在法律上具有约束力。

（四）订单

订单是只进口商或实际买家拟制的货物订购单。在我国外贸实践中，经洽谈达成交易后，我方制作合同或确认书两份寄给国外客户，要求其签回一份。但有的客户往往将他的订单寄来，要求我方签回。这种洽谈成交后寄来的订单，实际上是国外客户的购货合同或购货确认书。

三、合同签订应注意的问题

（一）一般注意事项

1. 合同内容必须贯彻我国对外贸易的方针政策，体现平等互利的原则。

2. 合同条款必须订得具体、明确、完善条款之间不要互相矛盾。

3. 文字要简练、严密，避免含糊不清的词句。

（二）特别注意事项

1. 凡在我国境内签订或在中国履行的国际货物买卖合同，一定要遵守法律，采用书面形式。如果合同订立地和履行地都在国外，也要尽量采取书面形式，以备他方违约时有证可查。在发生争议时用《公约》规则保护自己。

2. 不认真调查和分析我方的履约能力就匆匆与之订立合同，当发现我方履约有困难时，已为时过晚，构成了违约，使我方遭受赔偿追索。履约能力在我方出口交易中表现为能否按规定的时间和条件交付货物；在进口贸易中则表现为能否按规定领受货物和支付货款。因为在国际贸易中实行无过错原则，即违约方尽管导致违约时主观上无过错责任但行为已造成了不能履行，或者不能完全履行合同，就必须承担违约责任，除非是符合免责的条件。

针对此情况，在签署合同之前，应对合同标的履行可能性作充分调查分析，有九成把握后才与之签订合同。以出口贸易来说,我方应对出口标的物的货源供应,货源的实有产量有充分的了解,确实是市场上有把握供应的商品,或者这种商品为自己的外贸生产加工基地的产品,才敢与之订立合同。另一方面,某些产品的出口还要考虑到我方市场的生产加工能力。比如对数量的生产加工能力,质量的加工能力,是否有充分把握。有时某种产品的生产加工能力在数量上可以做到按时交货,但在质量上却由于我方的机器设备或者工人劳动素质等原因,无法达到合同规定的标准;有些却是质量上达到了标准,但由于生产规模小,生产设备简陋,故无法大批量生产。在这种情况下,我方如若签订了合同,会给自己带来隐患。

3. 签订商品包装条款时,不注意对包装材料提出明确的要求。如不对包装物的种类、性质、包装材料尺寸、包装费用和运输标志等项内容作出明确的规定。这样容易产生争议,因此在签订合同,填写包装条款时须订明包装材料、包装方式、每件包含商品数量、包装尺寸、费用、性质、标志等。包装费用一般算在售价之内,特制或特种材料包装要明确费用由谁负担。

4. 不重视对商品品质条款的订明、订好。商品的品质是交易中至关重要的一项内容,它关系到进口商能否正常销售和获取利润。对商品品质条款不作明确规定,或者品质优劣标准表示不严谨,都会为争议的发生留下隐患,成为引发纠纷的根源。而且一旦纠纷发生,由于商品品质标准没有规定或者规定不明,给解决问题带来很大的困难,这些都是应力争避免的。

5. 在确定合同期限时,不注意留有余地,满打满算,结果使合同履行中成为迟延履行,受到对方的罚款或索赔。因为在贸易实践中,由于出口交易履行过程环节较多,手续烦琐,涉及面较广,往往要经过多方的配合才能尽快完成,所以,在确定履行期限时,要注意测算准确,留有充分的余地,避免因履行期限或宽限时间过短而构成违约。

6. 忽视对信用证与买卖合同的一致性规定,往往容易使我方安全收汇受到影响,留下隐患,信用证是我国对外贸易中常用的支付方式之一,它的使用是极其严格的,只要稍有一点与买卖合同规定不符,银行就可以拒付,因此,在使用信用证支付方式时,如果不注意在合同中对信用证支付条款作出具体明确的规定,则当信用证开出后与合同规定不符时,银行就会拒付;因此在使用信用证支付方式时,要注意对信用证支付条款的一些主要内容作出明确规定,以便使合同与信用证内容保持一致。买卖合同开证申请是由买方按合同规定向开证银行提出的,因此,合同中与信用证付款有联系的条款都要有明确规定,如商品品质、数量、期限、运输方式和承运人等要规定清楚,这样便于开证人据以申请开证。另外,信用证的开证时间应在合同中加以规定,如“接到卖方备货通知书后

××天内开证”,这样便于明确买方的开证责任。再次,要在合同中明确规定使用信用证的种类;信用证的金额,如果在履行中可能发生额外费用需在合同或信用证中加以明确规定由哪一方承担该项额外费用。按法律规定,应由买方负担。

7. 要注意订好仲裁条款。仲裁条款必须具有以下几方面的内容:一是必须明确叙明是双方当事人自愿适用仲裁的意思。一是必须写明仲裁地点,如我方为出口方一定要力争在中国仲裁,如不能达成协议时,再规定在第三国或被诉人所在国仲裁。三是必须明确规定仲裁机构,要具体明确到是哪家机构。最后是仲裁适用的程序规则和仲裁的效力问题。仲裁的程序规则,要力争首先适用我国的仲裁程序规则。仲裁的效力,一般是仲裁裁决是终局裁决,对双方都具有约束力,但值得注意的是,在订立仲裁条款时,应注意对方所在国是否加入《承认与执行外国仲裁裁决的规定》公约,如果对方国未加入该公约,又未与我国签订有互相执行仲裁裁决协议的国家,而却又需要请求其强制执行仲裁时,只有通过对方国的法院申请执行,或者通过外交途径或当事人直接要求对方国政府有关部门协助或者通过对方国的社团机构协助执行。

本章小结

国际贸易的洽商一般程序从询盘开始,经过发盘、还盘、接受几个环节,最终达成交易,其中发盘和接受为必不可少的法律步骤。

书面合同一般不是达成交易的必要法律步骤,但是一个重要的步骤。贸易合同形式有三种:书面形式、口头形式和其他形式。在我国进出口业务中,主要采取销售合同和确认书两种形式。

重要概念

交易磋商　询盘　还盘　接受　逾期接受

习　题

1. 我某公司与外商磋商进口机械设备交易一宗。经往来电传磋商,已就合同的基本条款初步达成一致,但我方最后所发表示接受的电传中列有“以签署确认书为准”的文字。事后,外商拟就合同书,要我方确认,但由于对某些条款的措辞尚待进一步商讨,同时有发现该商品的市场价格趋疲,因此,未及时给予答复,外商有连续来电催开信用证,我方回答拒绝开证,试分析这一拒绝是否合理?

2. 我某外贸公司3月1日向美商发去电传,发盘供应某农产品1000公吨并列明“牢固麻袋包装”。美商收到我方电传后立即复电表示“接受,装新麻袋装运”,我方收到上述复电后即着手备货,准备于双方约定的4月份装船,两周后,某农产品国际市场价格猛跌,美商于3月20日来电称:“由于你方对新麻袋包装的要求未予确认,双方之间无合同”,而我方坚持合同以有效成立,双方发生争执,试评析此案。

3. 某工艺品公司与国外洽谈一笔玉雕交易,经过双方对交易条件的往返磋商之后,已就价格、数量、交货期等达成协议,我方公司于是在8月6日致电对方:“确认售与你方玉雕一件……,请先电汇1万美元。”对方于8月9日复电:“确认你方电报,我购玉雕一件,条件按你方电报规定,已汇交你方银行1万美元,该款在交货前由银行代你方保管……”。问:这笔合同是否成立,并简述理由。

4. 中方某外贸公司派遣贸易小组赴美购买设备,双方在纽约已就设备规格、单价、数量等主要条款达成协议。小组赴美时向对方表示,回京后缮制合同,由双方签字后生效。回京后,用户撤销进口委托,合同无法签署,信用证也未开出。美方敦促中方履约,否则将在美起诉中方公司。试分析中方应如何处理此案。

第九章　国际贸易合同条款(一)

学习目标

●了解合同中商品品名、品质、数量、包装、价格和运输条款的规定方法及注意问题。

●熟悉进出口商品的作价原则、作价方法、影响价格的各种因素。

●熟悉包装标志、中性包装和定牌在实际业务中的使用。

●掌握佣金、折扣的使用、主要价格术语之间的换算关系。

●掌握海运提单的内容、分类和样式。

商品的品名、品质、数量、包装、价格和运输条款是国际货物买卖合同中的重要条款,是买卖双方交接货物和检验货物的重要依据。本章介绍了在合同中规定商品品名、品质、数量、包装、价格和运输的方法及应该注意的问题,买卖双方在交易磋商和合同订立时,必须明确规定这些条款,以利于合同的顺利履行。

第一节　品名与品质条款

本节介绍了国际货物买卖合同中品名、品质条款的规定方法以及签订这些条款时应注意的问题,并详细地介绍了品质表示的方法、品质机动幅度条款。这些条款都是合同中的基本条款,直接影响合同的顺利履行以及双方经济利益的实现,买卖双方应该认真洽商,并将具体问题签到合同之中,为日后合同的履行提供依据。

一、商品的品名

(一)商品品名的含义

商品的品名(Name of Commodity),又称商品的名称,是指某种商品区别于其他商品的一种称呼或概念。

在国际贸易中,买卖双方往往远隔重洋,相距甚远,看货成交的情况非常少,交易双方在订立合同时,很难见到货物,一般是根据对商品的说明来确定交易对象的，所以在合同中对商品的说明是非常重要的。商品的品名是构成商品说明的一个主要组成部分，是买卖双方交接货物的一项基本依据，它直接关系到买卖双方的权利和义务。根据《联合国国际货物销售合同公约》的规定，若卖方交付货物不符合约定的品名或说明，买方有权提出损害赔偿要求，直至拒收货物或撤销合同。因此，在合同中列明商品的品名具有重要的法律意义与实践意义。

（二）合同中的品名条款

合同中品名条款的规定一般比较简单，并无统一固定的格式，可由双方商议决定，一般可采用两种方式规定品名条款。

1. 最常用的方法是在商品品名（Name of Commodity）条款下，列明交易双方成交商品的名称。

例如：品名：龙井茶

Name of Commodity：Longjing Tea

品名：山东花生仁

Name of commodity：Shan Dong Peanut

2. 有时为了简单起见，可以不加品名条款，只在合同的开头部分，列明交易双方同意买卖某种商品的文字。

有的商品只要列明商品的名称即可，但有些商品往往具有不同的品种、等级和型号，因此为了明确清楚地规定商品的品名，需要把商品具体的品种、型号或等级包括在品名条款里，在这种情况下，它就不单是品名条款，而是品名条款与品质条款的结合。

（四）规定品名条款应注意的问题

国际货物买卖合同中的品名条款，是合同中的主要交易条件，在订立品名条款时应注意以下几点问题：

1. 品名条款的内容必须明确、具体，避免空泛、笼统的规定。品名条款的规定方法多种多样，在规定品名条款时，必须明确规定交易商品的名称，确切地反映商品的特点、用途和性能等，避免含糊、笼统的规定，以利于合同的顺利履行。

2. 品名条款的内容必须实事求是。合同中品名条款的规定应该实事求是，品名条款所代表的商品，必须是卖方能够提供并且是买方要求的商品。凡是卖方做不到或不必要的说明词句，都不要列入合同当中，以免影响合同的顺利履行，例如100%纯金制造。

3. 品名应该使用国际通用的名称。合同中的商品品名应该尽可能使用国际上通用的名称，品名的使用应该准确、易懂，并要符合国际上的习惯称呼，防止产生纠纷。

4. 要考虑商品品名与运费的关系和海关税则的规定。同一种货物使用不同的名称,适用的运费率和关税率就会不同,所以应注意选用合适的品名,以利于节省运费开支、降低关税和方便进出口。

二、商品的品质

(一)商品品质的含义

商品的品质(Quality of Goods)也称商品的质量,是指商品的内在素质和外观形态的综合,是商品适合一定用途,满足消费者需要的各种特性。商品的内在素质是指商品的本质属性,包括商品的物理性能、化学成分、生物特征以及技术指标等;而商品的外观形态则是人们可以直接感觉到的外在表现,包括商品的大小、长短、造型、款式、色泽及味道等。品质是商品使用价值的标志,是市场竞争的焦点,品质的优劣是买卖双方最为关心的一个方面,直接关系到商品价格,也是卖方增加出口收汇的重要途径。

合同中的品质条款是国际货物买卖合同中的一项重要条款,也是买卖双方交接货物的一项重要依据,卖方必须按照合同中品质条款的规定提交合格的货物。商品的品质高于或低于合同的规定,都可能造成违约行为。按照《联合国国际货物销售合同公约》的规定,卖方交货必须符合约定的品质,如卖方交货不符合约定的品质条件,买方有权要求损害赔偿,也可要求修理或交付替代货物,甚至拒收货物和撤销合同。

(二)品质的表示方法

在国际贸易中,交易商品的种类繁多、形态各异,表示商品品质的方法归纳起来主要有两大类:一类是以实物样品表示,一类是以文字说明表示。在实际业务中可以根据交易商品的性质、特点和交易习惯来选择合适的表示方法。

1. 以实物样品表示商品的品质。以实物样品表示商品的品质是指以作为交易对象的实际货物或以代表货物品质的样品来表示货物的品质。以实物样品表示商品的品质包括看货买卖和凭样品买卖两种方式。

(1)看货买卖。这是以交易时商品实际品质为准进行交易的方法。当买卖双方采用看货买卖进行交易时,通常是买方或买方代理人在卖方存放货物的地点验货,交易达成后,卖方要按对方看过的商品交货。

在国际贸易中,买卖双方往往身处异地,远隔重洋,交易双方通常以函电方式洽商合同,买方到卖方所在地现场验货多有不便,所以采用看货买卖成交的方式有一定的局限性,这种方法主要适用于寄售、拍卖以及展卖业务中,特别是适用于具有独特性质的商品,如珠宝、首饰、字画及特定工艺品等。

(2)凭样品买卖。凭样品买卖(Sale by Sample)是指买卖双方以样品进行交易磋商和订立合同,并以样品的品质作为交货品质的最后依据。样品是指从一批商品中抽取出来或由生产、使用部门设计加工出来,足以反映和代表整批商品品质的少量实物。凭样品买卖适合于在造型、色泽和气味上有特殊要求,难以用文字说明表示的商品买卖,例如工艺品、土特产品、轻工产品等。

样品分为标准样品和参考样品。标准样品(Type Sample)是指"凭样品买卖"中的"样品",标准样品一经双方同意,便成为买卖双方交接货物时检验货物品质的依据,卖方交付的货物必须与样品的品质一致。参考样品(Reference Sample)是指买卖双方为了发展彼此的经济贸易关系,寄给对方作为商品品质参考之用的样品,此样品不作为双方订立合同以及交接货物时品质依据。为了避免误解,寄送样品时应注明"仅供参考"(For Reference Only),以免日后产生纠纷。

凭样品买卖根据样品提供者不同,可以分为凭卖方样品买卖和凭买方样品买卖两种。

(1)凭卖方样品买卖(Sale by Seller's Sample)。是指由卖方提供样品,买方加以确认后作为卖方交货品质的依据。采用凭卖方样品买卖时应该注意以下问题:

①卖方提供的样品要有代表性,足以代表整批货物的平均品质,样品品质过高,就会给卖方日后履约带来麻烦,样品品质过低又不利于给商品定一个好价格。

②卖方寄出样品后应留存复样,以备在交货时或检验商品时以及处理品质方面的纠纷时核对之用。应该在样品包装上注明编号、日期,并采用科学合理的方法妥善保管货物,注意保存样品空间的温度、湿度等。

③在实际业务中,如果使用了参考样品,卖方应该注意同买方严格区分参考样品和标准样品。

(2)凭买方样品买卖(Sale by Buyer's Sample)。是指由买方提供样品,卖方加以确认后作为卖方交货品质的依据。采用凭买方样品买卖时应该注意以下几点问题:

①在国际贸易中,谨慎的卖方往往不愿意接受凭买方样品买卖的交易,以免因交货品质与买方样品不符而引起纠纷,这时,卖方应根据买方提供的样品加工复制出一个相似样品交由买方确认,这个新样品称为对等样品(Counter Sample)或回样,日后卖方交货时就以对等样品的品质为依据。这种做法实际上是改变了凭样品买卖的性质,将凭买方样品买卖变为凭卖方样品买卖,使卖方处于一个有利地位。

②在凭买方样品买卖时,应该注意按买方提供的样品生产的产品是否侵害

了第三者的权益。为了避免带来麻烦,应该在合同中注明:“由于按买方提供的样品生产的商品引起的侵权行为所带来的一切后果由买方承担,与卖方无关”。

③卖方应注意买方提供的样品是否带有反动性质的、不健康的、丑陋的式样和图案。

④采用凭买方样品买卖时卖方应该灵活订立品质条款。如果卖方很难生产加工出与买方提供的样品完全一致的商品,就应该在合同中订立弹性品质条款,给自己日后交货时留有余地,可在合同中规定“卖方交货与所提供样品的品质大致相同,或基本相同”,以防止买方因卖方所交货物与样品有微小差异而拒收货物或索赔。

2. 以文字说明表示商品的品质。在国际贸易中,大多数商品的交易都是采用文字说明表示的,即用文字、图表、图片等方式来说明商品的品质,具体可以分为以下几种:

(1)凭规格买卖(Sale by Specification)。商品的规格是指用来反映商品品质的主要指标,如成分、含量、大小、长短、色泽、强度、精细等等。不同商品其用途特点不同,要求的品质指标也会有所不同。一般来讲,商品越是复杂,其要求的品质规格也就越多。采用规格表示商品的品质简单易行,明确具体,在国际贸易中使用的非常广泛。例如,东北大豆出口的规格:

水分含量(最高)	15%
含油量(最低)	18%
含杂质(最高)	1.5%
不完善粒含量(最高)	8.5%

(2)凭等级买卖(Sale by Grade)。商品的等级是指同类商品按其品质规格上的差异分为若干等级。货物的等级通常是由生产商或出口商根据长期的生产经营经验,在掌握其品质规律的基础上制定出来的。它有助于满足各种不同需要,也有利于根据不同需要安排生产和加工整理。买卖双方可根据合同当事人的需要进行调整或更改,并在合同中具体订明。例如一、二、三级,大、中、小等。在采用等级表示商品品质时,为了避免双方对同一等级的理解不同,除了列明等级外,还应注明每一等级对应的规格,例如,皮蛋按重量、大小分为奎、排、特、顶、大五级:

奎级	每千只	≥75 公斤
排级	每千只	≥70 公斤
特级	每千只	≥65 公斤
顶级	每千只	≥60 公斤
大级	每千只	≥55 公斤

(3)凭标准买卖(Sale by standard)。标准是政府机关或商业团体统一制定的商品的规格和等级,是商品的规格、等级标准化的文字表示,标准通常由国际标准化组织和国家政府机构或者是有关的行业公会制定的。目前进出口商品使用的标准主要有国际标准、区域标准、国家标准、团体标准、企业标准等五类。对于我国的出口商品,尽量以我国的标准为依据,或者选用国际标准,如果有把握也可酌情采用外国标准。对于进口商品,一般选用国际标准并结合本国实际情况。

随着国际贸易的迅猛发展,交易日益旺盛,商品的标准不断被制定、修改,同一组织颁布的同种商品的标准往往也存在不同的版本,所以在援引标准时,必须注明标准的版本或年份。例如,我国某公司从国外进口一批青霉素油剂,合同规定该商品品质"以英国药局 1953 年标准为准",但货到目的港后,发现商品有异样,于是请商检部门进行检验。经反复核查,在英国药局 1953 年版本内没有青霉素油剂的规格标准,结果商检人员无法检验,从而使该公司对外索赔失去了根据。

在国际贸易中对于品质变化较大,难以按统一的标准、规格或等级区分品质的农副产品,可采用"良好平均品质"(Fair Average Quality,简称 F. A. Q.)确定其品质。所谓"良好平均品质" 是指在一定时期内,某地出口商品的平均品质水平,这个标准在含义上很笼统,而且不明确,在国际上并不统一,一般是由装运地同行业公会或检验机构,从一定时期内当地各批装运货物中分别抽出少量货物加以混合搅拌,该批混合商品的品质即代表该时期的平均品质。

我国出口农副产品也采用 F. A. Q. 表示品质,俗称为"大路货",品质标准一般以我国某产区当年生产的该项农产品的平均品质为依据。采用 F. A. Q. 表示商品品质并不十分明确,为了避免产生争议、引起纠纷,在采用 F. A. Q. 表示商品品质时,应列明货物的主要规格。

对于品质极不稳定的冷冻鱼虾和木材的买卖,可采用"尚好可销品质"(Good Merchantable Quality,简称 G. M. Q.)来表示,解释为"品质尚好,适合销售",这也是一种笼统的规定,含义不清,容易引起纠纷,在国际贸易中应谨慎使用。

(4)凭商标或牌名买卖(Sales by Trade Mark or Brand)。商标是生产或经营者用来识别其所生产或出售的货物的标志,通常是由一个或几个具有特色的词汇、字母、数字、图形或图片组成;品牌是指工商企业给其制造或销售的产品所冠的名称,以便与其他企业的同类产品区别开来。凭商标或牌名买卖是指在国际贸易中,使用交易商品的商标或牌名来表示商品品质的方法,此种方法适合于那些品质比较稳定、在国际市场上已经确立了良好品牌信誉的商品,只要提及这种商品的商标或牌名,无需提供商品的规格等级即可知道商品的品质。例如飞利浦电器、海尔电器、西门子电器、耐克运动服、李宁运动系列、欧米茄手表等等。如果同一商标或牌名的商品有不同的型号和规格,在列明商标或牌名的同时应该加注商品的具体规格和等级,以免带来不必要的麻烦。

(5)凭产地名称买卖(Sales by Name of Origin)。对于某些土特产品,其生产受自然条件以及传统的生产工艺影响较大,具有较强的地区性特点,对于这类商品,可以采用凭产地名称买卖。比如景德镇陶瓷、四川榨菜、哈尔滨红肠、青岛啤酒等等。

(6)凭说明书和图样买卖(Sales by Descriptions and Illustrations)。对于一些复杂的机器、仪表、大型设备等商品,其结构复杂、功能繁多,操作、安装、使用、维修的流程也比较复杂,简单的说明、指标无法说清商品的品质,此时可以以说明书并附以图样、图片、设计图或分析表及各种数据,来说明具体的性能及构造的特点。

(三)合同中的品质条款

合同中的品质条款是构成商品说明的重要组成部分,是买卖双方交接货物的一项重要依据。品质条款的主要内容包括商品的品质和表现品质的方法。凭标准买卖时,还应注明采用的标准和标准的版本。凭样品买卖时,应该列明样品的编号和寄送日期。对于一些农副产品的交易,应该灵活的规定品质条款,如果对品质条款规定的过死就会给卖方履行合同带来困难,可以在合同中规定品质机动幅度条款和品质公差。

1.品质机动幅度。品质机动幅度即允许卖方交货的品质在一定范围内浮动。只要卖方交货品质在此范围内就算按合同规定提交货物,买方无权提出异议。品质机动幅度通常有三种规定方法:

(1)规定范围。即允许货物品质发生差异的范围,例如:

品质:漂布,幅宽35~36英寸,即只要漂布的幅宽在35英寸至36英寸之间,就算卖方按合同规定交货。

(2)规定极限。即规定商品品质规格的上、下极限,例如:最大、最小,最高、最低,最多、最少等等。例如:

品质:东北大豆,含油量最低60%,水分最高15%,碎粒最高35%。

(3)规定上、下差。即规定商品品质的上、下差异幅度,例如:

含绒量18%,上、下1%。

2.品质公差。品质公差是指国际同行业工会所公认的品质公差,即允许卖方交货品质可高于或低于一定品质规格的误差。品质公差是工业品在生产过程中不可避免产生的,是绝对存在的,与科技水平和经济发展水平相关。例如手表每天可误差多少秒等。对于国际上公认的误差,即使不在合同中规定,只要卖方交货品质在这个公差范围内,就算卖方完成了交货义务,买方不可拒收货物或提出损坏赔偿。对于尚未被国际上公认的误差则需双方事先约定。

商品的品质会影响商品的使用价值和价值,对于品质出现差异后如何作价,国际上通常有以下两种做法:

一是按合同作价。通常情况下,只要卖方交货的品质差异在合同规定的机动幅度内或公差范围内,不另行作价,仍按合同价格计收。

二是订立品质增减价条款。即按品质差异范围重新计价,具体方法有三:

1. 对于机动幅度内的品质差异,可按交货实际品质与规定品质的差异相应增价或减价。例如:含油量每增减1%,价格相应增减1%。

2. 只对低于标准品质的幅度予以减价,高于标准品质的幅度不予增价。

3. 对于低于标准品质的幅度,按照低劣的程度,采用不同的扣价方法。例如:低于合同品质规定1%,减价2%;低于合同品质规定1.5%,减价4%。这样可以有效的促使卖方提高交货商品的品质。

(四)订立品质条款应注意的问题

品质条款签订的好坏直接关系到买卖双方合同的履行,关系到双方的经济利益。所以在签订品质条款时,应注意以下几点问题:

1. 品质条款的内容应该明确具体,并有一定灵活性。品质条款的内容必须明确具体、科学,避免使用笼统含糊不清的词句。例如大约、上下、左右以及"好大豆"、"上等桔子"等等。另外品质条款应切合实际,应该根据商品特性合理使用品质机动幅度和品质公差条款,这样才能有利于合同的顺利履行。以大豆为例,如果只规定一个绝对的含水量如13%,没有丝毫伸缩余地,这在实际交货时是很难做到的,而且也是不科学的。

2. 应该尽量选用一种方法表示商品的品质。在签订品质条款时,凭样品与凭文字说明表示品质的方法不宜混用。如果用一种方法即可充分表示商品的品质就无需选用两种方法表示,以免带来麻烦。如果需要即用文字说明表示又用样品表示应该注明以什么作为卖方交货、买方验货的最后依据。

3. 合理选用品质表示的方法。应该根据商品的特性,合理选择表示品质的方法,凡是能用科学的指标来表示品质的商品,不宜采用凭样品买卖,应该选用凭标准、规格或等级买卖,而对于规格难于标准化的商品则适合于凭样品买卖,如工艺品。对于复杂的机电设备则应选用凭说明书买卖,具有地方特色的商品则应选用凭产地买卖,而对那些品质较好,在国际上有一定市场,深受消费者喜爱的商品可选用凭品牌买卖。

第二节 数量条款

商品的数量条款是国际货物买卖合同中的重要条款,是买卖双方交接货物和检验货物的重要依据。本节介绍了在合同中规定数量的方法及应该注意的问题,介绍了关于公量的计算以及溢短装条款的使用等等。

国际货物买卖是一定数量的货物和一定金额的货币相交换,商品的数量条款是合同中的重要条款,是履行合同的重要依据。按照《联合国国际货物销售合同公约》的规定,卖方交货数量必须与合同规定相符,如果卖方交付货物的数量大于合同规定的数量,买方可以收取也可以拒绝收取多交部分的货物。如果买方收取多交部分货物的全部或一部分,则必须按合同价格付款。如果卖方交货数量少于约定的数量,卖方应该在规定的交货期届满前补交,但不得使买方遭受不合理的不便或承担不合理的开支,即使如此,买方也有保留要求损害赔偿的权利。

一、商品数量的计量单位

在国际贸易中,交易商品的种类繁多,性质各异,再加上不同的国家使用不同的度量衡制度,所以商品的计量单位也有很多,主要有以下几种:

(一)重量(Weight)

重量是最常使用的一种计量单位,大多数的农副产品、矿产品以及部分工业品都是采用按重量计算,如羊毛、矿砂、黄豆等等。常用的重量单位有:克(Gram)、千克(Kilogram)、公吨(Metric Ton)、长吨(Long Ton)、短吨(Short Ton)、磅(Pound)、盎司(Ounce)、克拉(Carat)等。

国际上主要有四种度量衡制度,公制、英制、美制和在公制基础上产生的国际单位制。采用不同的度量衡制度,使用的计量单位并不相同。例如重量单位"吨",使用公制的国家采用"公吨",使用英制的国家采用"长吨",美制的国家采用"短吨",它们之间的换算关系如下:

1 公吨 = 1000 公斤 = 2204.6 磅

1 长吨 = 1016 公斤 = 2240 磅

1 短吨 = 907 公斤 = 2000 磅

(二)个数(Number)

大多数的工业制品和一些土特产品都是采用个数计量,如日用消费品、机械制品以及轻工业产品等。常见的个数单位有:件(Piece)、个(Piece)、双(Pair)、打(Dozen)、张(Piece)、台(Unit)、量(Unit)、包(Bundle)、袋(Bag)、罗

(Gross)、令(Ream)、卷(Roll)、套(Set)、箱(Case)、盒(Box)等等。

(三)长度(Length)

长度单位适用于金属绳索、布匹等商品的交易,常用的长度计量单位有:米(Meter)、厘米(Centimeter)、码(Yard)、英尺(Foot)、英寸(Feet)等。

长度单位的换算如下:

1 米 = 100 厘米 = 1.094 码 = 3.2808 英尺 = 39.3701 英寸

(四)面积(Area)

面积单位常用于木板、地毯、皮革、玻璃等商品的计量,比较常用的面积单位有:平方米(Square Meter)、平方码(Square Yard)、平方英尺(Square Foot)等。

面积单位的换算如下:

1 平方米 = 10000 平方厘米 = 1.196 平方码 = 10.7639 平方英尺 = 1550 平方英寸

(五)体积(Volume)

木材、天然气、化学气体的交易通常采用体积为计量单位,主要的体积计量单位有:立方米(Cubic Meter)、立方码(Cubic Yard)、立方英尺(Cubic Foot)等。

体积单位的换算如下:

1 立方米 = 1000000 立方厘米 = 1.303 立方码 = 3535.3147 立方英尺
= 61024 立方英寸

(六)容积(Capacity)

一些液体商品,如石油、酒类和谷物等流体商品通常采用容积计量,常用的容积单位有:公升(Liter)、加仑(Gallon)、蒲式耳(Bushel)等。

容积单位的换算如下:

1 升 = 0.22 英制加仑 = 0.264 美制加仑

二、重量的计算方法

在国际贸易中,最主要的计量单位就是重量,重量的计算方法主要有以下几种:

(一)按毛重计算

毛重(Gross Weight)是商品本身的重量加上商品外包装的重量,即净重(Net Weight)和皮重(Tare Weight)之和。按毛重计算一般适合于那些大宗低值的货物,如粮食、饲料等等。

(二)按净重计算

净重(Net Weight)是指商品本身的重量,即不包括商品的皮重,净重是国际贸易中比较常见的计算重量的方法。在国际贸易中,有些价值较低的农产品的贸易,有时也用“以毛作净”的办法计算,这种以商品的毛重当做净重作为计算重量的方法在国际贸易中称为“以毛作净”(Gross for Net)。在计算净重时,通常是以商品的毛重减去商品的皮重。在交易时,计算皮重的方法主要有四种:

1. 实际皮重(Actual Tare)。对全部商品的包装逐一称量后求得的重量即为实际皮重。这是一种比较精确的皮重计量方法。

2. 平均皮重(Average Tare)。从全部商品中抽取若干件称出各件皮重,然后用总重量除以件数即可求出平均皮重。有些商品的包装材料和规格比较统一,采用平均皮重进行计量比较普遍,也更方便。

3. 习惯皮重(Customary Tare)。对于材料、规格比较标准的包装,其重量也被公认,在实际业务中不必每件重复称量,只需按公认的皮重即可。例如,标准装运粮食的机制麻袋,习惯的皮重为每只 2.5 磅。

4. 约定皮重(Computed Tare)。约定皮重是指以买卖双方预先约定的重量作为商品的皮重,不需经过称量。

如果合同中没有明确规定是采用毛重还是净重计量时,按惯例应采用净重计量。

(三)按公量计算

公量(Conditioned Weight)是指用科学的方法抽去商品中的水分,然后加上标准的含水量求得的重量。公量适合于经济价值较高,吸水能力强使得含水量极不稳定的商品,如羊毛、棉花、生丝等产品。公量的计算公式为:

$$\text{公量} = \text{货物干量} \times (1 + \text{标准回潮率})$$

或

$$\text{公量} = \text{货物实际重量} \times \frac{1 + \text{标准回潮率}}{1 + \text{实际回潮率}}$$

货物的干量是指货物抽掉水分的重量。

回潮率是指水分与干量的比重。

标准回潮率是交易双方约定的或公认的商品水分与干量的比重。

实际回潮率是商品中实际水分与干量的比重。

国际上公认的羊毛、生丝的标准回潮率为 11%。

(四)按理论重量计算

理论重量(Theoretical Weight)是指有固定规格和标准尺寸的商品只要规格一致,尺寸相同,其重量基本相同,则可根据件数、长度或面积等单位计算出其重量,例如钢板、马口铁等。

三、数量条款的基本内容

国际货物买卖合同中数量条款的基本内容主要包括成交商品的数量和计量单位。如果采用重量作为计量单位,还应注明计算重量的方法。

某些农副产品和矿产品,如粮食、化肥、煤炭,由于其商品本身的特性再加上运输工具容量的限制,卖方实际交货的数量很难与合同规定的数量相符,如果合同将交货数量规定的过于固定,就会给卖方履行合同带来很大的困难。为了避免纠纷,应该在合同中规定数量机动幅度条款,允许卖方交货数量有一定的灵活幅度,只要卖方交货数量在约定的幅度范围内,就算按合同规定交货,买方不得以交货数量不符为由拒收货物或者提出损害赔偿。

数量机动幅度条款主要有两种:一是溢短装条款,二是"约"量条款。

(一)溢短装条款(More or Less Clause)

溢短装条款是指在合同中的数量条款里明确规定允许增减的百分比,即允许卖方交货时多装或少装合同中的规定幅度。这样,卖方交货时就比较灵活,可根据船舶的装载能力以及生产情况灵活安排交货数量,避免履行时带来不便。根据国际商会《跟单信用证统一惯例》(600 号出版物)(Uniform Custom and Practice for Documentary Credit),简称《UCP600》的规定,对合同未规定数量机动幅度的散装货,除非信用证规定货物的指定数量不得有增减外,在所支付款项不超过信用证规定金额的条件下,货物数量准许有 5% 的增减幅度。但是当信用证规定数量以包装单位或个数计数时,此项增减幅度则不适用。

合同中的溢短装条款应该包括三方面内容:

1. 溢短装的幅度。应该明确规定溢装和短装的百分比。

2. 溢短装的选择权。即应规定溢短装由卖方决定还是买方决定,在国际贸易中,一般由卖方选择溢装或短装,但有时在买方租船订舱的情况下,也可由买方根据船舶的运载能力选择。

3. 溢短装部分的作价。应该在合同中注明溢短装部分的作价方法。在实际业务中,对于溢短装部分的商品往往采用按合同价格计算的方法。但为了防止有选择权的一方故意多装或少装而获取额外的利益,有时也在合同中规定增减部分的商品按市场价格计算。

例如:数量:300 公吨,增减 4%,由卖方决定,增减部分按合同价格计算。

Quality:300 metric tons, more or less 4%, at sellers' option, such excess or deficiency to be settled at contracted price.

(二)"约"量条款(About Clause)

"约"量条款即在合同的交货数量前加上"约"字,表明卖方的实际交货数量可以有一定的灵活性。在国际上,不同国家对"约"量的解释并不一致,有的解释为 2%,有的解释为 5%,有的解释为 10%,为了避免产生争议,应该预先取得一致并且签订在合同中。按照国际商会《跟单信用证统一惯例》(600 号出版物)的规定,凡"约"、"大约"或类似意义的词语用于信用证金额或信用证所列数量或单价时,应解释为允许对有关金额或数量单位有不超过 10% 的增减幅度。

四、订立数量条款应注意的问题

(一)合理掌握成交商品的数量

商品数量的多少,是制定单价和计算总值的重要依据,不仅关系到交易规模的大小,而且是影响价格和其他交易条件的重要依据,进而会影响进出口商人的经济利益。因此,在订立数量条款时,应该灵活的确定成交商品的数量,基本原则如下:

1. 应该符合国家的对外贸易战略。对于国内市场缺乏的原料和商品,应该主动控制出口数量,保证国内的供应,对于市场行情较好,经济效益较高的原料和商品应该积极联系客户,扩大出口数量。

2. 应该根据进口市场的需求,保持均衡、经常性供应。商品的供求影响商品的价格,供应小于进口市场的需求,价格会上涨,但此时其他国家的相同或相似产品可能会趁机挤入市场;供应过大,大于进口市场的需求,价格可能会下跌,影响出口效益。应此,应该根据进口市场的需求,保持经常性、均衡的供应,尤其是经常使用的日用消费品。

3. 商品的数量应该适应季节性的需要。不同的商品有着不同的消费季节,对于季节性较强的商品,应该应季销售、及时供应,例如欧洲国家的圣诞节礼品、食品的供应,新学期开学前文教用品的供应,冬季棉衣、棉帽的供应等等。

(二)数量条款的内容应明确具体

对于数量条款中的数量、计量单位、计算方法以及机动幅度等应该明确具体的规定,避免含糊不清的规定,一般不宜采用"大约","近似","左右"等带有伸缩性的字眼来说明成交数量。在确定计量单位时还应该注明选用的度量衡制度,是选用公制、英制、还是美制;计算重量时,是采用毛重计算,还是采用净重计算等等。

例如,我国某出口公司与日本客商当面谈妥出口大米 2000 公吨,每公吨 280 美元 FOB 大连。但在签约时合同上只是笼统地写了 2000 吨,我方销售员认为合同上的吨与公吨是同一个单位。然而,履约时日本客商则来证要求我方按长吨供货。如果我方按长吨供货,则在合同总价款不变的情况下要多交货物,损失一些利润;若按照合同的规定交货,则我方提供的单据又会与信用证中数量的要求不符,无法议付。

(三)数量机动幅度大小要适度

对于数量不稳定的农副产品和矿产品应该规定数量机动幅度条款,并且要根据商品的特点、运输工具运载能力的限制合理的确定幅度范围,对于溢短装的选择权以及溢短装部分的商品作价方法也要明确规定,以免履行合同时产生不必要的麻烦。

第三节　包装条款

包装条款是买卖合同中的重要交易条件，按照一些国家的法律解释，如果一方违反了所约定的包装条件，另一方有权提出索赔，甚至可以拒收货物。《联合国国际货物销售合同公约》规定，卖方须按照合同规定的方式装箱或包装；如果合同未规定，货物按照同类货物通用方式装箱或包装；如果没有此种通用方式，则按照足以保全和保护货物的方式装箱或包装。

一、货物的分类

在国际贸易中，交易商品的种类繁多、形态各异，有些商品不需要包装，而有些商品必须经过包装。按照是否需要包装为标准，可以将货物分为三类：

(一)散装货物

散装货物(Bulk Cargo)是指不需要经过包装，可以直接置于运输工具上的货物，这类货物多为大宗的不易损坏的货物，或不易、不值得包装的货物，如小麦、杂粮、煤炭、生铁、石油等产品。

(二)裸装货物

裸装货物(Nuded Cargo)是指形态上自然成件数，不需加包装材料，或只需用绳索、钢丝略加捆扎即可成件的货物，裸装适合于那些品质比较稳定，不易受外界条件影响的难以包装或不需包装的货物，如钢材、车辆等。

(三)包装货物

包装货物(Packed Cargo)是指必须经过一定包装才能进入市场的货物，大多数的日用消费品和工业制成品都需要包装。

二、货物包装的作用

大多数商品都是需要经过包装的，包装是指采用科学的方法，使用一定的包装容器或包装材料包裹货物。凡是需要包装的货物必须经过包装才能进入流通领域和消费领域，实现商品的价值和使用价值，在当前国际市场竞争十分激烈的情况下，许多国家都把改进包装作为加强对外竞销的重要手段之一。

商品的包装主要有以下三方面的作用：

(一)保护性

保护性是商品包装最重要的作用。合理的包装可以保护商品在流通过程中品质完好和数量完整。在国际贸易中，买卖双方身处异地，远隔重洋，货物从卖方国家运到买方国家,往往要经过长途运输,在运输过程中又可能经过多次的装卸和搬运,再加上运输途中气候变化无常,为了保护运输途中商品品质完好和数量完整,必须对货物进行牢固、科学的包装,避免货物受潮、受热、破碎、振动,而且坚固的包装还可以有效的防止货物的丢失,进出口双方应该根据交易商品特性合理的选择货物的包装。

(二)便利性

便利性也是商品包装的一个重要作用,经过适当包装的商品有利于运输、装卸、储存、保管、计数和销售。可根据商品的特性,将货物进行单件包装或集合包装,这样既可以方便装运,也可以提高工作效率,节省包装费用。另外有些商品的销售包装出于便利消费者使用的考虑,采用合理的包装方式,方便了消费者的选购和携带。

(三)商业性

在现代商业经济中,商品包装的商业性作用越来越明显,好的包装不仅可以保护商品、便利使用,更具有美化商品、抬高商品价值和提高商品国际竞争力的作用,并在一定程度上显示出口国的科技、文化艺术水平。好的包装可以激起消费者的购买欲望,在现代超级市场中,良好的包装扮演了无声售货员的角色。在具体业务中,可以选择科学合理的包装以节省开支、扩大销售、增加外汇收入。

三、商品包装的种类

根据商品包装在流通中所起的作用不同,可以把商品的包装分为运输包装和销售包装两大类。

(一)运输包装

运输包装俗称大包装或外包装,是指为了满足货物运输、装卸、存储需要而进行的包装。运输包装具有保护产品安全、方便储运、装卸等作用。按包装方式的不同,运输包装可以分为:

1. 单件运输包装。单件运输包装是指货物在运输过程中作为一个计件单位的包装。单件运输包装按其形态不同可以分为:箱(Case)、桶(Drum)、袋(Bag)、罐(Can)包(Bale)、捆(Bundle)等等;按其使用的材料不同,又可分为纸箱(Carton)、木箱(Wooden Case)、铁箱(Iron Case)等等。

2. 集合运输包装。集合运输包装是为了适应运输、装卸、存储的需要,将若干个单件运输包装组合成一件大包装。集合运输包装适应了现代化运输和装卸的要求,提高了运输和装卸效率,保护了商品,节省了费用。常见的集合运输包装有集装箱、集装包和集装袋、托盘几种。

(1)集装箱(Container)。集装箱是一种用钢板、木板等材料组合制成的长方体大箱子，可以反复地使用。集装箱的出现被誉为是“二十世纪运输史上的一次革命”，它既是一种货物的运输包装，又是运输工具的重要组成部分。

国际上通用的集装箱共有 13 种型号，其中较常使用的主要有 20 英尺（8 × 8 ×20 英尺）和 40 英尺（8 ×8 ×40 英尺）的集装箱。为了适应不同商品特性的需要，集装箱内配有冷冻与冷藏设备、通风设备，并且配有装货、出货的孔道，极大地便利了货物的装卸。

集装箱的使用极大地便利了货物的运输、装卸，加速了运输工具的周转，降低了费用，减少了货损货差，有效地保护了货物不受损坏，为实现运输和装卸的现代化提供了条件。但是，集装箱的使用对码头的要求很高，需要现代化的装卸设备才能使用。

（2）集装包和集装袋（Flexible Container）。集装包和集装袋是指用合成纤维或复合材料编织成的圆形大口袋或者是方形的大包，一般是由具有一定强度和韧性的可折叠的树脂布、化纤布、塑料布等材料做成。使用不同的材料其容量有所不同，一般在 1 公吨至 4 四公吨之间，最大可容纳 13 公吨，适合于粉状、颗粒状、块状的矿产品和化工产品，也适合于装载已经包装好的袋装多件商品。集装包和集装袋有一次性使用的，也有可回收重复使用的。

（3）托盘（Pallet）。托盘是指用塑料、木材或金属制成的托板，可以将货物堆放在托板上，然后用塑料薄膜、箱板或金属绳索加以固定。托盘有平板托盘、箱形托盘和柱形托盘等，可以有效的保护商品，减少货损货差，具有便利运输、简化包装手续等特点。

（二）销售包装

销售包装又称为小包装或内包装，是指为了适应销售使用的需要，直接接触商品并随商品与消费者一同见面的包装。销售包装不仅可以保护商品品质的完好和数量的完整，还可以起到美化商品，促进消费的作用，便于消费者的使用、存放、携带等。有些商品只有进行了销售包装才算完成了生产过程，才能进入流通和消费领域，例如液体饮料类、食品类，还有胶卷等等，必须经过一定的包装才能保证其效用。

1. 销售包装的种类。良好的销售包装不仅具有保护商品的作用，更具有促进消费的作用。可以根据商品的特性和形状，采用不同的包装材料和不同的造型结构与式样。销售包装按照其形式和作用不同可以分为：

（1）堆叠式包装。这种包装的特点是包装品顶部和底部都设有吻合装置，使商品在上下堆叠过程中可以相互咬合，物品在存放时稳定性强，而且大量堆叠可以节省货位，常用于听装的食品罐头或瓶装、盒装类商品。

（2）挂式包装。这种包装是可以在商店货架上悬挂展示的包装，其特点是商品包装上配有吊钩、吊带、挂孔、网兜等,可充分利用货架的空间陈列商品,也可便于消费者的携带。

(3)易开包装。这种包装容器上有严密的封口结构,目的是为了方便消费者的使用,不需另备工具即可容易地开启包装,例如易拉罐、易开瓶和易拉盒等。

(4)便携式包装。是指包装造型和大小的设计均适合消费者携带使用的包装,如有提手的纸盒、塑料拎包等。

(5)喷雾包装。在气密性容器内,当打开阀门或按压按钮时,内装物由于推进产生的压力能喷射出来的包装。例如杀虫剂、清洁剂、香水、空气清新剂等的包装。

(6)单位包装。又称一次用量包装、专用包装或方便包装,以使用一次为目的的较简单的包装。如一次用量的药品、饮料、调味品等。

(7)配套包装。将消费者在使用上有关联的商品搭配成套,装在同一容器内的销售包装。如工具配套袋、成套茶具的包装盒、牙膏牙刷在一起的包装等。

(8)礼品包装。礼品包装设计精美、造型美观大方,有较高的艺术性,有的还使用彩带、花结、吊牌等。使用礼品包装的商品范围极广,如化妆品、食品、工艺品、滋补品和玩具等。

2. 商品的条形码标志。近年来,随着计算机应用的不断发展,条形码的应用得到了很大的发展,目前,世界上许多国家都在商品包装上使用条形码。条形码(Product Code)是一种产品代码,是由宽度不同、反射率不同的条和空,按照一定的编码规则(码制)编制成的,用以表达一组数字或字母符号信息的图形标识符。即条形码是一组粗细不同,按照一定的规则安排间距的平行线条图形。常见的条形码是由反射率相差很大的黑条(简称条)和白条(简称空)组成的,只要将条形码对准光电扫描器,计算机就能自动地识别条形码的信息,确定品名、品种、数量、生产日期、制造厂商、产地等相关信息,大大提高了商品管理效率。

四、包装标志

为了便于货物交接、运输、存储、装卸,在商品的包装上要书写、印制一定的图形、文字和数字,即所谓的包装标志。按用途可以将包装标志分为运输标志、指示性标志和警告性标志三种:

(一)运输标志

运输标志(Shipping Mark),通常称为“唛头”,指用几何图形、数字和字母刷在商品的外包装上,以提醒有关部门在运输、装卸、管理货物过程中识别货物,以免错发漏发。

传统的运输标志主要由以下几个方面构成:

1. 收货人或发货人的标志。一般由三角形、圆形、菱形、方形等几何图形加上简单的英文字母缩写组成;

2. 目的地的标志。目的地的名称一般不能用字母缩写表示,应该注明全称,如果地点有重名,还应标明地名所属的国家,以免错发错运。

3. 件号标志。表示每件货物的编号,例如:NO. 2 - 50,表明该批货物总共50件,该件为第二件。

除此之外,运输标志还可以有合同号码、信用证号码,以及货物的体积、重量标志等等。

为了适应电子计算机在国际贸易中的应用,联合国欧洲经济委员会在国际标准化组织和国际货物装卸协调协会的支持下,制定了一套"标准运输标志",于1979年向各国推荐使用。"标准运输标志"取消了传统运输标志中几何图形的使用,规定使用四行标志,每行不得超过17个字符,可使用A到Z的字母和0至9的阿拉伯数字。这四行标志的内容为:

(1)收货人的英文缩写;

(2)合同号或信用证号;

(3)目的港的名称;

(4)件号。

如:MMTC ——————————收货人的代号
0800000325 ——————————参考号
New York ——————————目的地
6/30000 ——————————件数代号

(二)指示性标志

指示性标志(Indicative Mark)是指对容易破碎、残损、变质的货物,使用简单的文字、字母和图形来提示人们在运输、装卸和管理货物的过程中注意。指示性标志又称安全性标志、保护性标志,一般印成黑色字体。常见的指示性标志有:

此端向上	THIS SIDE UP
保持干燥	KEEP DRY
小心轻放	HANDLE WITH CARE
切勿乱摔	DO NOT DROP
暗处存放	KEEP IN DARK PLACE
易碎物品	FRAGILE
此处打开	OPEN HERE
切勿受热	STOW AWAY FROM HEAT
切勿平放	NOT TO BE LAID FLAT

切勿倒置　NO TURNING OVER

切勿挤压　DO NOT CRUSH

切勿投掷　NO DUMPING

请勿用钩　USE NO HOOKS

必须平放　KEEP FLAT

重心点　CENTER OF GRAVITY

从此处吊起　SLIDING HERE

部分指示性标志如图 9 – 1

图 9 – 1　指示性标志

(三)警告性标志

警告性标志(Warning Mark)是指在装有爆炸品、易燃物品、有毒物品、腐蚀物品和放射物品等危险货物的运输包装上清楚明显的用文字、字母和图形表示各种危险标志的说明。常见的指示性标志有：

有毒品	POISON
易燃气体	INFLAMMABLE GAS
爆炸品	EXPLOSIVES
腐蚀品	CORROSIVES
放射物品	MATERIAL RADIOACTIVES
危险物品	HAZARDOUS ARTICLE
氧化剂	OXIDIZING MATERIAL
易燃压缩气体	INFLAMMABLE COMPRESSED GAS

部分警告性标志如图 9 - 2。

在制作指示性标志和警告性标志时，应该尽量选用国际上通用的标准，便于各国相关业务人员识别。

五、中性包装和定牌

在国际贸易实践中，往往根据客户的要求采用中性包装和定牌生产两种做法。

（一）中性包装

中性包装(Neutral Packing)，是指在商品包装和商品本身既不注明生产国别、地名和厂商名称，也不注明商品的商标或牌号。常见的中性包装又分为无牌中性包装和定牌中性包装两种。

1. 无牌中性包装。即在商品的包装和商品本身不注明生产国别和厂商名称，也不使用任何的商标和品牌。

2. 定牌中性包装。即在商品的包装和商品本身不注明生产国别和厂商名称，但是在包装或商品上使用买方指定的商标和牌号。

使用中性包装是国际贸易中的一种习惯做法，目的是为了打破某些进口国家与地区的关税和非关税壁垒，避开进口国的某些歧视性、限制性措施，以及适应国外交易的特殊需要，例如转口贸易，它是出口国家厂商加强对外竞争和扩大出口的一种手段。

（二）定牌

定牌是卖方按买方要求在其出售的商品或包装上标明买方指定的商标或牌号，这种做法叫定牌生产。卖方采用定牌生产的目的是为了利用买方的经营能力以及买方的品牌声誉和商业信誉，进而扩大商品的销量、提高商品的售价。在我国的出口业务中，可接受买方的定牌生产，具体做法有以下几种：

1. 采用买方指定的商标或牌号，但在其商标或牌号下要标注“中国制造”字样。

2. 采用买方指定的商标或牌号，而不标明生产国别和出口厂商名称。

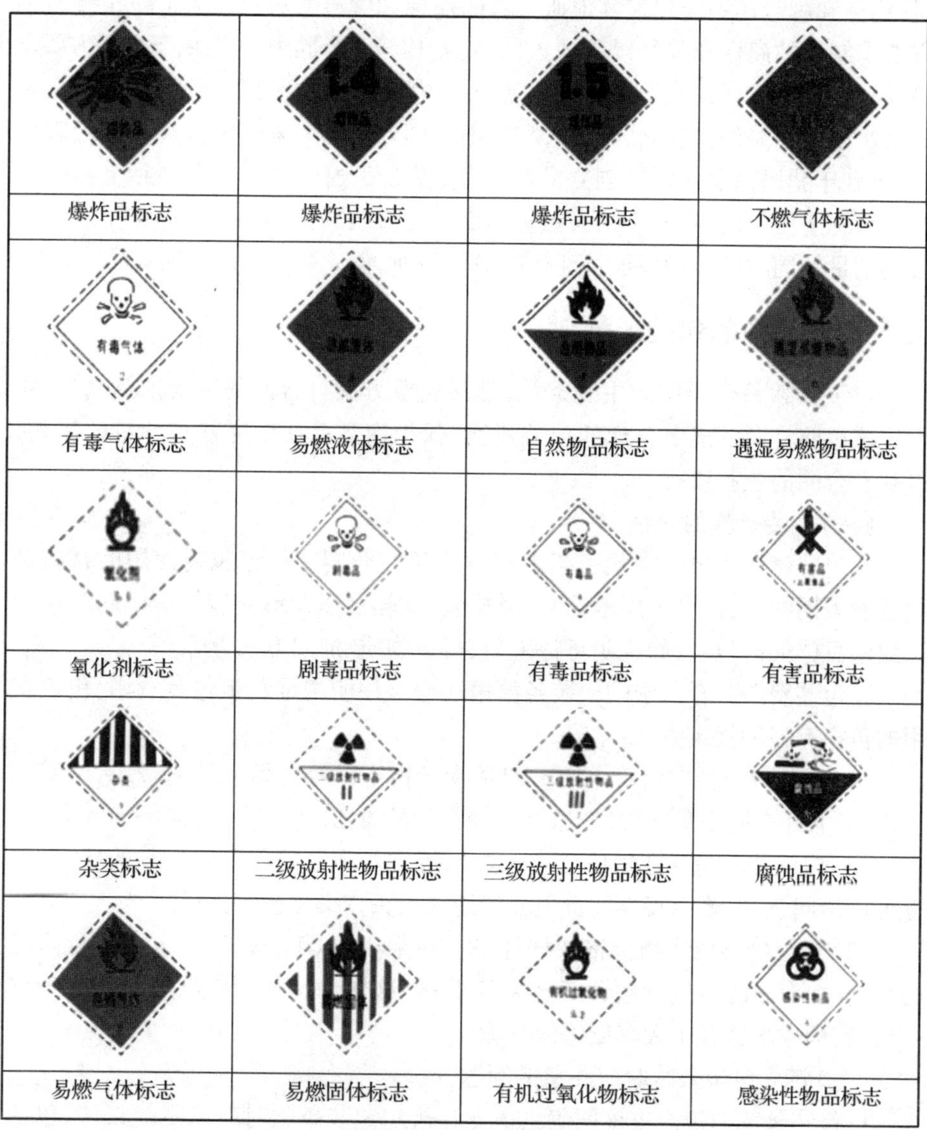

图 9-2　警告性标志

3. 标明我国的商标或牌号,同时也加注国外商号名称或表示其商号的标记。

（三）采用中性包装和定牌应注意的几个问题

1. 要注意买方指定的商标有没有违法行为和侵权行为。采用定牌生产即是按照买方指定的商标或牌号进行生产,要特别注意买方指定的商标和牌号不是违法的,一切有反动思想的、迷信的、丑恶的商标和牌号一律不得接受。同时，商标和牌号还不能侵害其他所有者的商标和牌号所有权。为了防止按照买方要求制作的商标和牌号侵犯他人的权益，应该在合同中定明：由于按买方要求设计的商标和牌号侵犯了他人的权益所引起的后果由买方承担，与卖方无关。

2. 争取在海外树立品牌信誉，牢固把握国外市场。采用中性包装和定牌生产，不利于我国商品在国外创立品牌，一般是在我国商品尚未在国际上占领市场的情况下使用的，不利于扩大销量和获取更多的经济利益。所以在不断扩大市场销量的同时应该积极加强商标的海外注册，创立我国产品的国际品牌。

六、合同中的包装条款

包装条款是合同中的主要条款，是买卖双方履行合同的主要依据之一，卖方应该按照合同的规定合理的包装货物，保护商品品质的完好和数量的完整，以利于合同的顺利履行。

(一)包装条款的内容

1. 包装材料和包装方式。买卖双方应该在合同中约定包装使用的材料和包装所采用的方式，如采用木箱装、纸箱装、铁箱装以及麻袋装等等。同时还应该明确具体如何包装，如说明每件重量、衬垫物质、加固方式等等。

2. 包装费用。合同中的包装条款里还应该注明由谁负担包装费用，包装费用的负担有三种规定方法：

(1)包装费包括在货价之内。即货物价格中已经包括包装的费用，由卖方负担，无需在合同中另行规定，这是比较常用的方法。

(2)包装费不包括在货价之内。如果买方对商品的包装有特殊的要求，我方可酌情同意，但要由买方负责包装费用或由买方提供包装材料。

(3)包装材料按货物价格一样计算。在采用“以毛作净”的方式计量商品的重量时，商品的重量就包含了包装的重量，这样包装的价格就与商品的价格一致，这种方法适合于大宗低值的货物。

(二)订立包装条款时应注意的问题

1. 包装条款的规定应该明确具体。在规定包装条款时应该明确具体，包括包装方式的选择，包装材料的选用，尽量不要选用含糊不清的词句表示商品的包装，如：适合海运的包装、习惯的包装等等，以免带来分歧产生争议。

2. 包装条款的规定应该符合有关国家和地区的法律规定。有些国家的法律对于包装材料和包装方式有特殊的要求，例如加拿大、美国、新西兰、日本等国规定，禁止使用稻草、报纸、干草做包装衬垫物，以免滋生害虫、寄生虫。那么我们在包装货物时一定要符合这些国家相关法律的规定，否则将会不能输入到这些国家境内。

3. 关于包装费用。如果合同规定由买方支付包装费用和提供包装材料,应该在合同中约定买方支付费用的时间或是提供包装材料的时间,并同时约定,由于买方不及时提供包装费用或材料致使卖方不能正常交货所引起的一切后果由买方承担。

4. 针对不同的商品、不同地区不同的气候条件,对商品包装进行专门的设计。中国台湾的一家公司向中东运送一匹玻璃制品,以木箱作为包装箱,干草作为填充物。等到货物运到目的地时,大部分货物已碎。经调查发现,中东地区的天气比较干燥,当装载货物的木箱运抵中东地区时,木箱里作为填充物的干草里的潮气全散发掉后干草体积变小了,结果在箱子里就有了多余的空隙,运输工具的颠簸致使玻璃制品相互碰撞而破碎。

第四节　价格条款

本节主要介绍了在国际货物买卖中如何确定商品的价格,具体介绍了商品的作价原则、作价方法、影响因素;价格条款中佣金和折扣的使用以及常用贸易术语之间的换算;价格条款的内容和订立价格条款时应注意的问题。

一、进出口商品价格的掌握

正确掌握进出口商品的价格是一项十分复杂并且又是十分重要的工作,要想掌握好成交商品的价格必须正确贯彻我国进出口商品的作价原则,充分考虑影响价格的各种因素,并掌握好作价方法。

(一)进出口商品作价原则

在确定进出口商品的价格时,必须正确贯彻以下三条原则:

1. 以国际市场价格水平为依据作价。国际市场价格水平是进出口商品作价的一个基本依据。国际市场价格是以商品的国际价值为基础并在国际竞争中形成的,受国际市场供求关系的影响。国际市场价格是指一种商品在国际上具有代表性的价格,是交易双方都能接受的价格。主要包括:

某商品主要集散地市场价格,如伦敦谷物市场上的谷物价格;

某种商品主要进口国家或地区的进口价格;

某种商品主要出口国家或地区的出口价格。

2. 贯彻国别(地区)政策作价。进出口商品在围绕国际市场价格水平作价的前提下,还要结合我国的对外经济政策,贯彻国别(地区)政策来作价,对于某些国家的价格可以适当高于国际市场价格水平,或者低于国际市场价格水平。

3. 结合购销意图作价。在对外报价时,还应该结合外贸企业的具体购销意图来作价。推销过剩商品可以适当降低商品的价格，开拓新产品的销路也可以适当降低商品的销售价格，而应季并有竞争力的商品也可以适当抬高商品的销售价格。

（二）影响价格的主要因素

在贯彻商品的作价原则进行作价的同时还应该充分考虑影响商品价格的各种因素，正确订立商品的价格。主要的价格影响因素包括：

1. 商品的品质和档次。作价时应该充分考虑到商品的品质和档次，要体现“质优价高、质劣价低”的原则。包括品质的优劣、档次的高低、品牌的知名度等等。

2. 季节因素。要充分考虑商品销售的季节性因素，销售旺季时可适当加价，过季时可降低价格推销剩余产品。

3. 交货地点和交货条件。不同的交货地点和不同的交货条件直接影响买卖双方承担的风险、责任和费用。例如，运输距离远、风险大时，作为卖方可适当抬高价格；采用 FOB 和 CIF 交货条件作价，价格必应有所不同。

4. 成交数量。按照交易习惯，成交商品的数量大小会影响商品的价格。成交数量大时，价格会有一定的优惠，可以在原价的基础上提供一个折扣。

5. 支付条件因素。在交易中，不同的支付条件会影响双方承担的风险。采用预付货款和货到付款的支付方式，价格就应该有所不同。

6. 软硬币因素。结算货款时，应该尽量采用对自己有利的货币。出口时，尽量选择币值有上扬趋势的硬币，进口时，尽量选择币值有下降趋势的软币。如果争取不到，就要在商品价格上作调整。

（三）进出口商品的作价方法

在国际贸易中，成交商品的种类繁多，性质各异，应该根据商品的不同特性恰当选择商品的作价方法。进出口商品的作价方法主要有以下几种：

1. 固定价格。固定价格是指买卖双方在合同中明确约定成交商品的价格，履约时按此价格结算货款。按照惯例，合同价格一经确定，买卖双方必须严格执行，不得任意变更。这是我国进出口贸易中最常见的作价方法，也是国际上常用的方法。

固定价格明确、具体、肯定，便于双方结算货款，避免了日后因为价格不确定而带来的纠纷。但是，市场行情不是一成不变的，往往是瞬息万变。固定价格一经确定，日后无论市场行情如何变化，双方都不得变更，交易一方要承担签约到合同履行时价格变动的风险。这样，当行情变化过于剧烈时，信誉不好的交易者可能会因亏损过大而故意不履行合同，影响合同的顺利履行。

2. 非固定价格。非固定价格又称“活价”，是指买卖双方订约时不明确规定价格，具体价格日后再根据合同规定确定。这种方法适用于行情变化频繁、价

格涨落不定而且交货期较长的合同。非固定价格作价主要有以下几种做法:

(1)具体价格待定。即在合同中规定作价方式,具体价格日后确定。这种作价方法又可分为:在价格条款中明确规定定价时间和定价方法。例如:"在装船日期前30天,由双方参照国际市场价格水平确定";在价格条款中只规定定价时间而不规定订价方法。例如:"由双方在装船日期前40天协商确定"。这种方式仅规定了作价时间而未规定作价方法,双方在确定价格时可能因作价标准不统一而产生分歧,应该慎用,这种方式适用于有长期业务往来的老客户之间。

(2)暂定价格。即在合同中先订立一个初步价格,作为开立信用证和预付货款的依据,待日后交货期前一段时间由双方确定最后价格后再进行清算,多退少补。例如:"单价:每公吨280美元CIF纽约。此价格为暂定价格,待装船前30天按国际市场价格水平由双方重新确定"。

非固定作价也是双方可变通采用的一种作价方法,它的好处表现在:可暂时解决交易双方在价格方面的分歧;解除客户对价格问题的顾虑;使交易双方在一定程度内排除价格风险,有利于成交、扩大交易。但是,这种先订约后定价的做法易导致合同履行的不稳定性。如双方在作价时无法达成一致意见,合同就会面临无法履行的风险。

3. 部分固定价格,部分非固定价格。为了兼顾买卖双方的利益,解决双方在作价方法方面的分歧,也可以采用部分固定价格、部分非固定价格的定价方法。对于近期交货的商品可采用固定作价方式,远期交货的商品采用非固定作价方式,避免远期交易的风险。

4. 价格调整条款。在国际货物买卖中,对于大型成套设备和船舶等生产周期较长的商品买卖,可以规定"价格调整条款",即买卖双方只在合同中规定初步价格,在交货前按照原材料和工资变化来调整以确定最后的价格。

在价格调整条款中,常用下面的公式调整价格:

$$P = P_0(A + B \cdot M/M_0 + C \cdot W/W_0)$$

其中:P——商品交货时的最后价格;

P_0——买卖双方在签订合同时规定的初步价格;

M——交货时有关原材料的平均价格或指数;

M_0——签订合同时有关原材料的价格或指数;

W——交货时有关工资的平均数或指数;

W_0——签订合同时有关工资的价格或指数;

A——经营管理费和利润在价格中所占的比重;

B——原料在价格中所占的比重;

C——工资在价格中所占的比重;

A、B、C 所代表的比重在签订合同时确定后保持不变。

在订立价格调整条款时，买卖双方应在合同中明确规定，只有当影响价格的各种因素变化超过一定范围时才可调整，否则不予调整。

可见，价格调整条款是按原材料和工资的变化来计算商品的最后价格。在通货膨胀的情况下，实际上是出口商转嫁国内通货膨胀、确保利润的一种手段。这种做法已被联合国欧洲经济委员会纳入它所制定的一些"标准合同"之中，不仅适用于机械设备的交易，还适用于一些初级产品的交易，具有一定的普遍性。

二、主要贸易术语之间的价格换算

在国际货物买卖中，采用不同的价格术语其价格构成要素不同，商品的价格水平也会不同。买卖双方在交易时，经常会根据对方的要求改变原来使用的价格术语重新报价。而使用不同的术语，买卖双方承担的风险、责任和费用大不相同，为此，外贸企业的业务员必须熟练掌握几种常用价格之间的换算，以便在实际工作中灵活运用。

（一）FOB、CFR、CIF 三种价格之间的换算

FOB、CFR 和 CIF 是适合于海洋运输的三种常用术语，FOB 通常被称为成本价，CFR 为成本加运费在内价，CIF 为成本加保险费、运费在内价，三者之间的关系如下：

1. FOB 和 CFR 价格之间的换算

$$\text{CFR} = \text{FOB} + \text{运费}$$

$$\text{FOB} = \text{CFR} - \text{运费}$$

2. FOB 和 CIF 价格之间的换算

$$\text{CIF} = \text{FOB} + \text{保险费} + \text{运费}$$

$$\text{CIF} = \frac{\text{FOB} + \text{运费}}{1 - \text{保险费率} \times \text{投保加成}}$$

3. CFR 和 CIF 价格之间的换算

$$\text{CIF} = \text{CFR} + \text{保险费}$$

$$\text{CIF} = \frac{\text{CFR}}{1 - \text{保险费率} \times \text{投保加成}}$$

（二）FCA、CPT、CIP 三种价格的换算

FCA、CPT、CIP 是在 FOB、CFR、CIF 三种术语基础上产生的适合于任何运输方式的价格术语，三者之间的关系如下：

1. FCA 和 CPT 价格之间的换算

$$\text{CPT} = \text{FCA} + \text{运费}$$

$$\text{FCA} = \text{CPT} - \text{运费}$$

2. FCA 和 CIP 价格之间的换算

$$CIP = FCA + 保险费 + 运费$$

$$CIP = \frac{FCA + 运费}{1 - 保险费率 \times 投保加成}$$

3. CPT 和 CIP 价格换算

$$CIP = CPT + 保险费$$

$$CIP = \frac{CPT}{1 - 保险费率 \times 投保加成}$$

$$保险费 = CIF(CIP)价 \times 投保加成 \times 保险费率$$

按照保险市场的习惯做法,保险金额一般是按照 CIF 价格或 CIP 价格的110%计算,即在发票金额上再加一定的百分比,多加的百分比主要作为买方的预期利润。按《2000 通则》的规定,如果合同中没有明确规定,投保加成比例应不低于 10%,即"加一成",110%即所谓的"投保加成"。

三、佣金和折扣

在合同的价格条款中,往往会涉及佣金和折扣的使用,正确的使用佣金和折扣有利于灵活掌握商品的价格,提升出口产品在国际市场上的竞争力。

(一)佣金

1. 佣金的含义。在国际货物买卖中,有些交易是通过中间商完成的,中间商因介绍买卖而获取的酬金即为佣金(Commission)。佣金可以由买方支付,也可以由卖方支付,买方支付给中间商代为采购的佣金称为购货佣金,卖方支付给中间商代为售货的佣金称为销售佣金。

凡是价格中含有佣金的,称为含佣价;价格中不含佣金的,称为净价;佣金占含佣价的比率,称为佣金率。合同价格条款中明确规定了佣金的百分比,称为"明佣";在合同价格条款中不规定佣金的百分比,而由双方另行约定佣金比率的,称为"暗佣"。

2. 佣金的规定方法。在实际业务中,通常有三种方法规定佣金:

(1)用文字来表示佣金。例如:每公吨 200 美元 CIF 纽约包含 3%的佣金。

(2)用字母"C"来表示佣金。可以用佣金(Commission)的英文缩写字母"C"来表示,放在价格术语中字母缩写和地点之间,同时列明佣金的百分比,例如:每公吨 200 美元 CIFC3%纽约。

(3)用绝对数来表示佣金。例如:每公吨支付佣金 6 美元。

3. 佣金的计算。在实际业务中,按照交易习惯,佣金都是按成交金额(发票金额)乘以佣金率来计算的。例如,CIF 的发票金额为 20000 美元,佣金率为3%,则应支付佣金 600 美元(20000×3%)。

关于佣金的计算公式如下：

$$佣金 = 含佣价 \times 佣金率$$

$$\begin{aligned} 净价 &= 含佣价 - 佣金 \\ &= 含佣价 - 含佣价 \times 佣金率 \\ &= 含佣价(1 - 佣金率) \end{aligned}$$

所以，假如已知净价，则含佣价的计算公式为：

$$含佣价 = \frac{净价}{1 - 佣金率}$$

[**例**]我某出口商品对外报价为每公吨200美元CFRC3%纽约。试计算CFR净价和佣金各为多少？若客户要求将佣金率提高至5%。在保证出口净收入不减少的前提下，试问CFRC5%应报何价？

解：$CFR净价 = CFRC3\% \times (1 - 佣金率) = 200 \times (1 - 3\%) = 194(美元)$

$$佣金 = CFRC3\% \times 佣金率 = 200 \times 3\% = 6(美元)$$

$$CFRC5\% = \frac{CFR净价}{1 - 佣金率} = \frac{194}{1 - 5\%} = 204(美元)$$

4. 佣金的支付方法。佣金的支付，通常是卖方在收妥货款后按照约定的佣金率支付给中间商。因为中间商不仅要促成交易，还应该负责督促买方正确履行合同，确保合同的顺利履行。

（二）折扣

1. 折扣的含义。折扣（Discount，Rebate）是指卖方给予买方一定的价格减让，即在原价的基础上提供适当的优惠。凡价格中含有折扣的，称为含折扣价，价格中不含折扣的，称为净价；凡是在合同中明确表示折扣的，被称为“明扣”；不在合同中明确规定折扣，而是由双方另行约定的，被称为“暗扣”或“回扣”。

2. 折扣的规定方法

（1）用文字来表示折扣。例如：每箱100美元CIF纽约减5%折扣。

（2）用字母“D”或“R”来表示折扣。也可以使用折扣（Discount，Rebate）的英文缩写字母“D”或“R”来表示。例如：

每打200英镑　CIFR1%伦敦

每打200英镑　CIFD1%伦敦

由于在实际业务中使用字母“D”或“R”的含义不清，容易引起误解，应当慎用。

（3）用绝对数来表示折扣。例如：每箱减折扣5美元

3. 折扣的计算。折扣通常是以成交金额（发票金额）为基础计算的。例如：CIF的发票金额为20000美元，折扣率为3%，则应付折扣600美元（20000×3%），卖方的实际净收入为19400美元。折扣的计算公式如下：

$$折扣额 = 含折扣价 \times 折扣率$$

$$净收入 = 含折扣价 - 折扣额$$

4. 折扣的支付方法。明扣一般是在买方付款时直接扣除,暗扣则是由卖方另行支付给买方。

四、对外贸易效益成本核算

为了实现企业的经济效益,无论是买方还是卖方,都应该在交易前加强成本的核算,避免不计成本、不计盈亏、单纯追求成交数量的情况。对外贸易效益成本核算通常包括出口商品换汇成本、出口商品盈亏率和出口创汇率等指标的核算。

(一)出口商品换汇成本

出口商品换汇成本是指出口商品净收入一单位外汇所需的人民币成本。在我国的对外贸易中,出口换汇成本是指出口商品每净收入一美元所耗费的人民币成本,即用多少人民币换回一美元。其计算公式为:

$$出口商品换汇成本 = \frac{出口总成本(人民币)}{出口销售外汇净收入(美元)}$$

其中,出口总成本 = 出口商品购进价(含增值税) + 定额费用 - 出口退税收入

定额费用一般由企业根据经营情况自行核定,一般包括有银行费用、商品储运费用、经营管理费用等。计算公式为:

$$定额费用 = 出口商品购进价 \times 费用定额率$$

$$出口退税收入 = \frac{出口商品购进价(含增值税)}{1 + 增值税} \times 退税率$$

出口销售外汇净收入是指出口外汇总收入中扣除运费、保险费、佣金等费用的外汇收入,即以 FOB 术语成交所得的外汇收入。以 CFR 或 CIF 术语成交的合同,外汇收入需要再扣除运费和保险费后,即得出口外汇净收入。

出口商品换汇成本是衡量出口商品盈亏的重要指标,与外汇牌价相比较可以直接反映出出口企业有无经济效益,如果出口商品换汇成本高于银行的外汇牌价的现汇买入价,则出口为亏损;反之,则盈利。因此,要避免亏损,必须准确测算换汇成本。

(二)出口商品盈亏率

出口商品盈亏率是指出口商品盈亏额与出口总成本的比率,用百分比表示。出口商品盈亏率是衡量出口商品盈亏程度的重要指标。其计算公式为:

$$\begin{aligned}出口商品盈亏率 &= \frac{出口盈亏额}{出口总成本} \times 100\% \\ &= \frac{出口销售人民币净收入 - 出口总成本}{出口总成本} \times 100\%\end{aligned}$$

当出口销售人民币净收入大于出口总成本,即出口商品盈亏率大于0时,出口商品有盈余,这个比率为出口盈余率;反之,当出口销售人民币净收入小于出口总成本,即出口商品盈亏率小于0时,出口商品有亏损,这个比率为出口亏损率。

(三)出口创汇率

出口创汇率,又称外汇增值率,是指加工后成品出口的外汇净收入与原料外汇成本的比率。该指标主要用于计算用国外原材料或国产原材料加工再出口的业务。其计算公式如下:

$$出口创汇率 = \frac{成品出口外汇净收入 - 原料外汇成本}{原料外汇成本} \times 100\%$$

如果原材料为国内产品,其外汇成本可按原料的FOB出口价计算。如果原材料是从国外进口的,则按该原料的CIF价计算。通过出口的外汇净收入和原料外汇成本的对比,可看出成品出口的创汇情况,从而确定出口成品是否有利。特别是在进料加工的情况下,核算出口创汇率这项指标,非常有必要。

五、合同中的价格条款

价格条款是买卖合同中不可缺少的条款,价格条款的确定直接关系到买卖双方的利益。因此,应该熟练掌握价格条款的主要内容以及订立价格条款时应注意的问题。

(一)价格条款的基本内容

合同中的价格条款,一般包括商品的单价和总值两部分内容。单价通常由四个部分组成,包括计量单位、单位价格金额、计价货币和贸易术语。例如,每公吨30美元CIF纽约。总值是单价同数量的乘积,也就是一笔交易的货款总金额。

1. 单价(Unit Price)

单价,即商品的单位价格。在国际贸易中,一个完整的单价,必须包含四方面的内容,例如:每公吨280美元CIF纽约。

(1)计量单位。如果以“吨”为计量单位表示商品的重量,则应写明是公吨、长吨或是短吨。因为不同的“吨”表示的重量是不相同的,三者之间的换算如下:

1公吨=1000公斤=2204.6磅

1长吨=1016公斤=2240磅

1短吨=907公斤=2000磅

(2)单位价格金额。反映了货物价格的高低,应按双方订立的价格正确、清晰的写在合同中,避免写错。

(3)计价货币。写明计价货币的同时应注明货币的所属国别(地区),因为尽管有的国家使用的货币名称相同,但其币值却是不同的,如:日元、美元、加元等。

(4)贸易术语。在术语后应注明具体装运港或目的港的名称,在国际上同名的港口和城市很多,若港口名称或城市名称相同,则应注明其所属国别。

2. 总值。总值也称为总金额,即单价与数量的乘积。总值使用的货币应该与单价使用的货币一致。

(二)规定价格条款应注意的问题

为了更好的订立价格条款,应注意下列问题:

1. 适当确定商品的价格水平,防止价格偏高偏低。在确定商品的价格时,应该贯彻平等互利的原则,参照国际市场价格水平,结合我国的对外经济政策并按照购销意图确定适当的价格。而对进口商品作价的具体做法是货比三家,择优购进。由于价格构成因素不同,影响价格变化的因素也多种多样,要注意同一商品在不同情况下应有合理的差价。避免价格偏高偏低,价格偏高会降低我国出口商品的竞争力,不利于开拓市场;反之,价格偏低又会损失经济利益。

2. 争取选择有利的计价货币。应该选择对自己有利的计价货币,如出口时尽量选择币值有上浮趋势的硬币,进口时尽量选择币值有下降趋势的软币。

3. 选择恰当的作价方法,避免承担价格风险。要根据交易商品的特性合理的选择作价方法,行情变动较大的商品要掌握其价格波动趋势,可根据具体情况选择非固定作价方法,避免承担价格风险。

4. 合理的选择贸易术语。使用不同贸易术语买卖双方承担的风险、责任和费用就不同,在订立价格条款时应明确规定选用何种贸易术语。在国际贸易中,较常使用的贸易术语主要有 FOB、CFR 和 CIF 这三种适合于海洋运输的术语,可根据具体业务选择贸易术语。作为出口方,应尽量选择 CIF 术语或 CFR 术语,这样有利于我国远洋运输事业的发展,增加运费收入,同时也有利于出口方船货衔接。选择 CIF 术语成交,由卖方办理保险,还有利于出口国保险事业的发展,增加保险费收入。作为进口方,应尽量选择 FOB 术语成交,选用 FOB 术语成交,由买方办理运输和保险,可以节省运费支出和保险费支出,也有利于本国运输事业和保险事业的发展。

第五节　装运条款

本节介绍了国际货物运输方式,包括海洋运输、铁路运输、航空运输、公路运输、大陆桥运输、内河运输、邮包运输、管道运输以及多式联合运输等。同时又介绍了合同中运输条款中交货时间、装运港、目的港、分批装运、转船、滞期费和速遣费的规定。

一、国际运输方式

目前,国际货物运输方式主要有海洋运输、铁路运输、航空运输、公路运输、内河运输、邮包运输、管道运输以及由各种运输方式组合而成的多式联合运输等,在洽商合同时,应该结合货物的种类、特点及数量合理选择一种运输方式。

(一)海洋运输

海洋运输(Sea Transport),简称海运,是指在海上以船舶作为运输工具运送货物的一种运输方式,海洋运输的运量大、运费比较低廉、对货物的适应性较强,而且是利用四通八达的天然航道航行,不受轨道和道路的限制,通过能力较强,是国际货物运输中使用最广泛的一种,其运量在国际货物运输总量中占80%以上,我国则有90%的货物运输是通过海运方式进行的。但是海上运输风险大、极易受自然条件影响,速度慢、航期不易准确,所以对于易腐鲜活物品、急需物品一般不采用海洋运输。

海洋运输按照船舶经营方式不同可分为班轮运输和租船运输两种形式。

1. 班轮运输(Liner Transport)。是船舶按照固定的航线、固定的航期、停挂固定港口、按事先公布的固定费率计收运费的一种运输方式。

(1)班轮运输的特点。班轮运输具有“四固定”特点,即固定的航线、固定的航期、固定的港口和固定的费率四个基本特点。

班轮承运人负责装卸货物,货物托运人支付的班轮运费已包括装卸费。

承运人和货主之间不需签订租船合同,双方的权利、义务、责任及豁免以船方签发的提单条款为依据。

班轮承运货物的品种数量比较灵活,可租用部分舱位,适合于少量货物的运输。

货运质量较有保证,且一般在码头仓库交接货物,为货主提供了较便利的条件。

(2)班轮运输的费用。班轮运费是指班轮承运人按照班轮运价表向托运人收取的运输费用,包括基本运费和附加运费两部分。基本运费是指普通货物在班轮航线内的基本港口之间运输而应计收的运费;附加运费是在基本运费基础上另加收取的费用。

①班轮的基本运费根据所运送的货物不同可采取以下几种不同的标准:按货物的毛重计收,称为重量吨(Weight Ton),运价表中用“W”表示。标准有1公吨、1长吨、1短吨,视船公司采用公制、英制还是美制计量单位而定,按货物毛重计收适合于矿产品、农产品等货物的运费计量。

按货物的体积或容积计收,称为尺码吨(Measurement Ton),运价表中以"M"表示。1立方米(约35.147立方英尺)或40立方英尺为一个计量单位,此种方式适合于纺织品、日用百货品等的计量。

重量吨和尺码吨统称为运费吨,又称计费吨。

按货物的价格计收,称为从价费,用"Ad Valorem"或"Ad. Val"表示。此方法适合于贵重工艺品、金银钻石等贵重物品的运输。从价运费一般按照货物的FOB价格计收,从价费率一般为货物价款的1% ~5%。

按货物重量或体积计收,用"W/M"表示,班轮公司将选择价高者计收。

按货物重量或体积或从价计收,用"W/M or A. V."表示,即在三者计算标准中按较高的一种计收。

按货物重量或体积计收,再加从价运费,以"W/M plus A. V."表示,即以重量吨或尺码吨两种计算标准中,按较高的一种征收,再加一定百分比的从价费。

按货物的件数计收,适用于包装固定,且包装内数量、重量及体积也固定不变的货物,如汽车按"辆"计收,某些牲畜按"头"计收等。

由货主和班轮公司临时议价,运价表中以"Open"表示,适用于粮食、矿物等大宗低值的货物。

②班轮附加运费的种类。班轮公司在运输过程中遭受一定的经济损失时,都要向货方收取一定金额的附加运费,常使用的附加运费有:

超重附加费(Heavy - Lifts Additional),指单件货物的重量超过规定的限度时所加收的费用。

超长附加费(Long Length Additional),指单件货物的长度超过规定的限度时要加收的费用。

直航附加费(Direct Additional),指班轮公司将达到规定数量的货物直接运到非基本港口而额外收取的费用。

转船附加费(Transshipment Surcharge),班轮公司在转船港口为需转船运输的货物办理换装和转船手续而加收的费用。

燃油附加费(Bunker Adjustment Factor,BAF),当燃料价格上涨船方因增加开支而收取的费用。

港口附加费(Port Surcharge),船方因港口装卸条件复杂、装卸速度慢或港口费用较高而向货方收取的附加费。

港口拥挤附加费(Congestion Surcharge),由于卸货港口拥挤,船舶到港不能立即靠岸装卸造成船期延误而加收的费用。

选港附加费(Optional Fees),货物未预先指明卸货港,需要在两个或两个以上的卸货港之间加以选择时船方加收的附加费用。

货币贬值附加费(Currency Adjustment Factor, CAF),当船方收取运费的货币贬值时,船方向货方收取的附加费。

此外还有熏蒸费(Fumigation Charge)、洗舱费(Cleaning Charge)、绕航附加费(Deviation Surcharge)等。附加费的种类繁多,既有固定的,又有临时收取的,会导致总运费成本大大提高。所以在进出口报价时,需将附加费考虑进去。

(3)计算班轮运费的方法。一般是先按照货物的英文名称,从货物分级表中查出货物所属的等级和计算标准;然后再从航线费率表中查出该货物的基本运费率;最后再加上各项需支付的附加费,所得的总额即为该种货物的总运费额。运费的计算公式为:

$$运费 = 基本运费率 \times (1 + 各种附加费率) \times 应计费数量$$

(4)使用班轮运输应该注意的问题。由于班轮运费标准不统一,应该选择合适的包装节省运费,如按体积计算运费的货物,应改进包装,压缩体积,以节省运费。

在对外报价时,应慎重考虑影响运费的各种因素,仔细核算运费,特别是各种附加运费必须计算在内。

要熟悉各类运价表,选择填写收费较低的适当货物名称。要做到合理套级,尽量避免按“未列明货物”计算运费。

在托运贵重货物时,应将货价通知外运公司,以便加付附加的1%的运费,一旦货物受损或丢失,船方可以承担起超过提单限额的赔偿责任。

托运样品一般不要超过一定重量和体积,通常样品重量在25千克或0.02立方米以内是免费运送的。

2. 租船运输。租船运输(Shipping by Charter),是指租船人向船东租赁整条船舶用于运输货物的一种运输方式。与班轮运输的特点相反,租船运输的航线、停靠港口、航行时间、运费都不固定,而是由船货双方共同商定。租船运输通常适用于大宗货物的运输,如粮食、矿产品和工业原料等。租船运输主要有定程租船、定期租船和光船租船三种。

(1)定程租船(Voyage Charter),又称程租船。是指船舶在指定港口之间进行一个航次或几个航次的运输。定程租船的船方负责船舶的航行驾驶、管理货物运输以及船舶在航行中的一切费用开支。定程租船的运费一般按所运货物数量计算,租船人按约定支付运费,同时要规定装卸时间和装卸率,以计算滞期费和速遣费。

(2)定期租船(Time Charter),又称期租船。是船方将船舶租给承租方使用一定时期的租船方式。定期租船的船方不负责船舶的经营管理,只负责船舶的维护、维修和机器的正常运转、船员的配给和给养供应。定期租船的租金一般按每月每吨若干金额计算,船租双方不需规定装卸时间、装卸率和滞期费、速遣费。

(3)光船租船(Bare Boat Charter),又称光租(Denis Charter)。是指租期内船方只提供船舶,而不负责提供船员,由承租方自行指派船长船员,负责船舶的经营管理和航行等事宜,实际上光船租船属于单纯的财产租赁,一般是卖船的先兆,在国际贸易中很少使用。

(二)铁路运输

铁路运输(Rail Transport),是指利用铁路来运输货物的一种运输方式,铁路运输运载量较大,运输速度较快,而且安全可靠,运输费用低,受气候影响较小,有高度连续性,是仅次于海洋运输的一种主要的运输方式。铁路运输按照运营方式不同可以分为国际铁路货物联运和国内铁路货物运输两种。

1. 国际铁路联运。国际铁路联运是指铁路承运人在两国或两国以上铁路运送中,使用一套运输单据并以连带责任的方式完成货物全程运送的运输方式。在过境移交货物时,不需要发货人参加的一种铁路运输方式。

2. 国内铁路运输。进口货物卸船后经铁路运往全国各地,出口货物则经铁路运输集中到港口装船出运都属于国内铁路运输。另外,国内供应港澳地区的货物运输也属于国内铁路运输,只是货物需要在深圳北站或广州南站办理外运交接手续。具体做法是:货物经铁路运至深圳北站,深圳外运公司作为各外贸发货单位的代理将货物运至香港,香港中国旅行社则作为深圳外运公司的代理在港段重新起运至九龙。到澳门的货物先运至广州南站再转船至澳门。

(三)航空运输

航空货物运输(Air Transport)是指以飞机为运载工具运送进出口货物的国际货物运输方式。航空运输速度快,不受地面条件的限制,货运质量高,可节省包装费用,适合运送鲜活物品以及急需的精密仪器等贵重物品。但是航空运费高且运输量有限,易受气候影响,不适合大批量的低值货物运输。

(四)邮政运输

邮政运输(Parcel Post Transport)是通过各国邮局办理的运输方式。各国邮政部门之间订有协定和公约,根据这些协定和公约,各国的邮包可以相互传递,形成国际邮包运输网。邮政运输简便易行,卖方投寄货物和买方领取货物都很方便,适合于量轻体小的货物的运输,如精密仪器、急需药品、重要资料等等。世界上最大的国际邮政运输组织是万国邮政联盟(Universal Postal Union),简称邮联。我国在 1972 年加入该组织,这也极大的促进了我国邮政事业的发展。

(五)管道运输

管道运输(Pipeline Transportation)是指在管道内借助高压气泵的压力将货物输往目的地的一种运输方式,主要适合于液体、气体以及矿砂等货物的运输。

管道运送的货物在管道内损失少而且不需包装,货物不受外界条件的影响,可以连续作业,但是管道运输的机动能力较差,修建管道的成本投资较大且所运送货物形态有很大的限制。

二、运输条款

买卖双方在签订装运条款时除了要选择一种合适的运输方式外,还应该列明具体的交货时间、装卸港目、是否允许分批装运、是否允许转船以及滞期费和速遣费的计算等等。

(一)装运时间

1. 交货时间与装运时间。在国际贸易中,“交货时间”(Time of Delivery)与“装运时间”(Time of Shipment)是有区别的概念。在使用 FOB、CIF、CFR、FCA、CIP、CPT 术语达成交易时,交货时间与装运时间基本上是一个意思,可将两者等同看待。但若是采用 D 组术语(DES、DEQ)时,装运时间与交货时间截然不同,使用时不能等同。

装运时间又称装运期,是指卖方按照合同履行交货义务的期限。它是买卖合同的重要条款之一,卖方必须严格按照规定时间交付货物,不得任意提前或者延迟。如果未能履行造成违约,买方有权解除合同并要求赔偿。

2. 装运时间的规定方法。在合同中,装运时间的规定一般有三种做法:

(1)明确具体的规定装运期。具体可以规定一段时间期限内装运,例如,2008 年 10 月装运、2009 年 1/2/3 月装运;也可以规定最迟的装运期限,例如,装运期不迟于 2008 年 7 月 20 日、2008 年底以前装运。

(2)规定收到信用证或收到预付货款后一段时间内装运。如规定:“收到信用证后 50 天内装运”(shipment within 50 days after receipt of L/C),为防止卖方有意拖延或不按时开证,应该在上述条款后加列:买方最迟于某年某月某日将信用证开到卖方。

(3)采用装运术语表示装运期。在国际贸易中如双方同意,可采用“立即装运”(Immediate Shipment)、“尽快装运”(Shipment as soon as possible)、“即期装运”(Prompt Shipment)等术语表示装运期限。使用术语表示装运期,含义不确定,双方易产生纠纷,国际商会《跟单信用证统一惯例》明确规定:不应使用诸如此类的术语表示装运期限,如果使用此类词语,银行将不予置理。

(二)装运港和目的港

1. 装运港(Port of Shipment),又称装货港,是指货物起始装运的港口,装运港通常是由卖方提出,经买方同意后确定的。装运港的规定方法一般有三种:

(1)只规定一个装运港。例如,装运港:大连(Port of Shipment: Dalian)

(2)规定两个或两个以上的装运港。例如,装运港:大连/青岛/连云港/(Port of Shipment: Dalian / Qingdao / Lianyungang)

(3)笼统规定某一航区的港口为装运港。例如,装运港:中国主要港口(China Main Ports)

2. 目的港(Port of Destination),又称卸货港,是指货物最后卸货的港口,目的港通常由买方提出,经卖方同意后确定的。目的港的规定方法一般有三种:

(1)只规定一个目的港。例如,目的港:纽约(Port of Destination: New York)

(2)规定两个或两个以上目的港。例如,目的港:伦敦/汉堡/鹿特丹(Port of Destination: London/ Hamburg/ Rotterdam)

(3)笼统规定某一航区的港口为目的港。例如,目的港:欧洲主要港口(European Main Port)

3. 规定国外装运港和目的港应注意的问题

(1)必须明确具体规定装卸港。尽量不要接受"欧洲主要港口",因为欧洲港口众多,且各港口远近不一,港口费用差别很大。

(2)注意国外港口有无重名问题。世界各国港口重名甚多,例如维多利亚港(Victoria)世界上有12个之多,为了防止引起纠纷,在买卖合同中应明确装卸港所在的国家和地区的名称。

(3)选择港不宜过多,一般不超过3个,且必须在同一航线上,而且应该在合同中规定:由于买方选择卸货港带来的额外费用由买方承担。

(三)装运通知

装运通知(Shipment Advice)是指在采用租船运输的情况下,买卖双方应该相互通知,共同做好船货衔接的工作。以FOB条件成交的合同,卖方在约定装运期开始之前(通常为30天或45天)向买方发出货已备妥通知,以便买方及时安排船只接货和办理保险等相关事宜。买方接到该通知后,也应按照约定的时间将船名、船舶预计到港时间等相关事宜通知卖方,以便卖方及时准备装船和安排货物出运。在货物装船后,卖方应在规定的时间内及时向买方发出装船通知,通知应包括货物名称、重量、件数及装船日期等内容,以便买方及时办理保险,并做好接货准备,办理进口报关手续。

(四)装卸时间、滞期费、速遣费

在国际贸易中,大宗货物的交易多采用程租船运输,这样船方核算运费时就要考虑船舶在港停泊时间、装卸货时间和港口费用。如果缩短船舶在港的停泊时间,减少港口费用,就可以降低成本,加快船舶的周转速度,增加船方的营运收入;反之,则会减少船方的营运收入。因此在合同中应规定装卸时间、滞期费、速遣费。

1. 装卸时间。装卸时间(Lay Time)是指合同中规定完成装卸任务的时间。具体可以规定装卸天数或是规定装卸货物的定额标准。具体工作日的计算主要采用以下两种办法:

连续日,指连续的 24 小时为一个工作日。

连续 24 小时好天气工作日,指在好天气的情况下,连续 24 小时算一个工作日,中间排除因坏天气影响而不能作业的时间。

2. 滞期费和速遣费。滞期费(Demurrage)是指租船人未在规定的时间内完成货物装卸,为了补偿船方由此造成的延误开船的经济损失,由租船人向船方支付一定的罚金,此项罚金即为滞期费。

速遣费(Dispatch)与滞期费相对应,是指租船人提前于规定时间完成装卸货物,节省了船期,为了给予租船人鼓励,向租船人支付一定金额的报酬。

通常速遣费一般为滞期费的一半。

(五)分批装运和转船条款

1. 分批装运。分批装运(Partial Shipment)是指同一个合同项下的货物分若干批装运。分批装运的规定方法有三种:

(1)只规定"允许分批装运",不加任何限制。

(2)订明分若干批次装运,而不规定每批装运的数量。

(3)订明每批装运的时间和数量,即定期定量分批装运。

国际商会《跟单信用证统一惯例》规定:

(1)除非信用证另有规定,允许分批装运。

(2)只要信用证规定允许分批装运,如其中任何一批未按信用证所规定的期限装运,则该批及以后各批均视为无效。

(3)同一船只、同一航线多次装运的货物,即使提单注明不同的装船日期和装运港口,只要目的港相同,也不视为分批装运

2. 转船(Transhipment)。是指在远洋货运中,货物装船后在中途港换装其他船舶至目的港。国际商会《跟单信用证统一惯例》规定:除非信用证另有规定,允许转船。

三、运输单据

运输单据,是指承运人或其代理人接管货物后,签发给托运人的代表运输中的货物或证明货物已经装运的单据。它是货物交接、出口结汇和提取货物不可缺少的单据。国际贸易业务中对应不同的运输方式涉及的运输单据包括海运提单、铁路运单、航空运单、多式联运单据和邮政收据等。

(一)海运提单

1. 海运提单的含义与作用。海运提单(Ocean Bill of Lading, B/L),简称提单,是货物的承运人或其代理人收到货物后签发给托运人的一种证明文件,证明已按提单内容收到货物。提单具有三方面的作用:

(1)提单是货物收据。提单是承运人或代理人出具给托运人的货物收据,证明承运人已按提单所列内容收到货物。

(2)提单是物权凭证。提单是货物所有权的凭证,提单的合法持有者有权提取并支配货物。提单既是卖方出口结汇的主要依据,也是买方提取货物所需要的单据。

(3)提单是运输契约的证明。提单是托运人与承运人之间订立的运输契约的证明。提单条款约束了承运人与托运人双方的权利、义务、责任,一旦双方发生争议就以此条款作为解决问题的主要依据。

2. 提单的内容。提单是由船公司自己制定的,不同船公司制定的提单格式不尽相同,但其基本内容大体一致,一般包括提单正面记载事项和提单背面印好的条款。

提单正面内容主要有:承运人、托运人、收货人、船名、装运港、目的港、货物名称、件数、重量、体积、运费、提单签发地点、日期、份数、承运人或其代理人签字等等。

提单背面内容主要是承运人、托运人以及收货人之间的权利义务关系,还有处理他们之间发生争议的主要依据。

3. 提单的种类。海运提单从不同角度可以分为不同的种类:

(1)根据货物是否已装船可分为已装船提单和备运提单。已装船提单(On Board B/L or Shipped B/L),是指提单下的货物已全部装到船上后,由承运人或其代理人签发的提单。已装船的提单上载明了载货船舶名称和装船日期,以及船长或其代理人签字。

备运提单(Received for shipment B/L),是指承运人收到货物后等待装船期间向托运人签发的提单。这种提单不注明装船时间,也没有载货船舶名称,但在货物装船后,承运人在备运提单上加注载货船舶名称和装船日期及准确装货数量后,备运提单即成为已装船提单。

在国际贸易中,一般都要求承运人在货物装船后签发给托运人"已装船提单"。国际商会《跟单信用证统一惯例》(600 号出版物)规定,在信用证无特殊规定的情况下,银行只接受已装船提单,而不接受备运提单。

(2)根据提单收货人一栏如何填写分为记名提单、不记名提单和指示提单。记名提单(Straight B/L),是指在提单"收货人"一栏内写明具体收货人名称的提单。这种提单只能由提单上所指定的特定收货人提货,记名提单不能通过背书形式转让,如要转让需另立转让协议。记名提单虽然避免转让所带来的风险,但也失去了可流通性,一般很少使用。

不记名提单(Bearer B/L;Open B/L;Blank B/L),也称空白提单,是指提单"收货人"一栏不填写收货人名称的提单。这种提单不需要任何背书手续即可转让,提单持有者凭单提货,所以这种提单流通性极强,但风险也较大,在国际贸易中很少采用。

指示提单(Order B/L),是指提单"收货人"一栏填写"凭指示(To order)"或"凭某人指示(To order of……)"字样的提单。这种提单可经背书转让,即有安全性又具流通性,在国际贸易业务中使用广泛。

(3)根据提单对货物外表状况有无不良批注可分为清洁提单和不清洁提单。

清洁提单(Clean B/L),是指货物装船时表面状况良好,承运人未在提单上加任何货损包装不良或其他有碍结汇批注的提单。

不清洁提单(Unclean B/L; Foul B/L),是指承运人在提单上加注了货物包装状况不良或存在缺陷等批注的提单。

《跟单信用证统一惯例》规定,除非有特殊规定,银行只接受清洁提单,而不接受不清洁提单。

(4)按提单内容的繁简,可分为

全式提单(Long Form B/L),是指提单即有正面记载的事项,又有提单背面的关于承运人和托运人权力、义务的条款。

略式提单(Short Form B/L),是指提单只有正面记载的事项,而没有背面的条款,这种提单目的是为了简化提单。全式提单与略式提单具有同等的法律效力。

(6)按提单的有效性,可分为

正本提单(Original B/L),提单上标有"正本"字样,并由承运人、船长或其代理人签名盖章并注明签发日期的提单。

副本提单(Copy B/L),提单上没有承运人、船长或其代理人签字盖章,也无"正本"字样。银行只接受正本提单议付,副本提单仅供工作上参考之用。

(7)按提单的时间性,可分为

正常提单(Normal B/L),指在信用证规定的交单期内提交给银行议付货款的提单。在采用信用证方式支付货款时,银行通常规定一个最迟提交单据的期限,受益人不能超过此期限,如果信用证未规定交单期,必须在提单签发后21日内提交给银行,这时提交的单据属正常提单。

过期提单(Stale B/L),是指由于航程较短或银行转递提单较慢,以致船舶到达目的港时,收货人尚未收到的提单。国际商会《跟单信用证统一惯例》(600

号出版物)规定,从提单签发日期起,超过21天向银行交单议付的提单也是过期提单。过期提单并不表示丧失其提单效力,只是银行不予在其信用证项下议付,卖方可以考虑改用其他支付方式。

倒签提单(Anti - dated B/L; Back - dated B/L),是指托运人为了使装船日期符合合同或信用证的规定而要求承运人签发的早于货物实际装船日期的提单。倒签提单是一种欺骗行为,是违法的,买方发现后有权拒收货物,承运人应承担由此导致的一切后果。

预借提单(Advanced B/L),是指货物正在装船期间或尚未装船时,信用证或合同规定的装船日期或议付日期已到,托运人为了及时结汇而要求承运人所签发的已装船提单,此时托运人要出具保函。预借提单与倒签提单都有欺骗行为,为了避免麻烦实践中避免使用。

(二)海运单

海运单(Sea Waybill, SWB, Ocean Waybill),又称为不可转让海运单(Non - negotiable Sea Waybill),是国际海上货物运输合同的证明和承运人已将货物接管或装船的证明,是承运人保证将货物交给指定收货人的不可流通的运输单据。海运单不是物权凭证,因此不可以转让。

(三)航空货物运单

航空货物运单(Air Waybill, AWB),是指航空承运人或其代理人签发给托运人的表明航空运输合同的订立和运输条件以及承运人已接管货物的运输单据。航空运单不是物权凭证,因此不能背书转让。即使持有航空运单也不能提货,而是凭航空公司的提货通知单提货,但是托运人可以凭航空运单到银行办理结汇业务。

(四)邮包收据

邮包收据(Parcel Post Receipt),是指邮局收到和运送寄件人货物的凭证,不是物权凭证。当邮包损坏或丢失时,它可以作为索赔和理赔的依据。邮戳日期即为装运日期。如果以邮包形式运输货物较多而托运重量有限时,在同一日期分成若干个邮包寄出,这种情况在信用证项下不能视为分批装运。

(五)多式联运单据

多式联运单据(Multimodal Transport Document),也称为多式联运提单(Multimodal Transport B/L),是指证明多式联运合同的承运人在起运地点接管货物,以及在目的地据以交付货物的单据。

本章小结

本章介绍了国际货物买卖合同中品名、品质、数量、包装、价格及运输条款的规定方法以及签订这些条款时应注意的问题。这些条款都是合同中的重要条款,直接影响合同的顺利履行以及双方经济利益的实现,买卖双方应该认真洽商,并将具体问题签到合同之中,为日后合同的履行提供依据。

本章涉及的主要知识点有:

1. 品名条款是合同中的主要条件。商品的品名是构成商品说明的一个重要组成部分,是买卖双方交接货物的重要依据。品名条款的内容一般是在商品名称的标题下,列明所要成交商品的具体名称。

2. 品质条款是买卖合同中的重要条款。商品的品质是决定商品价格高低的重要因素,直接影响买卖双方的经济利益。在国际贸易中,表示品质的方法有两大类:以实物样品表示商品的品质和以文字说明表示商品的品质。

3. 商品不仅表现为一定的质,还表现为一定的量。数量条款是买卖双方交接货物的主要依据。计量单位常用的有重量、数量、长度、面积、体积、容积等。

4. 商品包装是商品生产的继续,是连接商品生产与商品消费的桥梁。包装根据其在流通领域中的作用可分为运输包装和销售包装,中性包装和定牌生产常见于流通领域。

5. 在确定商品的价格时,应该参照国际市场价格水平,贯彻我国的对外经济政策并结合外贸企业的购销意图合理定价。

6. 合同中的价格条款,一般包括商品的单价和总值两部分基本内容。商品的单价通常由四部分组成,即计量单位、单位价格金额、计价货币和贸易术语。总值是单价与成交商品数量的乘积。

7. 国际货物运输是国际贸易的重要环节。国际货物运输方式包括海洋运输、铁路运输、航空运输、公路运输、大陆桥运输、内河运输、邮包运输、管道运输以及多式联合运输。

重要概念

定牌　中性包装　对等样品　唛头　溢短装条款　品质公差　佣金　折扣　提单　过期提单　倒签提单　预借提单

习　题

1. 什么是溢短装条款？为什么在某些商品的买卖合同中要规定溢短装条款？溢短装的选择权由谁掌握合适，UCP600 对于“溢短装”条款是如何规定的？

2. 什么是中性包装和定牌，采用中性包装和定牌应该注意哪些问题？

3. 什么是“唛头”，一般包括哪些内容？

4. 在进出口商品作价时应掌握什么原则？考虑那些因素？

5. 简述海运提单的含义及性质。

6. 同一艘船，同一航次多次装载是否作分批装运论？为什么？

7. 超过签发日期 21 天的提单银行可否拒绝付款？为什么？

8. 我国某出口商品对外报价为每公吨 1000 美元 FOB 上海，对方来电要求改报 CIFC5% 纽约，已知保险费率为 1.5%，运费为每公吨 10 美元，试求：CIFC5% 纽约应报何价？

9. 中国某出口公司向美国某贸易公司推销商品，发盘价格为每公吨 1150 美元 CFR 纽约港，对方复电要求改报 FOB 大连港价格，并给予 2% 佣金。查自中国大连港至纽约港口的运费为每公吨 170 美元，我方如要保持外汇收入不变，改按买方要求条件报价，应报何价？

10. 案例分析

(1)2005 年 10 月，某粮油进出口公司向美国出口食糖。合同规定：食糖，数量 1000 公吨，每公吨 140 美元，可有 4% 的增减，由卖方选择；增减部分按合同价格计算。如果在交货前食糖市场价格上涨，在不违反合同的情况下，卖方要想获利，可装多少公吨？如果市场价格下降呢？

(2)韩国 KM 公司向我国 BR 土畜产公司订购大蒜 650 公吨，双方当事人几经磋商最终达成了交易。在缮制合同时，由于山东胶东半岛地区是大蒜的主要产区，通常我国公司都以此为大蒜货源基地，所以 BR 公司就按惯例在合同品名条款打上了“山东大蒜”。可是临近履行合同时，大蒜产地由于自然灾害导致歉收，货源紧张。BR 公司紧急从其他省份征购，最终按时交货。但 KM 公司来电称，所交货物与合同规定不符，要求 BR 公司作出选择，要么提供山东大蒜，要么降价，否则将撤销合同并提出赔偿。试问，KM 公司的要求是否合理？应该汲取哪些教训？

(3)上海某自行车出口公司 C 与新加坡某进口公司 M 洽商自行车进出口业务，新加坡 M 公司计划从上海 C 公司进口“永久”牌自行车 2000 辆，但要求中方改用“剑”牌商标，并在包装上不要注明“Made in China”字样。问：此案例中涉及国际贸易中什么做法？我方是否可以接受对方的要求？处理此业务时，应该注意什么问题？

(4)我国对纽约出口2000公吨大豆，国外开来信用证规定：不允许分批装运。结果我们在规定的期限内分别在大连、天津新港各装1000公吨于同一航次的同一艘船上，提单也注明了不同的装运地和不同的装船日期。本例中我方是否违约？银行能否拒付。

第十章　国际贸易合同条款(二)

学习目标

●了解海洋运输货物保险的风险与损失。

●掌握国际货物运输保险的基本做法。

●熟悉我国海运货物保险条款,掌握合同中保险条款的订立方法。

●熟悉国际贸易的支付工具和支付方式,掌握合同中支付条款的订立方法。

●掌握商品检验、索赔、不可抗力与仲裁条款的内容和订立方法。

国际贸易中的货物从卖方交到买方手中,要经过装卸、运输、仓储等一系列过程,所需时间一般较长。在此过程中,货物可能会遭遇自然灾害或意外事故而蒙受损失。为转嫁这种风险,办理装运的买方或卖方一般要办理货物运输保险,对货款的支付、货物的检验以及出现事故时双方责任的划分等也应列入合同条款中。

第一节　货物运输保险

国际货物运输保险是随着国际贸易和海上运输事业的发展而发展起来的,种类很多,包括海上货物运输保险、陆上货物运输保险、航空货物运输保险和邮政运输保险,其中,以海上货物运输保险的历史最为悠久。各种货物运输保险的具体责任不甚相同,但它们的基本原则和保险公司保障的范围却基本一致。

一、海上货物运输保险的承保范围

海洋运输的时间一般较长,受外界因素影响的可能性较大,因而货物遭受不同损失的可能性也较大。海上货物运输保险承保的范围包括:海上风险、海上损失与费用,以及海上风险以外的其他原因造成的风险与损失。承保范围是海上货物运输的基础,正确掌握该范围对于了解保险条款,选择投保险别及处理索赔等都具有重要意义。

（一）海上风险

1. 一般海上风险。海上风险包括海上运输时发生的自然灾害和意外事故，它是保险业的一个专门术语，并不指海上运输时遭遇的一切危险。

（1）自然灾害（Natural Calamity），指由于自然界的变异引起破坏力量所造成的灾害，如恶劣气候、雷电、海啸、地震、洪水或火山爆发等人力不可抗拒的灾害。

（2）意外事故（Fortuitous Accidents），指由于船舶搁浅、触礁、沉没、碰撞、失踪或与其他固体物如流冰、码头碰撞，以及失火、爆炸等意外原因造成的事故或其他类似事故，而不是泛指由于偶然的非意料中的原因造成的一切事故。

2. 外来风险。外来风险是指海上风险以外的其他原因所造成的风险，它不是必然发生的，而是由外部因素造成的。外来风险分为一般外来风险和特殊外来风险。

（1）一般外来风险，指被保险货物在运输途中由一般原因造成的风险，如偷窃、沾污、渗漏、破碎、受热受潮、串味、生锈、钩损、雨淋、短量及碰损等等。

（2）特殊外来风险，指由于政治、军事、国家法令及行政措施等特殊外来原因造成的风险与损失，如战争、罢工、武装冲突、政治运动、因船舶中途被扣而交货不到，以及货物被有关当局拒绝进口等等。

（二）海上损失及费用

海上损失与费用是指由于海上运输风险所造成的损失与费用。按照习惯，还包括与海运相连接的陆上或内河运输中所发生的损失与费用。

1. 海上损失。海上损失，简称海损（Average）。它是指海运保险货物在海运中由于海上风险所造成的船或货的损失或灭失。根据损失程度的不同，分为全部损失（Total Loss）和部分损失（Partial Loss）。

（1）全部损失，简称全损。它是指在运输过程中，整批货物全部灭失或价值全部失去。全部损失分为实际全损（Actual Total Loss）和推定全损（Constructive Total Loss）两种。

实际全损是指货物全部灭失或受损后全部不能复原，或货物变质失去原来的用途。它有几种情况：①保险标的物完全灭失，如船只沉没时，货物全部沉入海底；②保险标的物丧失已无法挽回，如船只及货物被扣押或掳掠，货物虽未受损，但被保险人已失去了这些财产；③保险标的物已丧失商品价值或失去原有用途，如水泥遭水泡后结成硬块，茶叶串味后不能饮用等；④船舶失踪达半年也可视为全部灭失。

推定全损是指货物发生保险事故后实际全损已不可避免，或者修复、恢复受损失货物以及将其运送到目的地费用超过保险价值。构成推定全损的情况有几种:①被保险货物受损后,估计修理费用将超过货物修复后的价值;②被保险货物受损后,整理并续运到目的地的费用,将超过货物到达目的地的价值;③被保险货物的实际全损已不可避免,或为了避免实际全损需要施救的费用,将超过获救后的货物价值;④被保险货物遭受保险责任范围的事故,使被保险人失去货物,而收回这些货物所花费的费用,将超过收回后货物的价值。

推定全损不像实际全损那样保险标的确实丧失了。推定全损是保险标的受到损失后并未完全丧失,而是可以修复或回收,但为此付出的费用已大大高出货物本身的价值。在发生推定全损时,被保险人既可以要求保险人按投保货物的部分损失赔偿,也可以要求按推定全损赔付。在保险人要求按推定全损赔偿时,必须向保险人提出委付,经保险人同意后即可按推定全损处理。

(2)部分损失,是指被保险货物的一部分在运输途中遭受损失或灭失,没有构成全部损失的海上损失,都属部分损失。部分损失又可分为共同海损和单独海损。

共同海损(General Average)是指载货的船只在海上遇到灾害、事故,威胁到船、货等方面的共同安全,船方为了解除这种威胁,维护船货安全,或者使航程得以继续,有意地采取合理措施而作出的某些特殊牺牲或支出的某些额外费用。例如,在海运途中遭遇暴风雨致使船身严重倾斜,即将倾覆,船方为避免船只覆没,将船舱内一部分货物抛出以保持船身平衡。这种抛弃是为了避免全部损失而作出的特殊牺牲,即共同海损牺牲,应由船、货各利害关系方共同承担。再如,在航行过程中,船只操作失灵,需雇用拖船,为此而支付的额外费用为共同海损费用。构成共同海损须具备以下条件:

第一,必须确实遭遇危难。即共同海损的危险必须是实际存在的,或不可避免的,而不是主观臆测的。

第二,必须是有意识采取的合理措施。

第三,必须是为船、货共同安全而采取的措施。

第四,必须是属于非常性质的损失。

共同海损牺牲和费用都是为了使船舶和货物免于遭受损失而支出的,因此应该由船方、货方和运费方根据解救共同危险最后结算的价值按比例分摊,称为共同海损的分摊。

根据国际航海惯例,如果船只在海上遇难,其他航行船只有义务救助,若救助成功,遇难船只一般要给救助船一定的求助费用。一些国家的海上救助组织制订有固定格式的救助协议书,一般都按照无效果无报酬的原则制订。

单独海损(Particular Average)是指船只在运输过程中发生的,仅涉及船舶或货物单方面的利益损失,是共同海损以外的部分损失。该损失仅由各受损者单独负担。例如，出口货物在海运途中遭遇暴风雨，海水浸入舱内使货物受泡变质，该损失只有货主一家利益受损，和船主利益无关，因而属单独海损。

单独海损与共同海损的主要区别在于：①前者是风险直接导致的损失；后者是为了解除或减轻这些风险而人为地造成的损失。②前者由受损方自己承担，后者由受益方按获救财产价值的多少，按比例共同分担。③前者的损失一般是被保险的货物，而后者的损失除被保险货物外，还包括支出的特殊费用。

2. 海上费用。海上费用是指保险人承保的费用。被保险货物在遭遇保险责任范围内的事故时，一方面会因货物本身受到损毁而导致经济损失，另一方面也会产生费用方面的损失。这种费用损失，保险人也给予赔偿，主要有施救费用、救助费用和特别费用三种。

(1)施救费用(Sue and Labor Expenses)是指被保险货物遭遇保险责任范围内的灾害事故时，被保险人员或其代理人、雇佣人员和受让人等为防止损失扩大，而采取抢救措施所支出的费用。

(2)救助费用(Salvage Charges)是指被保险货物遭遇保险责任范围内的灾害事故时，由保险人一方和被保险人一方以外的第三者采取救助行为，为此而向其支付的费用。

(3)特别费用(Special Charges)是指运输工具遭受海难后在避难港卸货所引起的费用，以及由于卸货、存仓、运送货物所产生的费用。特别费用的支出必须是合理的。

二、海上货物运输保险的主要规定

保险险别是保险公司按不同情况所规定的不同的保险范围，即对风险和损失的承保责任范围。它是保险人与被保险人履行权利义务的基础，也是保险人承保责任大小和被保险人缴付保险费多少的依据。海上货物运输保险的险别有基本险别和附加险别两大类。

(一)承保的责任范围

1. 基本险。基本险，也称主险，是指可以独立承保的险别。它不附加在某一险别项下，是货物运输保险的基本险别。我国海上运输保险的基本险别包括平安险、水渍险和一切险三种，被保险人可任选一种投保。

(1)平安险(Free from Particular Average，简称 EPA)。平安险这一名称在我国保险行业中沿用甚久。英文原意指单独海损不赔，保险范围只限全部损失。但在长期实践过程中，平安险的责任范围在不断地进行补充和修订，目前已超出只赔全损的限制，在某些特定情况下，也负责赔偿单独海损。其承保范围为：

①在运输过程中，由于自然灾害和运输工具发生意外事故而造成货物的全

部损失。

②由于运输工具遭遇搁浅、触礁、沉没、互撞、与流冰或其他物体相碰撞,以及失火、爆炸等意外事故所造成的被保险货物的全部或部分损失。

③在上述意外事故前后又遭遇海上恶劣天气、雷电、海啸等自然灾害而造成的被保险货物的部分损失。

④在装卸或转船时,一件或数件被保险货物落海所造成的全部损失或部分损失。

⑤被保险人对遭受承保责任内危险的货物采取抢救,防止或减少货损措施而支付的合理费用,但以不超过该批被救货物的保险金额为限。

⑥运输工具遭受海难后,需在途中港或避难港停靠,而引起的卸货、装货、存仓以及运送货物所产生的特别费用。

⑦共同海损引起的牺牲、分摊和救助费用。

⑧运输契约订有"船舶有过失碰撞责任条款",则保险人须负部分责任的损失。

(2)水渍险(With Average or With Particular Average,简称 WA 或 WPA)。水渍险的承保范围除上列平安险的各项责任外,还负责被保险货物由于恶劣天气、雷电、海啸、地震、洪水等自然灾害所造成的部分损失,即单独海损。

(3)一切险(All Risks,简称 AR)。一切险的承保范围除上述水渍险的所有责任外,还包括在运输过程中因一般外来原因所造成的被保险货物的全部或部分损失。即水渍险责任加上一般附加险构成。

以上不论哪一种基本险都有除外责任,保险公司不必对此进行赔偿,如被保险人的故意行为或过失所造成的损失;发货人或收货人责任所造成的损失;被保险货物的自然损耗、本质缺陷、货物的特性及运输延迟等原因造成的损失;以及在保险责任开始以前已存在的数量短缺或品质不良所造成的损失。

2. 附加险别。附加险是对基本险的补充和扩大。投保人只能在投保基本险的基础上才可加保一种或数种附加险。附加险有一般附加险和特殊附加险之分。前者承保由于一般外来风险造成的全部或部分损失;后者承保由于特殊外来风险造成的全部或部分损失。

(1)一般附加险(General Additional Risk)主要有:偷窃、提货不到险,淡水雨淋险,短量险,混杂、沾污险,渗漏险,碰损、破碎险,串味险,受热、受潮险,钩损险,包装破裂险,锈损险。由于保险公司对一般附加险的承保责任范围均已包括在一切险的承包责任范围内,因此,投保人如已投保了一切险,就不需再加保一般附加险。

(2)特别附加险(Special Additional Risk)。特别附加险是指承保由于军事、政治、国家政策法令以及行政措施等特殊外来原因所引起的风险与损失的险别。它不属于一切险的范围。中国人民保险公司承保的特别附加险包括战争险、罢工险，以及交货不到险、进口关税险、舱面险、拒收险、黄曲霉素险和出口货物到香港、九龙、澳门存储仓火险责任扩展条款。

（二）责任起讫

1. 基本险的责任起讫期限。基本险的承保责任起讫期限，根据中国人民保险公司海洋货物运输保险条款的规定，均采用国际保险业务中经常采用的“仓至仓条款”（W/W）规定的办法处理。即保险责任从被保险货物运离保险单所载明的起运港或起运地发货人的仓库开始，一直到货物到达保险单所载明的目的港或目的地收货人的仓库为止。当货物一进入收货人的仓库，保险责任即行终止。保险公司对被保险货物在仓库中发生的损失不负保险责任。仓至仓条款的规定适用于正常运输中的海上、陆上、内河和驳船运输，但是，只要货物从目的港卸离海轮时起满 60 天，不论被保险货物是否进入收货人的仓库，保险责任也告终止。

此外，如果被保险货物在运至保险单所载明的目的港或目的地以前的某一仓库而发生分配、分派的情况，则该仓库就作为被保险人的最后仓库。如被保险货物在保险期限内需转运到非保险单所载明的目的地或目的港，则以该货物开始转运时终止保险责任。被保险人在特殊情况下可以要求扩展保险期。如对某些内陆国家出口货物，在港口卸货转运内陆时，如果不能按保险条款规定的保险期限到达目的地，则可申请扩展。扩展保险期须征得保险公司同意，并由其出具延长凭证，每日加收一定的保险费。

2. 海运战争险的责任起讫。战争险的责任起讫不采用仓至仓条款，其负责期限仅限于水上危险或运输工具上的危险。例如，海运战争险规定为：自保险单所载明的起运港装上海轮或驳船时起，到保险单载明的目的港卸离海轮或驳船时止为责任期限。如果被保险货物不卸离海轮或驳船，则保险责任最长延至货物到目的港当日午夜起满 15 天为止。如果需在中途港转船，则无论货物在中途港卸载与否，保险责任以到达中途港当日午夜起满 15 天为止，待再装上续运的海轮时，保险人才继续负责。

（三）保险金额及保险费率

保险费是投保人需缴纳的保险费用，为保险金额的一定百分比，是保险金额和保险费率的乘积。

保险金额是投保人对货物的投保金额，也是保险公司赔偿的最高金额。中国人民保险公司承保出口货物保险金额一般是 CIF 价加成 10% 的金额，即将买方预期利润和有关费用加入货价内一并计算。由于货物的价格、运输时间、目的地等情况不同，保险加成金额也不同，经买卖双方约定后，也可略高于 10%。

而我国进口货物的保险金额则不加成,原则上以 CIF 货价计算。因为我国进口合同大多用 CFR 或 FOB 术语,为简便起见,在预约保险合同中,议定了平均运费率和平均保险费率。

出口货物保险金额 = CIF 价 X(1 + 10%)

进口货物保险金额 = FOB 价(1 + 平均运费率)/(1 - 平均保费率)

或 保险金额:CFR 价/(1 - 平均保费率)

保险费率是按照商品品种、航程、险别等因素计算出来的,并根据具体情况作适当调整。我国对进口货物的保险实行两种保险费率,一种是适用于外贸各进出口公司的平均保险费率,另一种是适用于非外贸系统的其他进口单位的费率。

则保险费的计算为

出口货物保险费 = 保险金额 × 保险费率

进口货物保险费 = 保险金额 × 平均保费率

(四)保险单据

保险单据是保险公司和投保人之间订立的保险合同,它是保险公司出具的承保证明,也是被保险人凭以向保险公司索赔和保险公司理赔的主要依据。同时,保险单据还是向银行办理结汇的重要单据之一。在国际贸易中,保险单据可以不经保险人的同意,由被保险人背书后,随货权转让。我国常用的保险单据有保险单、保险凭证、联合凭证和预约保险单。

1. 保险单。保险单又称大保单,是一种正规的保险合同,也是最完整的保险证件。载明内容除上述投保单上各项内容外,还有保险公司的责任范围以及保险公司与被保险人双方权利、义务等详细条款,分别列在保险单的正、反面。

2. 保险凭证。保险凭证又称小保单,是一种简化的保险单,与大保单具有同样的作用和法律效力。保险凭证正面列有与保险单相同的重要项目,背面无详细保险条款,被保险人与保险人之间的权利和义务仍以正式保险单的保险条款为准,除非保险凭证有特定条款。

3. 联合凭证。联合凭证是比保险凭证更为简化的保险单证,即在出口货物的发票上由保险公司加注承保险别、保险金额和保险编号。这种保险单证使用较少,仅适用于对港、澳地区的部分交易。

4. 预约保险单。预约保险单又称预约保险合同,承保一定时期内发运的货物。载明内容为保险货物的保险范围、险别、保险金额、保险费率等项目。货物起运后,保险公司即自动承保,被保险人在得知货物起运后,将起运通知书送交保险公司。在我国,预约保险单仅适用于 FOB 和 CFR 条件进口的货物和出口的展品。

(五)保险索赔和理赔

保险索赔指被保险货物遭受承保责任范围内的风险而造成损失时,被保险人向保险人提出赔偿要求的行为。保险理赔指保险人处理保险索赔的行为。

1. 保险索赔应遵循以下程序

(1)被保险人仔细检查货物并进行验收,如果发现货损货差,须保持现场,以便保险人或其代理人检查。同时,注意获取承运人或港口、车站、机场等理货人证明。

(2)确定索赔对象。对于按 CIF 条件成交的出口货物,应向中国人民保险公司或保险单上载明的中国人民保险公司国外理赔代理人索赔;对于进口货物,进口方应向中国人民保险公司提出索赔。如果当地没有保险公司的理赔代理人或检验人时,收货人可向公证机构提出验货,并出具证明。

(3)提供有关单证。它包括:进口公证报告正副本各一份,以及事故证明文件;保险单;提单正本或副本;进口物资供应商签发的发票副本;供应商发票无受损物品的单价证明文件,或修理费估价单的剩余价值估计表;供应商签发的重量证明文件、品质证明文件、包装单副本;出口检验报告;货物损差检验报告;有关索赔的往来函电、索赔清单等。

保险公司将根据这些单据和保险单进行核查,然后进行理赔。

2. 索赔及理赔的注意事项

(1)权利转让手续。在被保险货物遭受损失应由第三方负责赔偿的情况下,被保险人从保险公司取得索赔后,应将向第三者的追偿权转让给保险公司。

(2)委托手续。当被保险人要求按推定全损赔偿时,应提出委托通知,将一切货物权利委托给保险公司,否则只能按部分损失赔偿。

(3)索赔时效。办理索赔必须在一定的时间内才有效,时效一般为两年。只要被保险人获悉或发现货物遭受损失之后立即通知保险公司,则一经通知,即说明索赔已经开始,就不再受索赔时效的限制。

(4)防止损失扩大。通常各国保险法或保险条款都规定,被保险人应采取一切必需措施防止货物损失的扩大。

三、其他运输形式的保险

在国际贸易中,不仅海洋运输的货物需办理保险,陆上运输、航空运输、邮包运输的货物也都需要办理保险。保险公司对不同方式运输的货物都订有相应的专门条款。

由于海上货物运输保险起源最早,陆上、航空、邮包等货物运输保险都是在海上货物运输保险的基础上发展起来的。尽管各种不同货物运输的具体责任有所不同,但它们的基本原则、保险公司保障的范围等差别不大。中国人民保险公司1976年1月起对《陆上运输货物保险条款》和《航空运输货物保险条款》以及《邮包保险条款》分别作了规定。

(一)陆上运输货物保险

陆上运输货物保险是货物运输保险的一种,分为陆运险(Overland Transportation Risks)和陆运一切险(Overland Transportation All Risks)两种,其责任范围仅以火车与汽车为限。

陆运险的承保责任范围与海洋运输货物保险条款中的"水渍险"相似。保险公司负责赔偿被保险货物在运输途中遭受暴风、雷电、洪水、地震等自然灾害,或由于运输工具(主要指火车、汽车)遭受碰撞、倾覆、出轨,或在驳运过程中因驳运工具遭受搁浅、触礁、沉没、碰撞,或由于遭受隧道坍塌、崖崩或失火、爆炸等意外事故所造成的全部或部分损失。此外,被保险人对遭受承保责任内风险的货物采取抢救、防止或减少货物损失的措施而支付的合理费用,保险公司也负责赔偿,但以不超过该批被救货物的保险金额为标准。陆运险保险公司的起讫责任是"仓至仓",但货物未进仓者,以该货物到达最后卸载车站的60天为止。

陆上一切险的承保责任范围与海上运输货物保险条款中的"一切险"相似。保险公司除承担上述陆运险的赔偿责任外,还负责被保险货物在运输途中由于外来原因所造成的全部或部分损失。

(二)航空运输货物保险

航空运输货物保险包括航空运输险(Air Transportation Risk)与航空运输一切险(Air Transportation All Risk)两种。

航空运输险的承保责任范围与海洋运输货物保险条款中的"水渍险"大致相同。保险公司负责赔偿被保险货物在运输途中遭受雷电、火灾、爆炸或由于飞机遭受恶劣气候或其他危难事故而被抛弃,或由于飞机遭受碰撞、倾覆、坠落或失踪等自然灾害和意外事故所造成的全部或部分损失。空运险的起讫责任为"仓至仓",但在最后卸载地卸离飞机后30天为止。航空运输一切险的承保责任范围除包括上述航空运输险的全部责任外,保险公司还负责赔偿被保险货物由于外来原因所造成的全部或部分损失。

(三)邮包运输货物保险

邮包运输货物保险包括邮包险(Parcel Post Risk)和邮包一切险(Parcel Post All Risk)两种。

邮包险中保险公司承保责任范围是负责赔偿被保险邮包在运输途中由于恶劣气候、雷电、海啸、地震、洪水、自然灾害,或由于运输工具搁浅、触礁、沉没、碰撞、出轨、倾覆、坠落、失踪,或由于失火和爆炸等意外事故所造成的全部或部分损失。另外,还负责被保险人对遭受承保责任内危险的货物采取抢救、防止或减少货损的措施而支付的合理费用,但以不超过该批被救货物的保险金额为标准。该险起讫责任是邮局至目的地邮局递交收件人止,但收件人不提货,自邮局发出通知15天止。邮包一切险的承保责任范围除包括上述邮包险的全部责任外,还负责被保险邮包在运输途中由于外来原因所致的全部或部分损失。

四、合同中的保险条款

在进出口贸易中,采用不同的贸易术语成交,办理投保的人也不同。当采用FOB或CFR条件成交时,应在买卖合同中订明由买方投保。

当采用CIF条件成交时,需向中国人民保险公司按保险金额、险别和适用的条款投保,并在合同中订明由卖方负责投保。

以上CIF出口合同的保险条款中订明的内容有投保金额、险别和依据的保险条款三个方面。

(一)投保金额

投保金额即保险金额,是保险人承担的最高赔偿金,也是核算保险费的基础。一般由买卖双方经过协商确定,按照惯例,通常为CIF或CIP总值加成10%。加成的百分比称保险的加成率,作为买方的经营管理费用和预期利润加保。

(二)投保险别

我国出口合同以CIF或CIP条件成交的,通常按照中国人民保险公司现行的货物运输保险险别,并根据商品的特点和海上风险的大小,由买卖双方约定投保的险别。

(三)依据的保险条款

我国通常以中国人民保险公司1981年1月1日生效的货物运输保险条款为依据。如果国外客户要求以英国伦敦保险业协会货物保险条款为准,我方也可通融接受。

第二节　支付条款

在国际贸易中,卖方交货和买方付款是双方的基本权利和义务。货款的收付直接影响到买卖双方的资金周转和融通,以及各种金融风险和费用的负担,所以支付条款是关系到买卖双方利益的关键问题。买卖双方在贸易磋商时应就支付条款达成一致意见,并在合同中列明。

我国对外贸易货款的收付,一般是通过外汇来结算。结算需涉及货款及其从属费用计价,结算方式以及收付的地点、时间和方式等等。对外贸易支付涉及支付工具和支付方式两方面内容。

一、支付工具

国际贸易货款的收付,一般都是通过银行,利用票据等支付工具进行的,现金结算和记账结算使用较少。票据是国际通行的结算和信贷工具,是可以流通转让的债权凭证。它主要有汇票、本票和支票三种。

(一)汇票(Bill of Exchange Draft)

汇票是一人签发给另一人的无条件的书面命令,要求受票人在见票时或在将来的固定时间,或可以确定的时间,对某人或其指定的人或持票人支付一定金额的款项。

汇票是国际贸易中最常用的一种票据。出口方索取货款时,往往开出汇票作为要求付款的凭证,其依据在于出票人与付款人即受票人已经确立的债权债务关系。因此,汇票的内容必须符合与其债权债务关系相关的贸易合同和信用证的规定。

1. 汇票的基本内容。各国票据法对汇票内容的规定不同,一般应该包括下列基本内容:

(1)载明“汇票”字样。字样所用文字应以该票据所用文字为准。载明“汇票”字样是为了与本票、支票等其他支付工具相区别。

(2)无条件支付一定金额的命令。表明出票人指定付款人支付给收款人的命令是不受任何限制,不附带任何条件的。

(3)受票人,即付款人。托收项下汇票的受票人为进口人或其指定的银行;信用证项下汇票的受票人按信用证办理。

(4)付款期限。它包括即期付款和远期付款两种。即期付款是出口人开出即期汇票,开证行或付款人见票立即付款。远期付款是指汇票上规定付款人于将来的一定日期付款,而不是见票付款。

(5)付款地点。付款人名字旁的地点就是付款地点,它是汇票支付地,也是请求付款地,或拒绝证书作出地。

(6)受款人,又称抬头人。它是受领汇票所规定金额的人。在进出口业务中通常是出口人或其指定的银行,通常有三种形式:第一,指示性抬头:在受款人栏中填写“付给 XX 公司或其指定人”,“付给 XX 人的指定人”。第二,限制性抬头:在受款人栏中填写“限付给 XX 人”或“限付给 X X 人,不许转让”限制性抬头的汇票不能转让和流通。第三,持票人式抬头:在受款人栏中填写“付给来人”。此类汇票无须持票人背书,仅凭交付汇票即可转让。

(7)出票日期与地点。一般以议付日期为出票日期,既不能晚于信用证的议付期限,也不能早于提单和发票日期。托收方式的出票日期由托收行寄回填写。信用证方式的出票地点为议付地点,托收方式的出票地点为委托人向托收行办理托收手续的地点。出票地点的位置一般在汇票的右上方和出票日期连在一起。

(8)出票人及其签字。汇票的出票人应该是信用证的受益人,在进出口业务中是出口人。经出票人签字,汇票才有效。

(9)汇票金额。汇票金额的大写与小写应完全一致,不许涂改或盖校对章。信用证方式下,所填制的货币名称应与信用证规定的货币名称完全一致,且汇票金额不得超过信用证金额。汇票金额也应与发票金额完全一致,除非信用证规定汇票金额按发票金额的一定百分比出具。余下的百分比若作为佣金,还须出具扣佣通知单。

(10)出票条款。即出票根据。信用证方式下的出票条款一般包括三个项目,即开证行名称、开证日期和信用证号码。

2. 汇票的种类。从不同的角度可将汇票进行不同的分类。

(1)按出票人不同分为:①银行汇票(Bank's Draft)。它是指出票人是银行,受票人也是银行的汇票。它一般是应汇款人的请求,开立以汇人行为付款人的汇票,是由银行向国外分支行或代理行签发的。由汇款人直接寄交收款人,凭票向汇人行取款。②商业汇票(Commercial Draft)。它是指出票人是商号或个人,付款人可以是商号、个人或银行的汇票。在进出口业务中,一般由出口商签发,向进口商或银行收取汇款。

(2)按有无随附商业单据分为:①光票(Clean Bill)。它是指不附带商业单据的汇票,一般仅在托收或收取运费、佣金等款项时使用。银行汇票多是光票。②跟单汇票(Documentary Draft)。它是指附带商业单据的汇票,即开立的汇票必须随附有货运单据及其他有关单据才能生效。它是出口商以货物作抵押取得货款的一种办法,所以出口商大多使用跟单汇票。商业汇票一般为跟单汇票。

(3)按汇款时间不同分为;①即期汇票(Sight Draft)。它是指明确规定见票立即付款的汇票。②远期汇票(Time Bill or Usance Bill)。它是指在一定时限或特定日期付款的汇票。具体付款时间的确定,由买卖双方商定。

(4)按承兑人不同分为:①商业承兑汇票(Commercial Acceptance Bill)。它是指经商号付款人承兑的汇票。承兑汇票是远期汇票,如果该远期汇票的付款人是商号,则经商号承兑后的汇票即为商业承兑汇票。②银行承兑汇票(Banker’s Acceptance Bill)。它是经银行付款人承兑的汇票。即指远期汇票的付款人是银行,经银行承兑后的汇票。银行承兑汇票的信用要高于商业承兑汇票,因此流通的汇票多为银行承兑汇票。

一张汇票往往可以同时具有几种性质,如一张商业汇票同时又可以是即期的跟单汇票,而一张远期的商业跟单汇票,同时又可以是商业承兑汇票。

3. 汇票的使用程序。汇票的使用程序包括出票、提示、承兑和付款。如果是即期汇票,则无须承兑手续。如果需要转让,通常要经过背书行为转让。当汇票遭到拒付时,还要作成拒绝证书和行使追索。

(1)出票(Issue)。出票是出票人在汇票上填写付款人、付款金额、付款日期和地点以及受款人等项目,签字后交给受票人的行为。出票时,对受款人的写法可以采用指示性抬头或限制性抬头、或持票人抬头。

(2)提示(Presentation)。提示是指持票人将汇票提交付款人要求承兑或付款的行为。付款人见到汇票称见票(Sight)。提示有付款提示和承兑提示两种:①付款提示。持票人将汇票提交付款人要求付款的行为。②承兑提示。持票人将远期汇票提交付款人要求承兑的行为。

(3)承兑(Acceptance)。承兑是指付款人对远期汇票表示承担到期付款责任的行为。付款人在汇票上写明“承兑”字样,注明承兑日期,签字后交还持票人。

(4)付款(Payment)。对于即期汇票,当持票人向付款人作出付款提示后,付款人即应付款;对于远期汇票,持票人首先须向付款人作承兑提示,由付款人履行承兑手续,明确到期付款的责任。在汇票付款到期日,持票人再向付款人作付款提示,付款人予以付款。因此,远期汇票的持有人需向付款人作两次提示。付款后,汇票上的一切债务即告终止。

(5)背书(Endorsement)。经过付款人承兑的汇票,在国际金融市场上可以经过受款人的背书进行转让。背书是转让汇票权利的一种法定手续,是由持票人在汇票背面签上自己的名字,或再加上受让人(被背书人)的名字,然后将汇票交给受让人的行为。汇票持有人进行背书是为了在汇票到期日付款人付款前,预先取得票款,受让人受让时扣除从转让日起到汇票付款日止的利息后将票款付给持有人。经背书后,受让人拥有收款权利。这实际上是对汇票进行贴现,是受让人对汇票持有人的一种资金融通。汇票可以不断地进行背书转让下去。对于受让人来说,所有在他以前的背书人和原出票人都是他的“前手”;而对于出让人来说,所有在他出让以后的受让人都是他的“后手”。前手对后手负有担保汇票必然会被付款的责任。

(6)拒付(Dishonour)。拒付也称退票,是指持票人提示汇票要求承兑时遭到拒绝承兑,或持票人提示汇票要求付款时,遭到拒绝付款。此外,付款人拒不见票、死亡或宣告破产,以致付款事实上已不可能时,也构成拒付。汇票在合理时间内提示而遭拒绝承兑,或在到期日提示而遭拒绝付款,则持票人立即产生追索权。追索权是指汇票遭到拒付时,持票人有请求其前手(背书人、出票人)偿还汇票金额及费用的权利。有些国家法律规定,持票人为行使追索权应及时做出拒付证书。拒付证书是由付款地的法定公证人或其他依法有权做出证书的机构如法院、银行、邮局等,做出证明拒付事实的文件。它是持票人凭以向其"前手"进行追索的法律依据。如果是已承兑汇票遭拒付,持票人可凭拒付证书向法院起诉,要求承兑汇票的付款人付款。此外,汇票的出票人或背书人为了避免承担被追索的责任,也可在出票时或背书时加注"不受追索"字样。但加注此字样的汇票很难在市场上流通。

(二)本票

本票(Promissory Note)是一个人向另一个人签发的,保证于见票时或定期或在可以确定的将来时间,对某人或其指定人或持票人支付一定金额的无条件的书面承诺。即指出票人对受款人承诺无条件支付一定金额的票据。

本票分为商业本票和银行本票。商业本票又称一般本票,是由工商企业或个人签发的,有即期和远期之分;银行本票是由银行签发的,都是即期。在国际贸易结算中使用的本票都是银行本票。有的银行发行见票即付,不记载收款人的本票或是来人抬头的本票,其流通性与纸币相似。

(三)支票

支票(Cheque or Check)是以银行为付款人的即期汇票,即存款人对银行签发的无条件支付一定金额的委托或命令。出票人在支票上签发一定的金额,要求受票的银行见票即支付此金额给特定人或持票人。

支票的出票人必须是在付款银行设有存款的存户,而且在签发支票时,应在付款银行存有不低于票面金额的存款,除非银行允许透支。否则,支票持有人在向付款银行提示支票要求付款时,就会遭到拒付。这种支票称空头支票,开此支票负法律责任。

我国对外贸易业务较少使用支票。有时驻外商务机构在当地销售商品时接受国外买者的支票,或偶尔收到国外进口商寄来支票作为付款凭证。支票的种类有记名支票、不记名支票、划线支票、保付支票、银行支票等。

二、支付方式

支付方式是指收付货款的方式。我国对外贸易业务中所使用的支付方式,主要有汇付、托收和信用证。汇付采用的是顺汇方法,托收和信用证采用的是逆汇方法。这三种支付方式都通过银行办理,但银行的作用并不相同。汇付和托收方式下,银行不承担进口人付款和出口人提供货运单据的义务,而是由买卖双方根据贸易合同相互提供信用,所以属商业信用;而信用证方式是以银行有条件地保证付款来提供信用的,属银行信用。

(一)汇付

汇付即汇款,是债务人或付款人通过银行,将款项汇交债权人或收款人的结算方式。进出口贸易中的汇付,一般是由买方按合同规定的条件将汇款通过银行汇交卖方。

汇付的种类有电汇、信汇和票汇。

1. 电汇(Telegraphic Transfer, T/T)。电汇指汇出行应汇款人的申请,拍发加押电报或电传给国外汇入行,指示解付一定金额给收款人的一种汇款方式。

电汇方式的优点是收款人可迅速收到货款,但汇款人要负担较高的费用。

2. 信汇(Mail Transfer, M/T)。信汇是汇出行应汇款人的申请,将信汇委托书寄给汇入行,授权解付一定金额给收款人的一种汇款方式。采取信汇时,汇出行是通过邮政用信件通知汇入行的,这与电汇采用电报电传的形式不同。汇入行在收到汇出行寄来的信汇委托书或支付通知单后,要核对汇出行的签字和印鉴,证实无误后才能付款给收款人。信汇通知书一般一式多联,包括准备收款人收款时签具的收据正副本和给收款人的通知等。其余的收付程序与电汇相同。

信汇方式的优点是费用低廉,但收款人收到汇款的时间较迟。

3. 票汇(Remittance by Bankers, D/D)。票汇是汇出行应汇款人的申请,代汇款人开立以其分行或代理行为解付行的银行即期汇票,支付一定金额给收款人的一种汇款方式。票汇与电汇、信汇的不同在于:票汇的汇入行无须通知收款人,而由收款人自行持票上门取款;票汇除有限制转让和流通的规定外,经收款人背书,通常可转让流通,所以涉及的当事人较多。而电汇、信汇的收款人不能将收款权转让,所以涉及的当事人也较少。

采用票汇方式时,银行利用汇款资金的平均时间很长,可以为银行提供较多的利润,所以对银行最为有利。汇付的业务流程如图10-1。

(二)托收

托收(Collection)是指债权人(一般为出口人)出具汇票委托银行向债务人(一般为进口人)收取货款的一种支付方式。托收方式一般都通过银行办理,所以又称银行托收。基本做法是“由出口人根据发票金额开具以进口人为付款人的汇票,向出口地银行提出托收申请,委托该银行通过它在进口地的代理行或往来银行代向进口人收款。

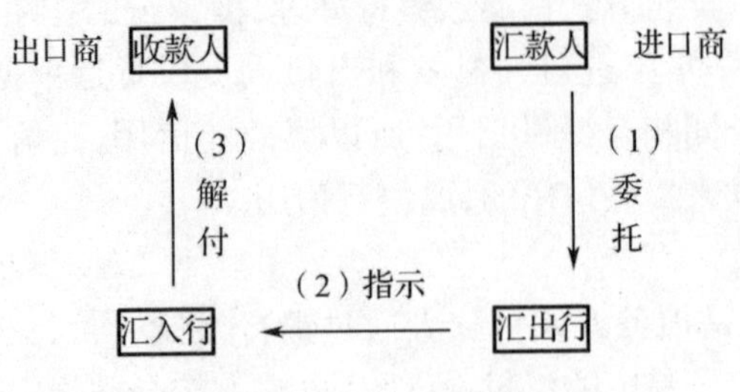

图10-1 汇付流程图

1. 托收方式的当事人

(1)委托人。委托人也称出票人、债权人,是委托银行办理托收业务的客户,通常是出口人。

(2)托收银行。托收银行简称托收行,是指接受委托人的委托,办理托收业务的出口地银行。

(3)代收银行。代收银行简称代收行,是指接受托收行的委托向付款人收取票款的进口地银行。它通常为托收行的国外分行或代理行。

(4)付款人。付款人即债务人,也是汇票上的受票人,即进口人。

按照一般国家的银行做法,委托人在委托银行办理托收时,须附具一份托收委托书,又称托收申请书。委托书中的内容包括委托的具体事项以及委托人和托收行双方的责任范围。托收行在接受委托后,应按照委托书的指示内容办理托收。委托人与托收行,托收行与代收行之间都是委托和代理的关系,所以,托收行和代收行只凭收到的单据种类等简单情况核对与托收指示书所列内容是否一致。至于对能否收回货款,对单据和函件等在邮递过程中出现遗失、残缺、延误或其他错误,以及对由于天灾、战争、罢工等特别事故引起的银行营业时间中断,均不负责。但如果代收行违反了托收委托书,则由此产生的一切后果都由代收行负责。

付款人和代收行之间不存在任何契约关系,付款人也不受代收行的任何约束。付款人之所以向代收行付款,是根据代收行或提示行所提示的汇票及其他托收单据或凭证而履行付款的责任。所谓提示行是指向付款人作出提示汇票和单据的银行,它可以由代收行自己兼任,也可以是代收行委托与付款人有往来账户关系的银行。

2. 托收的种类。托收可根据所使用汇票的不同,分为光票托收和跟单托收两种。后者使用的较多。

(1)光票托收。光票托收(Clean Bill for Collection)是指不附带任何货运单据,只凭汇票的托收。但有时附有发票、垫款清单等非货运单据。光票托收方式常用于收取货款尾数、样品、佣金、代垫费用、贸易从属费用、进口索赔款以及非贸易项目应收款等。

(2)跟单托收。跟单托收(Documentary Bill for Collection)是指出口人在装运货物后开立汇票并跟随货运单据、发票及其他单据委托托收行通过进口国的代收行向进口人收款。根据随附的货运单据交付的条件不同,跟单托收又分为付款交单和承兑交单两种:①付款交单(Documents against Payment)是指出口人的交单以进口人的付款为条件,即出口人发货并取得装运单据后,立即委托银行向进口人收款,指示银行只有在进口人付清货款时,才向进口人交出货运单据。按付款时间的不同,付款交单又可分为即期付款交单和远期付款交单两种。即期付款交单:指出口人发货后开具即期汇票连同货运单据,通过银行向进口人提示,进口人见票后立即付款,付清贷款后向银行领取货运单据。远期付款交单:指出口人发货后开具远期汇票连同货运单据,通过银行向进口人提示,进口人经审核无误即在汇票上承兑,于汇票到期日付款后再领取货运单据。②承兑交单(Documents against Acceptance,D/A)是指出口人的交单以进口人在汇票上承兑为条件。具体做法是:出口人在装运货物取得货运单据后,开具远期汇票,连同货运单据,通过银行向进口人提示,进口人承兑汇票后,代收行即将货运单据交给进口人,进口人在汇票到期日履行付款义务。承兑交单方式只适于远期汇票的托收。在此方式下,进口人只要在汇票上承兑之后就可取得货运单据,而对出口人来说,交出物权凭证之后,其收款的保障就完全依赖于进口人的信用。一旦进口人到期拒付,出口人便会遭受货、款两空的损失。因此,出口人对于接受这种方式必须慎重。

3.使用托收方式应注意的问题。托收属商业信用,银行办理托收业务时,只是按委托人的指示办理,并无承担付款人必须付款的义务。除非事先约定,在进口人拒不付款赎单时,银行也没有义务代为保管货物。在付款交单条件下,进口人在没有付清货款之前,领不到货运单据,物权仍在出口人手中。即便进口人到期拒不付款赎单,出口人仍可把货物另行处理。但需负担较高费用和风险。至于在承兑交单条件下,进口人只要办理了承兑手续,在付款之前就可取得货运单据。而出口人交出物权后,能否收回货款完全取决于进口人的信用。所以对出口人来说,承兑交单比付款交单的风险更大。跟单托收对出口人虽有一定的不同程度的风险,但对进口人却很有利,可免去申请开立信用证的手续,不必付银行押金,减少费用支出,也有利于其资金融通和周转。

托收方式和汇付方式都无第三者担保,都属商业信用。但在实际进出口业务中,使用跟单托收要比汇付方式多。汇付条件下,无论是出口人先发货,进口人收货后再付款，还是进口人先付款，出口人见款后发货，都会对某一方产生较大风险。因此双方都会争取对自己有利的支付方式，以减少风险及资金占用。但又因双方利益差距很难统一，故使用较少。而托收方式则使双方的风险差异得到一些弥补。对出口人来说，进口人在付款后或承兑后才能掌握货权，在收汇方面要比汇付中先发货后收款的方式安全。对进口人来说，他是见到了货运单据。说明货物确实已装运，或取得货权后才付款，所以要比预付货款方式优越。因而跟单托收方式在进出口业务中的应用更为广泛。托收业务流程如下图。

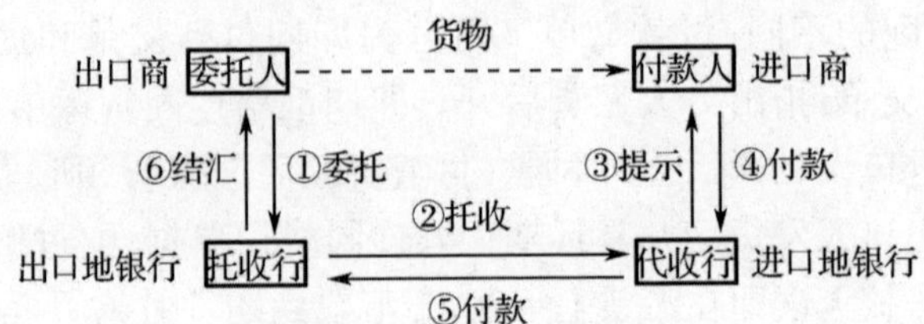

图 10－2　托收业务流程

三、信用证支付方式

信用证是国际贸易中采用最为广泛的一种支付方式。与汇付和托收相比，信用证支付方式把进口人履行付款责任，转为由银行来履行，以保证出口人安全迅速收到货款，进口人按时收到货运单据。所以在一定程度上解决了进出口人之间互不信任的矛盾，也为双方提供了资金融通的便利。

（一）信用证的概念

信用证（Letter of Credit，L/C）又称银行信用证，是指银行根据进口人的申请而开给出口人，保证在出口人按所规定的条款提供各种单据时，银行以其自己的信用保证履行付款的一种书面凭证。简而言之，即为银行开立的有条件的承诺付款的书面文件。

（二）信用证支付的当事人

1. 开证申请人。简称开证人，指向银行申请开立信用证的人，即进口人。

2. 开证银行。开证行是指接受开证人的委托，开立信用证的银行，它承担保证付款的责任。开证行一般为进口所在地银行。

3. 通知银行。通知行指受开证行委托，将信用证转交出口人的银行。它只证明信用证的真实性，并不承担其他义务。通知行一般是出口地银行，通常为开证行的分行、联行或代理行。

4. 受益人。受益人指信用证上所指定的有权使用该证的人，即出口人。

5. 议付银行。议付行是指愿意买入受益人交来的跟单汇票的银行。议付行可以是指定的银行,也可以是非指定的银行,由信用证条款规定。

6. 付款银行。付款行是信用证上指定的付款银行,它一般是开证行,也可以是开证行指定的另一家银行,由信用证条款规定。

(三)信用证支付的程序

采用信用证支付方式时,从进口人向银行申请开出信用证,一直到开证行付款后又向进口人收回垫款,须经过多道环节,办理多种手续。其一般程序见图 10－3。

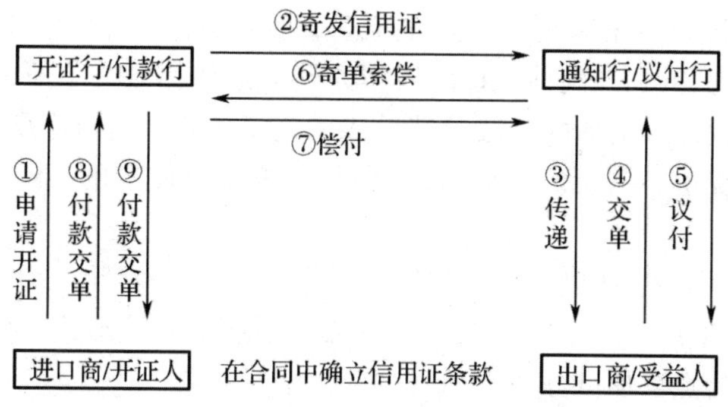

图 10－3　信用证流程图

(1)申请开证。进口商向当地银行申请开证并填写开证申请书。

(2)开证行通知。开证行开立信用证并寄交通知行。

(3)传递信用证。通知行核对真伪后交给出口商。

(4)制作单据。出口商接信用证规定备货装运制单,交议付行议付。

(5)议付。议付行审单后议付。

(6)寄单索偿。议付行将单据寄给开证行并结汇。

(7)审单付款。开证行审查后偿付款项。

(8)进口商赎单。进口商向进口地银行付款赎单据。

(9)开证行收款交单。进口商凭单据到运输公司提取货物。

(四)信用证支付的特点

1. 信用证是一种银行信用。信用证支付方式是一种银行信用,由开证行以自己的信用作出付款的保证。采用信用证付款时,银行处于第一付款人的地位。这是因为开出信用证的银行对出口人履行付款的担保,并不是在付款人不付款时,由银行代为付款这种一般意义上的担保,而是出口人可以直接向开证行要求付款,并不需要向进口人要求付款这种特殊担保。即开证行是首先负责付款的责任者。

2. 信用证是一项自足的、独立的文件。信用证的开立是以进出口合同为依据的,但信用证一经开出,就成为独立于进出口合同以外的开证行和受益人之间的契约。跟单信用证统一惯例规定,信用证与其可能依据的进出口合同或其他合同,是相互独立的交易。即使信用证中提及该合同,开证行也不受其约束。开证行和其他参与信用证业务的银行只按信用证的规定办事。

3. 信用证业务是一种纯粹的单据业务。在信用证业务中,各有关方面处理的是单据,而不是与单据有关的货物、服务及(或)其他行为。所以,信用证业务是一种纯粹的单据业务。只要受益人或其指定人能提交符合信用证条款的单据,开证行就应承担付款、承兑或议付的责任。因此,银行须合理、小心地审核一切单据,但这种审核只是用以确定单据表面上是否符合信用证条款。银行对任何单据的完整性、准确性、真实性,以及伪造或法律效力上所发生的问题,或者在单据上规定或附加的一般及特殊条款概不负责。对单据所代表的有关货物的各种情况也不负责。简而言之,银行只要求表面上的"单单一致,单证一致"。

(五)信用证的种类

信用证的使用范围很广,种类也很多,根据其性质、形式、付款期限和流通方式的不同特点可加以分类。

1. 以信用证项下的汇票是否附有货运单据,可将信用证划分为跟单信用证和光票信用证

(1)跟单信用证(Documentary L/C)。它是指开证行凭跟单汇票或仅凭单据付款的信用证。单据是指代表货物已交运的单据,如提单,以及证明货物已交运的单据,如铁路运单、航空运单、邮包收据等。进出口业务中使用的信用证绝大多数是跟单信用证。

(2)光票信用证(Clean L/C)。它是指开证行仅凭不附单据的汇票付款的信用证。也有的光票信用证要求附有非货运单据,如发票、垫款清单等。采用信用证方式预付货款时,通常用光票信用证。

2. 以开证行所负的责任为标准,可将信用证分为不可撤销信用证和可撤销信用证

(1)不可撤销信用证(Irrevocable L/C)。它是指信用证一经开出,在有效期内,未经受益人及有关当事人的同意,开证行不得片面修改或撤销,只要受益人提供的单据符合信用证规定,开证行必须履行付款义务。这种信用证因对受益人能提供真正的保障,而在国际贸易中被广泛使用。

(2)可撤销信用证(Revocable L/C)。它是指开证行对所开信用证不必征得受益人或有关当事人的同意,有权随时撤销的信用证。这种信用证对受益人极为不利,所以受益人一般不愿接受。但开证行修改或撤销信用证的权利并非

漫无限制。《跟单信用证统一惯例》、《国际商会第500号出版物》规定:只要受益人依信用证条款规定已得到了议付、承兑或延期付款保证时,即可撤销信用证已被受益人利用时,该信用证则不能被修改或撤销。

这两类信用证中应注明"不可撤销"或"可撤销"字样,以作区别。由于国际贸易中开立的信用证绝大多数是不可撤销信用证,所以《跟单信用证统一惯例》、《国际商会第500号出版物》规定:如信用证中无以上字样,应视为不可撤销信用证。

3. 按有没有另一银行加以保证兑付,可将信用证分为保兑和不保兑信用证

(1)保兑信用证(Confirmed L/C)。它是指开证行开出的信用证,由另一银行保证对符合信用证条款规定的单据履行付款义务。经过保兑的信用证称保兑信用证。对信用证加以保兑的银行称保兑行。保兑信用证所负担的责任相当于其本身开证,所以只有对不可撤销信用证,才能保兑,成为保兑的不可撤销信用证。此时开证行和保兑行都负第一性的付款责任。所以这种双重保证的信用证对出口人最为有利。保兑行通常是通知行,也可以是出口地的其他银行或第三国银行,其负担付款责任的条件为,受益人须在到期日或之前向保兑行提交规定的且符合信用证条款的单据。

(2)不保兑信用证(Unconfirmed L/C)。它是指开证行开出的信用证没有经另一家银行保兑。不保兑信用证适用于开证行资信好和成交金额不大时的支付。

4. 根据付款时间的不同,可将信用证分为即期信用证和远期信用证

(1)即期信用证(Sight L/C)。它是指开证行或付款行收到符合信用证条款的跟单汇票或装运单据后,立即履行付款义务的信用证。其特点是出口人收汇迅速安全,有利于资金周转。

(2)远期信用证(Usance L/C)。它是指待远期汇票到期才付款的信用证。受益人提供符合信用证要求的远期汇票及单据,不能立即取得贷款,须等汇票到期后,付款行或开证行才履行付款责任。

5. 根据受益人对信用证的权利可否转让,可将信用证分为可转让信用证和不可转让信用证

(1)可转让信用证(Transferable L/C)。它是指受益人(第一受益人)有权把信用证的全部或部分转让给第三者(第二受益人)的信用证。可转让信用证必须有开证行在信用证中明确注明的"可转让"字样。

可转让信用证只能转让一次,即只能由第一受益人转让给第二受益人,但第二受益人不得要求将信用证转让给其后的第三受益人。但并不禁止再转让给第一受益人。在信用证不禁止分批装运的情况下,第一受益人把信用证金额

分几个部分分别同时转让给几个人,仍可视为一次转让。

(2)不可转让信用证(Non - Transferable L/C)。它是指受益人不得将信用证的权利转让给第三者的信用证。凡未在信用证中注明“可转让”者,均视为不可转让信用证。

6. 循环信用证(Revolving Credit)。循环信用证指信用证被全部或部分使用后,其金额又恢复到原金额,可反复使用,直至到达规定的次数或规定的总金额为止。该信用证又分为按时间循环信用证和按金额循环信用证。

(1)按时间循环信用证,是指受益人在一定时间内可多次支取规定金额的信用证。

(2)按金额循环信用证,是指信用证金额议付后,仍恢复到原金额可再次使用,直至用完规定的总额为止。

循环信用证和一般信用证的不同在于:循环信用证可多次循环使用。适用于分批均匀交货的情况。其优点为:进口人不必多次开证从而节省了开证费用;同时出口人的审单、改证等手续也得以简化。

7. 对开信用证(Reciprocal L/C)。对开信用证是指两张信用证的开证申请人互以对方为受益人而开立的信用证,即如第一张信用证的受益人为出口人,开证申请人为进口人;则第二张信用证正好相反,受益人为进口人,开证申请人为出口人。且第一张信用证的通知行正是第二张信用证的开证行。两证可同时互开,也可先后开立,金额相等或大致相等。对开信用证多用于易货贸易或来料加工和补偿贸易的支付,交易双方都担心对方凭第一张信用证出口或进口后,另外一方不履行进口或出口义务,所以采用相对开证的办法,以约束彼此。

8. 对背信用证(Back to Back L/C)。对背信用证,又称转开信用证。它是指受益人要求原证的通知行或其他银行以原证为基础,另开一张内容相似的新证给另一受益人,此新证就是对背信用证。对背信用证的开立通常是中间商转售他人货物,以从中图利;或者是两国不能直接办理进出口贸易时,通过第三者沟通贸易。对背信用证的受益人可以是国外的,也可以是国内的。如美国商人通过香港中间商购买我国出口的商品,美商开立一张信用证给港商,港商将此信用证交香港一家银行,申请以该证为基础,另开一张新证给我国出口企业。我国出口企业凭此对背信用证将货物装运后向我国出口地银行交单议付,港商在单据到达香港时换一张以他具名的发票交香港经办银行议付。

9. 备用信用证(Standby L/C)。备用信用证,又称商业票据信用证、担保信用证或保证信用证。它是指开证行代表开证人对受益人承担某项义务的凭证,即开证行承诺偿还开证人的借款,或开证人未履行时,保证为其支付。如果开证行按期履行合同的义务,受益人就无需要求开证人在备用信用证项下支付任何贷款或赔款。

备用信用证属银行信用,是作为银行保函的替代物而广泛流行,一般用在投标、还款或履行保证、预付货款和赊销等业务中。

第三节　检验条款

国际贸易中,卖方所交货物的品质、数量、包装等必须符合合同规定,因而在买卖双方交接货物过程中,对商品进行检验并出具检验证书,是一个不可缺少的环节。商品可以由买卖双方自行检验。但在国际贸易中,大多数场合下买卖双方不是当面交接货物,而在长途运输和装卸过程中,又可能由于各种风险和承运人的责任而造成货损。为了便于分清责任,确认事实,往往需要由权威的、公正的商检机构对商品进行检验,并出具检验证书以资证明。这种由商检机构出具的检验证书,已成为国际贸易中买卖双方交接货物、结算贷款、索赔和理赔的主要依据。

此外,各国法律和《联合国国际货物销售合同公约》都对买方的检验权作了相似的规定:除非合同另有规定,当卖方履行交货义务以后,买方有权对货物进行检验,如果发现货物与合同规定不符,而且确属卖方的责任,买方有权向卖方表示拒收,并有权索赔。

一、检验的时间和检验地点的规定

《公约》等规定的买方检验权,是一种法定的检验权,它服从于合同的约定,买卖双方通常都在合同中对如何行使检验权的问题作出规定,即规定检验的时间和地点。主要有以下四种做法:

(一)在出口国检验

1. 工厂检验。也称产地检验,即在货物离开生产地点(如工厂、农场或矿山等)之前,由卖方或其委托的检验机构人员对货物进行检验或验收。卖方承担货物离开产地之前进行检验或验收为止的责任,而在运输途中出现的品质、数量等方面的风险则由买方负责。这是国际贸易中普遍采用的习惯做法。我国在进口重要商品和生产线之类的设备时,一般也是在出口国发货前于工厂安装运转测试。如当时有质量问题,可由供货厂家立即解决。

2. 装船前或装船时在装运港检验。主要采用“以离岸品质、重量(Shipping Quality and Shipping Weight)为准”。按此规定,出口货物于装运前由装运地的或双方约定的商检机构进行检验并出具品质和重量检验证书,以该证书作为决定商品品质和重量的最后依据。所谓最后依据是指,只要卖方在装运前取得商检机构出具的各项检验证书,就表明所交货物的品质和重量与合同的规定相符。货到目的港或目的地后,买方可以对货物进行复验,但无权向卖方提出异议。除非买方能证明,货到目的港(地)时的变质或短量是由于卖方未能履行合同的品质、数量、包装等条款,或因货物固有的瑕疵引起的。所谓离岸品质和离岸重量代表的是风险转移时的品质和重量,至于在运输途中发生的货损货差,买方仍有权向有关责任方面索赔。

装船时检验,是指用传送带或机械操作的办法进行装船的散装货,在装船过程中抽样检验或衡量。与装船前检验一样,也属离岸品质、重量。

采用以离岸品质、重量为准时,可在合同中订明如:"由中国进出口商品检验局出具的有关证明书证明的品质和重量是终局的。"

(二)在进口国检验

1. 以到岸品质、重量为准。按此规定,货物须于到达目的港卸货后,由目的港的商检机构进行检验并出具品质和质量检验证书,以该证书作为交货品质和重量的最后依据。如发现货物的品质或重量与合同规定不符而责任属于卖方时,则买方可向其提出索赔或按双方的事先约定处理。

2. 在用户所在地检验。对于密封包装的,不能在使用之前拆开包装检验的货物,或规定复杂、精密度高的,需要具备一定的检验条件和检验设备才能检验的货物,可将其运至买方营业处所或最终用户所在地进行检验。以当地的检验机构出具的品质、重量证明作为最后依据。

在出口国检验偏向卖方利益,对买方不利;而进口检验偏向买方利益,对卖方不利。采用进口国检验时,可在合同中规定:"由目的地公证所出具的有关证书证明的品质和重量是终局的。"

(三)出口国装运港检验、进口国目的港复验

以出口国装运港商检机构验货后出具的检验证明,作为卖方向银行议付货款的单据之一,而不作为最后依据。货到目的港后由双方约定的检验机构在规定的时间内复验,如发现货物的品质、重量(数量)与合同规定不符而责任属于卖方时,买方可根据检验机构出具的复验证明,向卖方提出异议,并作为索赔的依据。这种做法对买卖双方都有好处,比较公平合理,因而在国际贸易中应用广泛。

(四)装运港检验重量、目的港检验品质

主要"以离岸重量、到岸品质(Shipping Weight and Landed Quality)为准",指以装运港检验机构出具的重量检验证书为卖方交货重量的最后依据,以目的港检验机构出具的品质检验证书为卖方交货品质的最后依据。这种做法多应用于大宗商品交易的检验中,以调和买卖双方在检验问题上存在的矛盾。

二、检验证书及其作用

检验证书是指进出口商品经商检机构检验、鉴定后出具的证明文件。若合同规定由商品生产单位或进口商品使用单位出具商检证明,则该证明也可作为商检证书。

(一)检验证书的种类

1. 厂方出具的品质证书。买卖双方协定货物的品质以厂方出具的品质证书为依据。该品质证书的主要项目包括:编号、出证日期、受货人、发货人、重量、数量、商品名称、唛头与号码、检验结果。

2. 商检局出具的各种检验证书。①品质检验证书(Inspection Certificate of Quality)。它是指使用各种检测手段,对进出口商品的质量、规格、等级进行检验后出具的书面证明。②重量检验证书(Inspection Certificate of Weight)。它是指根据不同的计量方式证明出口商品的重量。③数量检验证书(Inspection Certificate of Quantity)。它是指根据不同计量单位,证明商品的数量。④兽医检验证书(Veterinary Inspection Certificate)。它是指动物产品在出口前经兽医检验,合格后出具的书面文件。如对冻畜肉、皮张、毛类、绒类、猪鬃及肠衣等的检疫。⑤卫生检验证书(Sanitary Inspection Certificate)。针对出口食用动物产品,如罐头食品、蛋品、乳制品等商品,是否符合卫生标准,是否适合人类食用等,经检验后出具的书面证明。⑥消毒检验证书(Disinfection Inspection Certificate)。证明出口动物产品经过消毒,使用此证书,如猪鬃、马尾、羽毛、人发等商品。⑦产地检验证书(Inspection Certificate of Origin)。证明出口产品的产地时使用的证书。⑧价值检验证书(Inspection Certificate of Value)。需要证明产品价值时所出具的证书。⑨验残检验证书(Inspection Certificate on Damaged Cargo)。证明进口商品残损情况,估计残损贬值程度和判断致损原因等,供索赔时使用。⑩验舱证书(Inspection Certificate on Tank/Hold)。证明未装载前的船舱清洁或消毒情况、是否有异味、能否装载某种货物等内容。

3. 中国动植物检疫所出具的检验证书。①植物检疫证书。主要证明整批货物经过检验未发现植检植保协定及合同中规定的病、虫、杂草籽等情况。②熏蒸证书。证明货物熏蒸或消毒处理的情况,如熏蒸或消毒的日期和处理的时间、方法、药剂种类和浓度等情况。

商检局和动植物检疫所出具的上述证书,其格式基本一致,都有以下各项:编号和出证日期;发货人;受货人;品名;报检重量、数量、规格等;检验结果。产地证明书上还需列明生产和制造地点。

在国际贸易中,卖方究竟提供何种证书,要根据成交商品的种类、性质、有关法律和贸易习惯,以及政府的涉外贸易政策而定。为了明确责任,在检验条款中应清楚规定所需证书的类别。

(二)检验证书的作用

各种检验证书是针对不同商品的不同检验项目而出具的,但所起的作用基本相同:

1. 作为海关验关放行的凭证。我国商检法规定,凡属商检范围内的商品,由各地商检机构实施法定检验,其监督任务由海关执行。也就是说,对法定检验的进出口商品,商检局签发的检验证书是各进出口公司据以向海关报检的有效凭证。而未经商检并签发检验证书或在放行单及报失单上加盖放行章的,海关不予放行。

2. 作为证明卖方履约的有效证件。证明卖方所交货物的品质、重量(数量)、包装及卫生条件等是否符合合同规定的依据。

3. 作为卖方向银行议付的有效证件。如果商检证书中所列的检验结果与合同或信用证中的规定不符,银行有权拒绝议付贷款。

4. 作为办理索赔、仲裁和诉讼的有效证件。货到目的港后,经商检机构复验如发现商品品质或数量及包装等与合同不符,可向有关责任方提出仲裁或诉讼,商检证书是向仲裁庭或法庭举证的不可缺少的有效凭证。

5. 作为划分责任的有效证件。如事故发生后出现争议,商检证书可作为证明事态,明确责任归属的有效证件。

6. 作为征税和退税的有效凭证。有的国家海关在征收进口关税时,不完全以商业发票上所列的数字为基准,还要参考检验证书的有关内容。

7. 作为买卖双方计价的依据。有些商品依照品质规格幅度进行增减价,所以商检机构签发的品质证书可作为增减价的依据。

三、检验条款的订立

(一)出口合同中的检验条款

在我国出口贸易中,一般采用出口国检验,进口国复验的办法:货物装船前,由我国出口口岸的商检局进行检验,签发检验证书后予以放行,该证书作为向银行议付货款的依据;货到目的港后,由当地检验机构进行复验,出具的检验证明作为买方索赔的依据。如在合同中可订立以下条款:

“双方同意以装运港中国进出口商品检验局签发的品质和数(重)量检验证书作为信用证项下议付单据的一部分。买方有权对货物的品质、数(重)量进行复验。复验费由买方负担。如发现品质或数(重)量与合同不符,买方有权向卖方索赔。索赔期限货到目的港××天内。”

(二)进口合同中的检验条款

我国在进口合同中订立的检验条款如下例:“商品检验:双方同意以制造厂出具的品质及数量或重量证明书作为有关信用证项下付款的单据之一。但是,货物的品质及数量或重量检验应按下列规定办理:货到目的地 XX 天内,经中国进出口商品检验局复验,如发现品质或数量或重量与本合同规定不符时,除属保险公司或船公司负责者外,买方凭中国进出口商品检验局出具的检验证明书,向卖方提出退货或索赔。所有因退货或索赔引起的一切费用(包括检验费)及损失,均由卖方负担。在此情况下,凡货物适于抽样者,买方可应卖方要求,将货物的样品寄交卖方。”

(三)订立检验条款应注意的问题

1. 检验条款应与合同其他条款相一致,不能相互矛盾。在检验条款中,规定检验时间和地点时,不能与使用的价格条件相矛盾。

2. 检验条款的规定要切合实际,不能接受国外商人提出的不合理检验条件。有的合同检验条款的规定与出口货物的生产与检验实际情况相脱离,如规定出口的山鸡应在死前检验。卖方根本做不到,山鸡往往猎获之后就死掉了,根本无检验机会,所以接受此种检验条件必然给我们造成被动。

3. 要明确规定复验的期限、地点和机构。复验期限,实际上就是索赔期限,买方只有在这段期限内进行复验,并根据检验结果决定是否进行索赔才有效。复验地点则应根据具体情况而定。至于复验机构的选择,必须是在政治上对我友好,在业务上能力强的商检或公证机构。

4. 应明确规定检验标准和检验方法。我国出口商品,应严格按照外贸合同规定的检验方法检验,合同无规定或规定不明确的,按国家标准检验;目前尚无标准的,参照同类商品的标准或由我生产部门与商检局商定的方法进行检验。进口商品的检验方法,应按合同的规定办理,除此之外,也可按生产国标准检验,未提供生产国标准的,按国际通用标准或我国标准检验。同时,进口合同检验条款中应明确规定我方拥有复验权。

5. 进口合同检验条款应规定我方有复验权。进口货物到达目的港后允许我方复验,经复验如发现所交货物与合同不符,有权向国外商人提出索赔或退货。同时,应根据进口货物的实际规定复验期限和地点,对于一些货物如大型机械、矿山使用的大载重轮车应在目的地复验,而时间应该稍长一些;必须经过安装、试车和正式投产几个阶段,再确定其性能质量。

第四节　索赔、不可抗力和仲裁条款

买卖双方根据合同进行商品交易,其中任何一方有违约的情况,受害方都有权提出索赔。合同签订后,若发生人力不可抗拒事件,致使合同不能履行或不能如期履行,可按合同中关于不可抗力条款的规定,免除合同当事人的责任。买卖双方对履约过程中产生的争议,如难以和解,可采取仲裁方式解决。因此,买卖双方订立合同时,要在合同中订立索赔、不可抗力和仲裁条款。

一、争议与索赔

在国际贸易活动中,从进出口磋商到签订合同,再到交货付款,要涉及多重环节,买卖双方及其他当事人之间经常会因彼此间的责任和权利问题引起争议,并由此导致索赔、理赔。

(一)争议和索赔的含义

争议(Disputes)是指交易的一方认为对方未能全部或部分履行合同规定的责任和义务而引起的纠纷。引起争议的原因很多,大致有三种情况。

1. 卖方违约。卖方违约是指卖方没按合同规定的交货期交货,或所交货物的品质、规格、数量、包装等与合同不符,或提供的货运单据种类不齐、份数不够或单据不符等。

2. 买方违约。买方违约是指买方在信用证支付方式下不开或不按期开出信用证,不按合同付款赎单,无理拒收货物;在买方租船订舱的情况下,不按合同规定如期派船接货等。

3. 买卖双方均负有违约责任。如合同条款规定不明确,以至于双方对合同内容的理解或解释不统一而造成一方违约,或者是在履约中双方均有违约行为的,买卖双方均负有违约责任。

索赔(Claim)是指受损的一方向违约方提出赔偿要求的行为。理赔(Settlement)是指违约方对受害方所提赔偿要求进行处理的行为。索赔和理赔是一个问题的两个方面,对受害方是索赔,对违约方是理赔。

在国际贸易中,索赔一般指货物自卖方到买方的过程中,由于天灾或人为或其他种种原因,使得买方收到的货物不符合合同规定或受到其他损害,买方因此向有关责任者提出赔偿要求。由于国际贸易涉及的环节较多,引起索赔的责任不仅涉及买卖双方,还有可能与运输,仓储和保险有关。所以买方提出索赔前须分清是谁的责任,然后向责任人提出。

(二)进出口合同中的索赔条款

进出口合同中的索赔条款有两种规定方式:一种是异议和索赔条款(Discrepancy and Claim Clause);另一种是罚金条款(Penalty Clause)。一般的货物买卖合同中,大多只订异议和索赔条款;只有在大宗商品和机械设备的买卖合同中,才加订罚金条款。

1. 异议和索赔条款。此条款除了明确规定一方如违反合同，另一方有权索赔外，还包括索赔的依据、索赔期限、赔偿损失的办法和金额等项内容。

(1)索赔依据。主要规定索赔必须具备的证据和出证机构。如果证据不全、不清，出证机构不符合规定，都有可能遭到对方拒赔。因此，在规定索赔依据时，应和检验条款的规定内容一致。索赔依据包括两个方面，其一是法律依据，指贸易合同和有关国家的法律规定；其二是事实依据，指违约的事实真相及其书面证明。符合这两个依据的索赔既证实了违约的真实性，也表明了索赔要求的合法性。

(2)索赔期限。它是指索赔方向违约方提出索赔的有效期限，逾期索赔，违约方可以不予受理。索赔期限的规定必须根据不同种类的商品作出合理安排：对于机电类有质量保证期的商品，须在合同中加订质量保证期(一般为一年或一年以上)；无质量保证期的商品，索赔期限一般为货到目的港或卸离海轮后的30—45天；对某些食品及农产品，索赔期限相应要缩短。对于某些商品还可以补充规定："如在有效期内，因检验手续或发证手续不及办妥，可先电告对方延长若干天。"

2. 罚金条款。罚金亦称"违约金"或"罚则"，是指当交易一方未履行合同义务时，应向对方支付一定数额的约定金额以补偿对方的损失。一般适用于卖方延期交货，或买方延迟开立信用证或延期接货等情况。罚金的多少视延误时间长短而定，有时还需规定出最高限额。如合同中可规定：如卖方不能如期交货，每延误7天卖方应支付0.5%的罚金，不足7天者按7天计算，延误达10周时，买方有权撤销合同，并要求卖方支付延期交货罚金，按一般惯例，罚金数额不得超过货物总金额的5%。

罚金的起算日期有两种计算方法，一种是合同规定的交货期或开证期终止后立即起算；另一种是规定优惠期，即在合同规定的有关期限终止后再宽限一段时间，优惠期届满后起算罚金。在一般情况下，罚金的支付并不能因此解除违约方继续履行合同的义务。

不同的法律对合同中的罚金条款具有不同的解释。法、德等国的法律承认并执行合同中的罚金条款；英、美等国的法律可能规定按合同规定进行，也可能按规定根据受害方所提供的损失金额另行处理。对于罚金的数额，许多国家的法律都允许法院和仲裁机构根据当事人的请求，对罚金的数额进行适当的增加或减少。

我国的《涉外经济合同法》对于罚金条款给予承认和保护。该法规定："当事人可以在合同中约定，一方违反合同时，向另一方支付一定数额的违约金，也可以约定对于违反合同而产生的损失赔偿额的计算方法。"又规定："合同中约定的违约金,视为违反合同的赔偿损失。但是,约定的违约金过分高于或者低于违反合同所造成的损失的当事人可以请求仲裁机构或者法院予以适当减少或者增加。”

凡在进口合同中订有违约金条款者,如卖方延期交货,可按规定在贷款中扣除该项违约金;凡货款须凭信用证支付者,应在信用证中作相应规定。

二、不可抗力

(一)不可抗力的概念及其法律后果

不可抗力(Force Majeure)又称人力不可抗拒,指合同签订后,不是由于任何一方当事人的过失或疏忽,而是由于发生了当事人不能预见,也不能预防和克服的意外事故,以致不能履行或不能如期履行合同,遭到意外事故的一方可以免除履行合同的责任或延迟履行合同。

不可抗力的意外事故范围很广,通常可分为两类:一类是由于“自然力量”引起的,如水灾、火灾、冰灾、暴风雨、大雪、地震等;另一类是由于“社会力量”引起的,如战争、罢工、政府禁令等。对于前者,国际上解释比较一致;对于后者,国际上的解释存在分歧。原因在于,社会现象比较复杂,解释起来有一定困难。而且不可抗力是一项免责条款,买卖双方都可以援引来解释自己所承担的合同义务,这种援引在多数情况下扩大不可抗力的范围,以减少自己的合同责任。

不可抗力是合同中的一项条款,同时也是一项法律原则。国际贸易中的不同法律、法规对其确切含义的解释不尽相同,但基本原则大体一致。它主要包括:①意外事故必须发生在合同签订以后;②不是因为合同当事人双方自身的过失或疏忽而导致的;③意外事故是当事人双方所不能控制的,无能为力的。

(二)进出口合同中的不可抗力条款

订约后发生的当事人双方均无法控制的意外事故,能否构成不可抗力,或从法律后果看可否不履行合同,在国际上并无统一解释。为了避免引起不必要的纠纷,防止一方当事人任意扩大或缩小对不可抗力事故范围的解释,或在不可抗力事故发生后在履约方面提出不合理要求,在进出口合同中订立不可抗力条款是非常必要的。

1. 不可抗力事故的范围。买卖双方在进行磋商时应对什么样的意外事故构成不可抗力,什么样的意外事故不能构成达成一致,并在合同中订明。同时,须注意不能把国家有关政策不允许的内容列入不可抗力范围,也要防止国外商人用扩大不可抗力范围的办法推卸责任。

关于不可抗力事故的范围,应在合同中订明。通常有三种规定办法:概括规定、具体规定和综合规定。

2. 不可抗力的后果。不可抗力事故所引起的后果有两种:一种是免除不履行合同的责任;一种是免除不按期履行合同的责任。买卖双方要根据可能发生事故的原因、性质、规模及对履行合同所产生的影响程度,决定什么情况下解除合同,什么情况下延期履行合同,并在合同中明确订立。

3. 不可抗力事故的通知和证明。按照国际惯例,不可抗力事故发生后如影响合同履行时,发生事故的一方当事人,应按约定的通知期限和通知方式,及时将事故情况如实通知对方,对方也应在接到通知后及时答复,如有异议也应及时提出。此外,发生事故的一方还应按约定办法出具证明文件,作为发生不可抗力事故的依据。在国外,这种证明文件一般由当地的商会或合法的公证机构出具。在我国,由中国国际贸易促进委员会出具。

(三)援引不可抗力条款时的注意事项

(1)及时通知,及时出证,及时答复。一方当事人在遭受不可抗力事故后,必须及时通知对方,并在约定的时间内及时提供不可抗力事故证明文件。对方接到通知后,无论同意与否都应及时答复,不应长期拖延不予处理,否则也要负违约责任。

(2)认真分析事故是否属于不可抗力条款的约定范围。当一方当事人援引不可抗力条款要求负责时,要根据合同规定,确定其是否属于不可抗力条款规定的范围。如果不属于合同规定的范围,合同中又无"双方同意的其他人力不可抗拒事故"的规定,一般不能按不可抗力事故处理。如果有上述规定,也应由双方协商,若一方不同意,也不能算做不可抗力条款。

(3)实事求是,合理处理不可抗力事故。援引不可抗力条款的后果时,若合同中有规定,则按规定处理;如果合同中无明确规定,则应本着实事求是的精神,公正合理地处理不可抗力事故。

三、仲裁

(一)仲裁的概念及其特点

1. 仲裁的概念。仲裁(Arbitration)又称公断,是指买卖双方在争议发生之前或争议发生之后,签订书面协议,自愿将争议提交双方所同意的第三者予以裁决(Award)的方式。由于是依照法律所允许的仲裁程序裁定争端,所以仲裁裁决具有法律约束力,双方当事人必须遵照执行。

在国际贸易中,当买卖双方的争议不能通过友好协商方式解决时,一般都采用仲裁方式。仲裁与司法诉讼解决争议的方式相比,程序较简单,费用较少,处理较迅速且气氛也较好,有利于今后继续发展贸易,而且仲裁也具有一定的法律效果。

2. 仲裁的特点

(1)采用仲裁是以双方当事人自愿为基础,双方当事人自行选定仲裁员,因此具有一定灵活性。

(2)仲裁程序简单,处理问题比较迅速及时,而且费用比诉讼费低。

(3)仲裁裁决是终局性的,对双方当事人均有约束力,败诉方不得上诉。

(二)仲裁协议及其作用

仲裁协议是双方当事人自愿将争议交付仲裁机构解决争议的书面表示,是申请仲裁的必备材料。必须是建立在自愿、协商、平等互利的基础之上,不允许一方强加于另一方。

1. 仲裁协议的形式

(1)合同中的仲裁条款(Arbitration Clause)。由双方当事人在争议发生之前订立的,表示愿意把将来可能发生的争议提交仲裁解决的协议。这种协议一般都已包括在合同内,也即合同中的仲裁条款。

(2)提交仲裁的协议(Submission)。它是指由双方当事人在争议发生后订立的,表示愿意把已经发生的争议交付仲裁解决的协议。提交仲裁的协议是独立于合同之外的协议。

2. 仲裁协议的作用

(1)约束双方当事人只能以仲裁方式解决争议,不得向法院起诉。

(2)排除法院对争议案件的管辖权。如果一方违背仲裁协议,自行向法院起诉,另一方可根据仲裁协议要求法院不予受理。这是仲裁协议的最主要作用。

(3)使仲裁机构取得对争议案件的管辖权。

(三)进出口合同中的仲裁条款

进出口合同中的仲裁条款主要包括仲裁地点程序规则和仲裁裁决的效力等内容。

1. 仲裁地点。仲裁地点是仲裁条款中最重要的内容之一,也是双方达成仲裁条款时争议的焦点。除非仲裁协议另有规定,一般都适用审判地法律,即在哪个国家仲裁,往往就适用哪个国家的仲裁法规。可见,仲裁地点不同,对买卖双方的权利、义务的解释就会有差别,其结果也会不同。因此,交易双方都力争在自己比较了解和信任的地方仲裁,尤其是力争在本国仲裁。在我国贸易实务中,多数合同规定在我国仲裁,有时也规定在被告国仲裁,或双方同意的第三国仲裁。

2. 仲裁机构。目前,世界上许多国家和一些国际组织都设有专门从事处理商事纠纷、进行有关仲裁的管理与组织工作的国际仲裁机构。仲裁机构有两种形式：

(1)由双方当事人在仲裁协议中规定一个常设的仲裁机构。我国的常设仲裁机构是中国国际经济贸易仲裁委员会和海事仲裁委员会。外国的常设仲裁机构有:英国伦敦仲裁院、瑞典斯德哥尔摩商会仲裁院、瑞士苏黎世商会仲裁院、日本国际商事仲裁协会、美国仲裁协会、意大利仲裁协会等。

(2)由双方当事人指定仲裁员所组成的临时仲裁机构,即临时仲裁庭,案件处理完毕后即自动解散。

当事人双方用哪个国家(地区)的仲裁机构审理争议,应在合同中具体说明。如果选用临时仲裁庭,还需在条款中就双方指定仲裁员的办法、人数、组成仲裁庭的成员,是否需要首席仲裁员等问题作出明确规定。

3. 仲裁程序规则。仲裁程序主要是规定进行仲裁的手续、步骤和做法。其中包括如何提出仲裁申请、如何进行答辩、如何指定仲裁员、如何进行仲裁审理、如何进行裁决以及裁决的效力等内容。各国的常设仲裁机构一般都有自己的仲裁程序规则。

4. 仲裁裁决的效力。仲裁裁决是终局的,对双方当事人均有约束力,任何一方不得向法院起诉,也不得向其他任何机构提出变更仲裁的请求,如败诉方不执行裁决,胜诉方有权向法院起诉,请求法院强制执行。

5. 仲裁费用的负担为明确起见。一般在仲裁条款中明确规定仲裁费用由谁负担。通常由败诉方承担,也有的规定由仲裁庭酌情决定。仲裁的费用,一般按争议价值的0.1%—1%收取。

(四)仲裁条款格式

中国国际经济贸易仲裁委员会提出三种格式供各进出口公司使用。

1. 在我国仲裁的条款。“凡因执行本合同所发生的或与本合同有关的一切争议,双方应通过友好协商解决;如果协商不能解决,应提交北京中国国际经济贸易仲裁委员会,根据该会的仲裁程序暂行规则进行仲裁。仲裁裁决是终局的,对双方都有约束力。”

2. 在被诉方所在国仲裁的条款。“凡因执行本合同所发生的或与本合同有关的一切争议,双方应通过友好协商解决;如果协商不能解决,应提交仲裁。仲裁在被诉方所在国进行。如在中国,由中国国际经济贸易仲裁委员会根据该会仲裁程序暂行规则进行仲裁。如在XX国(对方所在国名称),由XXX(对方所在国的仲裁机构)根据该机构的仲裁程序规则进行仲裁。仲裁裁决是终局的,对双方都有约束力。”

3. 在第三国仲裁的条款。“凡因执行本合同所发生的或与本合同有关的一切争议,双方应通过友好协商解决;如果协商不能解决,应提交XX国(第三国名称)XXX 仲裁机构,根据该仲裁机构的仲裁程序规则进行仲裁。仲裁裁决是终局的,对双方都具有约束力。"

本章小结

货物运输保险的承保范围由风险和损失的种类进行界定。我国海运保险条款把险别分成两大类:基本险和附加险。

汇付以商业信用为基础,在国际贸易中,汇付是使用最多的结算方式,尤其是电汇。

托收也是以商业信用为基础,常用的是跟单托收中的即期付款交单。以托收方式成交,卖方先行发货,故仍有一定风险。

与调解和诉讼相比较,仲裁是在国际贸易双方当事人发生纠纷而又协商不成时,可以首选的一种有约束力的纠纷解决方式。

重要概念

共同海损　汇票　托收　信用证　不可抗力　仲裁

习　题

1. 某年我国某进出口公司与英国某公司签订一笔按 FOB 条件成交的进口合同,装货港为伦敦。合同签订后不久,英方通知我方将货于某某时间备妥,要求我方按时派船接货。我方根据英方的通知,通过运输公司安排了接货船舶。在我方船舶前往英港途中,突然爆发中东战争,苏伊士运河被封锁,禁止一切船舶通行,我方船舶只有改变航线绕道好望角航行。增加航程近万公里,延迟了到装货港时间。这时,国际上的汇率发生变化,合同中的计价货币英镑发生贬值,英方便以我方船舶未按期到港接货为由,不仅要求我方提高货物价款,还要求我方赔偿由于延期接货而产生的仓储费。对此,我方表示不能接受,双方遂发生争议。

试析:根据案例内容,我方不能接受英商提出的提高货物价款及赔偿仓储费的理由。

2. 某年我国某外贸公司与德国商人签订进口铝锭的合同,数量为 3000 公吨,价格条件为 FOB,交货港口为鹿特丹/汉堡,由卖方选择。成交后我方曾多次去电要求对方指定装运港和货物备妥待运的日期,以便我方派船接运货物。

但因当时该商品的国际市场价格上涨,对方对我方要求不仅避而不答,反而要求我方提高货价,双方遂发生争议。经过两年多的交涉,问题仍不能解决,我方才根据合同中的仲裁条款向中国国际经济贸易仲裁委员会提出申请,要求仲裁。经过仲裁庭的调查审理,最后作出裁决,裁决对方赔偿我方差价损失 36 万英镑,并由对方承担全部仲裁费用。

由于此案历时两年多,卖方在此期间采取了转移财产及与母公司脱离关系等手段,在仲裁庭宣布我方胜诉时,对方随即宣告破产。经过破产清理,所剩财产寥寥无几,致使我方无法得到全部补偿而受到巨大损失。

试析:根据案例内容,我方遭受巨大损失的原因是什么?致使仲裁裁决不能执行的教训是什么?

第十一章　进出口合同的履行

学习目标

- 掌握履行进出口合同的四个基本环节。
- 了解催证、审证等环节需要注意的问题。
- 了解对出口合同的科学管理方法。
- 掌握缮制各种单据的方法及应注意的问题。
- 掌握索赔和理赔的方法和注意事项。

买卖合同的订立,只是表达了双方当事人各自的经济愿望。只有履行了所订立的合同,才能实现双方当事人各自的经济目的。履行合同,既是经济行为,也是法律行为,当事人应当严格履行合同规定的义务。进出口合同的履行,对卖方而言,必须尽到交付符合合同规定的货物、移交一切与货物有关的单据和转移货物的所有权的义务,才能享有按合同规定收取货款的基本权利;对买方而言,必须按照合同规定支付货款和受领货物。

"重合同、守信用"是我国对外贸易以至整个经济活动一贯遵守的重要原则,也是订立和履行国际货物买卖合同时必须遵守的一项原则。按时、按质、按量履行合同的规定,不仅关系到买卖双方行使和履行各自的权利和义务,而且关系到国家的对外利益。因此,买卖双方必须严格履行合同。

第一节　出口合同的履行

出口合同的履行往往要经过不同的环节。在我国出口业务中,最常见的是以信用证为支付方式、以海运为运输方式的 CIF 合同和 CFR 合同。从理论上讲,这类合同往往要经过备货、催证、审证、改证、租船订舱、报验、保险、报关、装船制单结汇等诸多环节,但在实际操作中,往往要等收到信用证后再备货,以策安全、稳妥。

随着集中箱的广泛使用、多种运输方式的运用、多种支付方式的结合、电子商务的发展、无纸贸易的兴起,出口合同的履行将不断减少。但考虑到目前我国进出口贸易仍以海洋运输和凭信用证方式为主，故本节的介绍仍以上述环节为重点。

一、备货

备货即出口公司根据合同和信用证规定，与生产加工及仓储部门联系，请有关部门按要求对应交的货物进行加工整理、清点数额、刷制运输标志以及办理申报检验和领证等项工作。在备货工作中要注意这样几个问题。

（一）货物的品质、规格必须与出口合同所规定的一致

无论是以文字说明表示，还是以样品或样式表示，均应按合同的要求核实，必要时应加工整理。

（二）货物的数量亦应符合出口合同或信用证的相应规定

如为“约”量，应不超过双方形成的习惯幅度。备货的数量应适当留有余地，以备作装运时可能发生的调换和适应舱容之用。

（三）货物的包装必须符合合同的规定和运输要求

要考虑到保护商品和适应运输要求，如果合同或信用证有特别规定，也应符合其要求。同时还要注意运输标志（唛头）的刷制，应使之符合合同规定的式样和运输要求。为此，在备货过程中，对货物的包装和唛头要进行认真的核对和检查，如发现有不符以上要求的，应及时采取措施予以纠正，否则，将被视为违约，同时，不良的包装也使货物易于受损，还将在装运后取不到清洁单据而造成收汇困难。

（四）备货时间也要安排妥当

一定要严格按照合同或信用证规定的交货时间，适当有点提前期以防意外事件；其次要结合运输条件，例如海运货物要与船期安排相衔接。对于合同规定收到买方信用证后交付货物的，应及时督促买方按照合同规定的期限开立信用证，以便我方备货，保证按时履约。

二、报验

有一些出口商品，按照国家规定，必须经中国商检机构检验，并取得检验合格证书方能出口，有的商品出口合同和信用证中也有这样的规定。对于这些商品，在备货环节中，还要注意做好检验工作。

凡需检验出口的货物，首先需填写“出口检验申请单”，向商检机构办理申请检验手续。“出口检验申请单”的内容一般包括：品名、规格、数量（或重量）、包装、产地等项。如需有外文译文时，应注意中、外文内容一致。“申请单”还应附上合同和信用证副本等有关单据，供商检机构检验和发证时参考。

申请检验后,出口人如发现“申请单”内容填写有误,或因国外客户修改信用证以致货物的规格变动时,应提出更改申请,并填写“更改申请单”,说明更改的事项和原因。

货物经检验合格,即由商检机构发给检验证书。不同种类商品的检验证书的有效期各不相同,鲜蛋、鲜果类一般自发证之日起两星期内有效;植物检疫三星期内有效;最长的有效期一般不超过两个月。出口人应抓紧时间在检验证书有效期内把货物运出,如超过有效期出口,需向商检机构申请展期,并由商检机构进行复检,合格后才能出口。

三、审证、催证和改证

(一)审证

信用证的开立以合同为依据,其条款必须与合同条款相符合,但信用证一旦开出,便独立于合同而存在。在实际业务中,由于种种原因,经常出现来证的内容与合同规定不一致,而开证行的付款是以受益人提交符合信用证条款规定的单据为条件的,因此,审证关系到收汇的安全,必须认真细致。

审核信用证是银行和外贸企业的共同职责,但由于银行和外贸企业的分工不同,因此在审核的内容上各有侧重。银行着重负责审核开证行的资信情况,所承担的责任和索汇路线等方面的内容,而外贸企业则着重审核信用证的内容与原订合同是否一致,因此,在银行转来信用证后,出口公司仍应对其进行认真全面的逐项逐句的审核。审核的重点有以下六点:

1. 审核来证的内容与我国外贸政策是否符合。例如:来自与我国签有贸易支付协定国家的信用证,其开证行是否是该国的指定银行,使用的货币、记账方式等是否符合协定的规定等。此外,也要注意审查来证中不得有歧视性内容,否则应根据不同情况向开证行交涉。

2. 审核信用证的性质与有关责任。除合同中另有特殊约定外,国外来证必须是不可撤销的,在证内应载有开证行保证付款的文句,并且不得附加其他保留或限制性条款。例如有些来证虽然说明了“不可撤销”字样,但同时又列有“以领到进口许可证生效”(Subject to import licence obtainable),或电报来证注明“另函详”(Airmailing Detail)一类字样。对于这类来证,应在接到买方领到进口许可证的通知或信用证详细条款后方可履行交货义务。

3. 审核信用证的金额与货币单位。来证所列金额与使用货币单位应与合同规定相一致,单价与总值要填写正确,大、小写并用。

4. 审核来证中的货名、品质、规格、数量、包装、装运期、目的港、保险险别等内容。上述各项内容必须与合同规定相符,特别要注意有无另加的特殊条款。

来证如果加列了一些特殊条款，如指定由某某轮船公司的船只载运，或只准在某个港口转船等等，应结合合同内容认真研究，并同有关部门取得联系，共同商定，作出能否接受，或是否修改的决策。

5. 审核来证的有效期和到期地点。信用证的有效期一般应与装运期有一定的合理间隔，以便在货物装运后有足够的时间办理制单结汇工作，一般不宜轻易接受，因为我们不易掌握国外银行收到单据的确切日期，从而容易引起纠纷，影响我们安全收汇。

6. 审核来证对单据的规定。审核来证中要求提供的单据的种类和份数及填制方法，是否有不正常的规定。尤其要注意对发票、装箱单、重量单、产地证明、检验书等单据的内容有无特殊的要求，如要求商业发票或产地证明须由国外第三者签证，以及提单上的目的港后面加上指定码头字样等，对于此类要求应慎重对待。

（二）催证

在进出口业务中，履行采用信用证方式支付的合同时，买方严格按照合同的规定按时开立信用证是其应尽的义务，也是使合同有效履行的决定性前提。但在实践中，国外客户在遇到市场行情变化或资金短缺等情况时，往往会拖延开证。因此，我们除了应做好审证工作之外，有时还需要做催证工作。如果国外客户在接近或已超过合同规定的期限仍未开立信用证，我们应结合货源和运输工具备情况，通过函电或其他方法催促对方及时办理开证手续，特别是大宗商品交易或按国外买方要求特制商品的交易，要应注意及时进行催证。在催证遇到困难时，可以请我驻外机构或中国银行协助代为催证。

（二）改证

改证可由开证申请人提出，也可由受益人提出，但均需征得有关当事人的同意方能生效。受益人对信用证的修改应作出接受或拒绝的表示：①向通知行发出明确的通知。②在交单时表示，如所提交的单据与信用证及修改内容一致，则表示接受修改，如提交的单据仅与原证条款相符，则表示拒绝修改。另外，出口方应将修改要求一次性提出，尽量避免因考虑不周而多次改证，以节省时间和费用；对多项信用证的修改，出口方只能全部接受或全部拒绝，只接受一部分而拒绝另一部分则视为无效。

我国处理改证的一般原则是：凡是属于不符合我国对外贸易方针政策，影响合同执行和安全收汇的问题，必须要求国外客户通过开证行进行修改；而对于并不违反我国政策原则，能够保证我方安全迅速收汇，并且，我方通过适当努力可以做到而又不致增加太多费用负担的，则可以灵活掌握，并不一定坚持要求进行修改。对于包含我方不能接受内容的信用证，必须严肃认真对待，应坚决要求对方改证。

四、托运和报关

凡由我方安排运输的出口合同,对外交付货物、租订运输工具和具体办理运输等事宜,我国外贸企业一般都委托中国对外贸易运输公司或其他经营外贸运输的企业(以下统称“外运机构”)代办。本书以 CIF 和 CFR 合同为例,简要介绍托运货物乃至报关的程序和有关事项。

(一)订舱和装船

在出口货物数量较大,需要整船载运时,可委托外运机构办理租船;如果出口货物数量较小时,可由外运公司代为洽订班轮或租订部分舱位运输。下面介绍订舱及装船的程序。

1. 查找船期。外运机构每月编印出口船期表分发外贸企业,表内列明航线、船名、国籍、抵港日期、截止收单期、受载日期(即开始装船日期)和挂港(即船舶停靠的港口)等内容,供各外贸企业订舱、备货以至催证时参考。

2. 办理托运。各外贸企业如货证齐全,就可以办理托运手续。根据信用证和合同内有关运输条款,把货物名称、件数、毛重、尺码、目的港、最后装运日期等填写为托运单(Booking Note B/N,称订舱委托书),在截止收单期前送交外运机构,外运机构如果接受这一托运,便在托运单上签章,留存一份,退给托运人一份,作为订舱的凭据。至此,运输合同即告成立。

3. 领取装货单。外运机构收到托运单以后,会同中国外轮代理公司,根据配载原则,结合船期、货物性质、货物数量、目的港等具体情况安排船只和舱位;然后由外轮代理公司发给托运人装货单(Shipping Order S/O)。装货单俗称下货纸,有三个作用:①通知托运人已配妥 XX 航次 XX 船,装货日期,让其备货装船;②便于托运人向海关办理出口申报手续,海关凭以验收货物;③作为命令船长接受该批货物装船的通知。

4. 装船。轮船到达后,外运机构往仓库提取货物送至码头,经海关查检放行后,凭装货单装船(这一过程亦可由托运人完成)

5. 领取提单。货物装船完毕,由船长或大副签发收货单,即“大副收据”(Mate's Receipt),载明收到货物的状况。托运人凭此单向外轮公司交付运费和换取正式提单。收货单上如有大副批注,则在换取提单时转注于提单上。

(二)报关

出口企业办理出口报关手续时,应填写出口货物报关单,一般在装货前 24 小时向海关申报。出口货物报关单是海关对出口货物凭以进行监管、查验、征税和统计的基本单据。申报人必须如实正确无误地填写报关单上各类项目,并盖有向海关备案的“报关专用章”和报关员的名章，否则海关不予接受。实务中通常委托外运公司办理报关手续，当然出口企业也可以自己报关。

出口报关应提交的单证：出口货物报关单、外汇核销单、出口许可证或其他批准文件、装货单或运单、发票与装箱单、出口放行单等。报关的有关单证必须齐全有效，各项单证内容必须正确无误。海关根据国家有关政策规定，对上述单据进行审核，并且还要对出口货物进行查验，以确定实际货物与报关单据所列是否一致。经海关审核单据、查验货物、办理纳税手续后，海关在货单上盖章放行，货物方可出境。

履行出口合同必须重视货、证、船的衔接，这是一个十分细致而又复杂的工作。为此，外贸企业必须实行对出口合同履行工作的科学管理，建立以合同内容为中心的进程记录制度，做好“四排”、“三平衡”工作。“四排”是指以买卖合同为对象，根据进程卡片反映的情况，其中包括信用证是否开列、货源是否落实等，进行分析排队，并归纳为四类：即“有证有货、有证无货、有货无证、无货无证”。通过排队，及时发现问题，迅速采取措施解决。“三平衡”是指以信用证为依据，根据信用证规定的货物装船期和信用证的有效期，结合货源和运输能力的具体情况，分别轻重缓急，力求做到证、货、船三方面的衔接和平衡。尽力避免交货期不准、拖延交货期或不交货等现象的产生。

五、装运

货物应在合同或信用证规定的装期内出运。运输单据的签发日期视为装运日期，不能迟于信用证或合同规定的最迟装期。货物装运后，出口方应立即向进口方发出装运通知（Shipping Advice），以便对方及时办理投保或做好接货准备工作。

出口合同履行程序见图 11 - 1。

第二节 进口合同的履行

我国的进口交易大多以 FOB 条件成交，以即期信用证支付，并采用海运方式运输货物。一般都要经过开证、租船订舱和催装、办理保险、审单付款、报关提货、检验、拨交及索赔等几个主要环节。这些环节的工作，是由进出口公司、运输部门、商检部门、银行、保险公司及用货部门等各有关方面分工负责、紧密配合而共同完成的。

一、信用证的开立和修改

合同签订以后，进口方应按合同中的有关规定，及时向银行提交开证申请

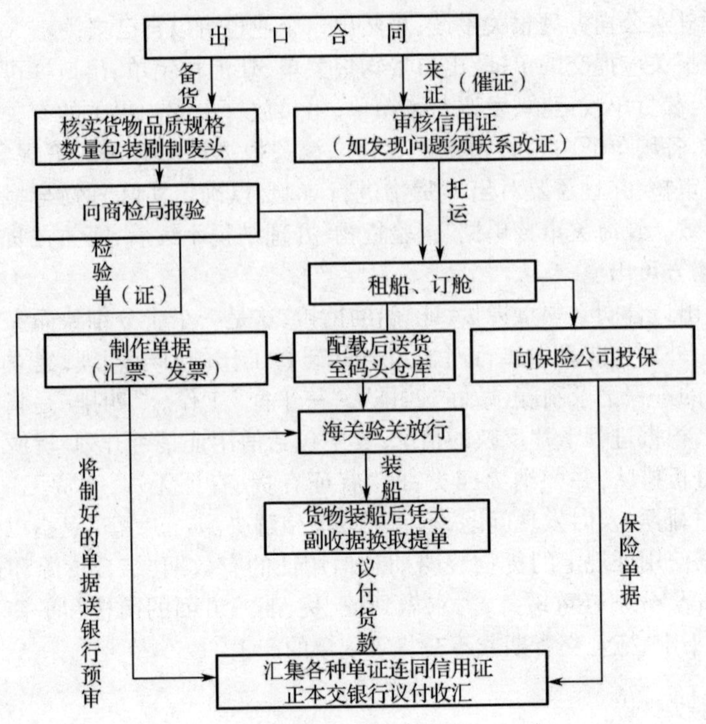

图 11－1

书及进口合同副本，通过银行对外开出信用证。进口企业在填写开证申请书时，应在其中列明各项交易条件，并应使这些条件与合同中的规定完全一致，以保证银行开出的信用证的内容与合同一致。

信用证的种类和开证时间，均应按合同规定办理。如合同规定在卖方确定交货期后开证，则买方应在接到卖方通知后再行开证；如合同规定在卖方领到出口许可证或支付履约保证金后开证，则买方应在收到对方已领到许可证的通知，必要时并获得适当证明，或收到保证金后开证。

信用证开出后，如发现内容与合同不符，或因其他原因需对信用证进行修改，应立即通知开证行修改；如卖方收到信用证后要求修改某些条款，则应区别情况同意或不同意。如同意修改，应由进口方及时通知开证行办理修改手续；如不同意修改，也应及时通知出口方，敦促其按原证条款履行。

二、租船订舱和接运货物

履行 FOB 交货条件下的进口合同，应由买方负责派船到对方口岸接运货物。卖方在交货前一定时期内，应将预计装船日期通知买方。在接到上述通知后，买方应及时向承运人办理租船订舱手续。在办妥租船订舱手续后，应按规定的期限将船名、船期通知对方，以便对方做好装船准备。买方还要做好催装工作，特别是对数量、金额较大的重要商品，最好委托出口地的代理督促对方按合同规定履行交货义务，保证船货衔接。卖方在货物装船后应立即向买方发出装船通知，以便买方及时办理保险和接货等工作。

三、保险

按 FOB（CFR、FCA、CPT）价格条件成交的进口合同，货运保险由我方办理。进口货运保险一般有两种方式：

（一）预约保险

大部分外贸企业都与保险公司签订了各种不同运输方式的进口预约保险合同，简称“预保合同”（Open Police）。在预约保险合同中，外贸企业对进口货物统一承保，并对各种货物投保的险别、保险费率、适用条款、保险费及赔款的支付办法都作了具体规定。

根据预约保险合同，保险公司对有关进口货物负自动承保的责任。凡属该预约保险合同规定范围内的海运货物，一经装船，保险即开始生效。外贸企业只要将进口商品名称、数量、金额、装运港、目的港、载货船名、提单号、开航日期等通知保险公司，就视为办妥保险手续，保险公司从货物在装运港装船时起自动对货物承担保险责任。进口企业应按规定根据卖方发来的装运通知编制“进口货物装船通知”提供给保险公司，作为投保凭证。

（二）逐笔投保

在没有签订预约保险合同的情况下，对进口货物就需要逐笔投保。外贸企业在收到卖方的发货通知后，必须立即向保险公司办理手续，否则，货物于投保之前在运输途中发生损失时，保险公司不负赔偿责任。

四、审单和付款

开证银行（通常为中国银行）收到国外寄来的汇票及单据后，对照信用证的规定，核对单据的种类、份数和内容，如无差误，即由开证银行按当时汇率向国外付款。同时通知外贸企业向开证银行买汇（或直接付汇）赎单。审核国外单据的环节十分重要，一定要对照信用证条款认真核对。如在审核中发现单、证不符时，要立即处理，或要求国外更正，或要求国外银行书面担保，或改为货到检验后付款，或拒付。

外贸企业向开证银行赎单后，如果属于代理进口，可以凭银行的“付款通知书”与用货部门结算。

五、报关、验收和拨交货物

(一)报关

进口报关是指进口货物必须按海关规定的手续向海关申报验放的过程。货到目的港后,进口企业要根据进口单据填写“进口货物报关单”,连同发票、提单、装箱单或重量单、保险单及其他必要文件向海关申报,并在海关对货物及各种单据查验合格后,按国家规定缴纳税费。法定申报时限为自运输工具申报进境之日起 14 天内,超过 14 日期限未向海关申报的,由海关按日征收进口货物 CIF 或 CIP 价格的千分之零点五的滞纳金。超过 3 个月未向海关申报的,由海关提取变卖。

海关根据申报人的申报,依法进行验关。如货物符合国家的进口规定,即在货运单据上签章放行。未经海关放行的货物,任何单位或个人不得提取。在我国进口业务中,报关手续一般由外运公司代办。

(二)验收货物

进口货物运抵货港后,港务局要进行卸货核对。如发现短缺,应及时填制“短卸报告”交由船方确认,并根据短缺情况向船方提出保留索赔权的书面声明。卸货时发现残损,货物应存放于海关指定仓库,代保险公司会同商品检验检疫机构检验后作出处理。凡属于法定检验的进口货物,必须向卸货地或到达地的商品检验检疫机构检验,未经检验的货物不准投产、销售和使用。如进口货物经商品检验检疫机构检验,发现有残缺短损,应凭商检机构出具的证书对外索赔。对于合同规定在卸货港检验,或验收后付款,或合同规定的索赔期即将期满,或卸离海轮时已发现缺损,或有异状,或提货不着的商品,都需在卸货港进行检验,其他进口商品则可以在用货部门所在地,由当地商检机构进行检验。

(三)拨交货物

进口货物经报关、检验后,一般仍由外运公司代办拨交手续。外运公司一方面通知用货单位在目的地办理收货手续,一方面通知外贸公司代办手续已办理完毕,并向其结算包括进口税费及货物运往内地的费用在内的一切费用。此后,外贸公司再向用货单位结算货款及各种费用。

六、进口索赔

在进口业务中,有时会发生卖方违约的情况,或出现货物的品质、数量、包装等不符合合同规定的情况,在这些情况下,都需要向有关的责任方提出索赔。进口索赔时,首先要区别情况,确定责任的承担方,即索赔的对象。

（一）向卖方索赔

凡属下列各种情况：原装数量不足，货物的品质、规格与合同规定不符，包装不良致使货物受损，未按期交货或拒不交货等，而这些情况又不是不可抗力造成的，均应由卖方负责，可向卖方索赔。

（二）向承运人索赔

凡属下列情况之一者，例如：货物数量少于运输单据所载的数量；提单是清洁提单，而货物有残损短缺情况，并属于船方过失造成的；根据租船合同的有关条款，货物所受的损失，应由船方负责的等，均可向承运人提出索赔。

（三）向保险公司索赔

凡属下列情况之一者，例如：由于自然灾害、意外事故、外来原因或运输中其他事故的发生致使货物受损，并且属于承保险别范围以内的；凡承运人不予赔偿或其赔偿金额不足抵补损失部分的各种货物残损、遗失，即使这种损失是由承运人造成的，但只要其属于保险公司承保范围以内的，均可向保险公司索赔。

办理对外索赔业务着重应注意以下问题：

（1）关于索赔证据。对外提出索赔需要提供充足的证据，首先应制备索赔清单，并根据有关情况，随附各种证件，一般应有商品检验证书、发票、装箱单、提单副本等。其中以商品检验证书最为重要，检验单位应具有权威性，如是自行检验发现问题的，应请权威性商检机构复验，以复验的证书为准。

（2）关于索赔金额。根据国际贸易惯例，索赔的金额应与实际损失相等。因此我方对外索赔，除受损商品的价值外，有关的费用也可提出。至于具体包括哪几项，可根据实际情况确定。

（3）关于索赔期限。对外索赔必须在合同规定的索赔有效期限内提出，而且以越快越好，过期无效。如果因商检工作确有具体困难，需要较长时间，可向对方要求延长索赔期限，但也不宜过长。如果合同中没有规定索赔期限，则可按有关的国际法规和惯例办理。

（4）关于卖方与理赔责任。进口货物发生了损失，除属于轮船公司及保险公司的赔偿责任外，如需卖方必须直接承担的责任，应直接向卖方要求赔偿，防止卖方制造借口向其他方面推卸理赔责任。

（5）关于卖方违约的补救。对于由于卖方未按合同规定交付货物或所交货物的品质、数量、包装不符合同规定，而导致买方的损失情况，我们除向卖方提出索赔外，还可采取要求其设法补救的处理方法。如要求交付替代货物；或要求卖方对货物进行修理；或要求减低价格；或规定一段合理的额外时限，让卖方继续履行其义务，等等。

总之,进口索赔是一项比较复杂的工作,为维护我方的合理权益,做好索赔工作,就要求我们在熟悉国际惯例和有关的法律规定的基础上,细致工作,并要取得有关单位的密切配合。

第三节 出口单证的制作

出口货物发运后,出口企业应即按照信用证的规定,正确缮制各种单据,并在信用证有效期和交单期内送交银行办理议付结汇手续。

银行接到单据审核无误后,即按照银、贸之间约定的结汇办法,付款(一般折成人民币)给外贸企业,同时向国外银行收取货款。

一、我国目前出口结汇的主要办法

在我国出口业务中,对于信用证的出口结汇办法主要有三种:收妥结汇、定期结汇和买单结汇。

(一)收妥结汇

收妥结汇又称先收后结,是指议付行收到外贸企业交来的出口单据,经审查无误后,将单据寄交国外付款行索取贷款,待收到付款行已将贷款拨入议付行账户的贷记通知书(Credit Note)时,即按当日外汇牌价,折成人民币拨给外贸企业。在以前,这种办法是我国出口结汇的主要方法。

(二)定期结汇

定期结汇是指议付银行根据向国外付款行索偿的邮程远近,预先确定一个固定的结汇期限(一般在银行审单认可后 7—14 天),到期后无论是否收妥货款,都主动将应收款按当日外汇牌价折成人民币拨交外贸企业。

(三)买单结汇

买单结汇又称“押汇”,是指议付行在审单认可的情况下,按信用证条款买入外贸企业(受益人)的汇票和单据,按照票面金额扣除从议付日到估计收到票款之日的利息和手续费,将余款按议付日外汇牌价折成人民币拨给外贸企业。议付行向受益人垫付资金、买入跟单汇票后,就成为汇票的善意持有人,即可凭汇票向付款行索取票款。出口押汇是国际上通行的信用证议付做法,它实质上是出口地银行对本国出口企业的资金融通,使出口企业在交单议付时即可取得货款,从而加速资金周转,有利于扩大出口。目前,我国出口业务中也逐渐增多使用这种办法。

二、对结汇单据的要求

现代国际贸易中,大部分采用象征性交货方式,凭单交货、凭单付款是其主要特征，尤其在信用证业务中，银行只凭信用证、不管合同，只凭单据、不问货物，所以，对单据的要求十分严格。开证行对我方提交的单据如发现任何不符，均有拒付货款的可能。因此，对各种结汇单据缮制是否正确完备，与能否安全迅速收汇有着十分重要的关系。

总的说来，对于出口单据，应该做到“正确、完整、及时、简明、整洁”。

正确：制作的单据必须正确，才能保证安全及时收汇。单据要做到两个一致，即“单、证一致”（单据和信用证一致）、“单、单一致”（单据和单据一致）。此外，还要注意单据与货物一致。这样，单据才能真实地代表货物，符合信用证要求。

完整：即必须按照信用证的规定提供各种单据，单据的种类，每一种单据的份数以及各种单据本身的必要项目内容。

及时：即制作单据必须及时，应在信用证的有效期和交单期内尽早将单据送交议付行，以便银行早日寄出单据，按时收汇。

简明：即单据的内容应按信用证要求和国际惯例填写，力求简洁明了，切勿加列不必要的内容，以免画蛇添足，弄巧成拙。

整洁：即单据的布局要美观、大方，缮写或打印的字迹要清楚，单据表面要洁净，更改的地方要加盖校对图章。有些重要单据，如提单、汇票以及其他一些单据的主要项目，如金额、数量、重量等不宜更改。

三、常用的出口单据和凭证的制备

（一）汇票（Bill of Exchange Draft）

汇票的作用与内容已在前面章节中作了介绍，这里仅介绍缮制汇票时应注意的几个问题。

1. 开具汇票的依据。开具汇票的依据也就是汇票上的出票条款。属于信用证方式的，应按照来证的规定文句填写，如果信用证内没有规定文句，可在汇票上说明是根据哪家银行在何日开立的哪一份信用证出具的，特别要注意开证行名称、信用证号码及开证日期，不可漏列。如采用托收方式，汇票上可注明有关销售合同号码。

2. 付款人。采用信用证方式时，汇票付款人应按信用证的规定填写，如来证没有具体规定付款人名称，可理解为开证行是付款人。采用托收方式时，汇票的付款人应填写国外进口人。

3. 受款人。属信用证方式的受款人通常应为议付行，托收方式的受款人应为托收行。在我国出口业务中，无论是采用信用证方式还是托收方式，除另有规定的外，一般都填写为“中国银行或其指定人”。

汇票一般开具一式两份,两份具有同等效力,其中一份付讫,另一份即自动失效。

(二)发票(Invoice)

发票,通常指的是商业发票,是出口企业开立的载有货物名称、数量、价格等内容的清单,它是买卖双方交接货物、结算贷款以及进出口报关完税的主要依据。在即期信用证或即期托收业务中不要求提供汇票的情况下,发票还可代替汇票作为收款依据。在凭光票收款时,为明确交易细节,一般也需附上发票。总之,发票是进出口业务中各种单据的中心,因此是出口企业必须提供的主要单据之一。

在我国,进出口的商业发票没有统一格式,但其主要项目基本相同,一般包括:发票编号、开制日期、出口合同号码、信用证号码、收货人名称地址、货物的品名、数量、包装、单价、总值;支付方式和装运港、目的港等项目。

1. 制作发票时应注意的问题

(1)发票内容必须严格符合买卖合同规定。采用信用证付款方式时,则应与信用证的规定严格相符,即使信用证条款与合同规定不一致,在制作发票时也应与信用证相一致。对于信用证规定过于简单或笼统的,在必要时,可加一些说明,但要注意,有的银行把这种加列说明或内容比信用证规定详细的发票视为“单证不符”而拒绝接受。因此,适宜的办法是,我方可按信用证规定开立发票交银行议付,另外,再按合同规定缮制列有详细内容的发票邮寄买方。

(2)发票的开制日期不要与运输单据的日期相距过远。

(3)收货人的填写:如属信用证方式,除少数另有规定的外,一般为开证申请人;如属托收方式,收货人一般应为合同的买方。

(4)对货物的名称、规格、数量、单据、包装等项内容的填制:凡属信用证方式,必须与来证所列各项要求完全相符,不能有任何遗漏或改动;如属托收方式,对上述内容应按照合同的规定结合实际装货情况进行填制。

(5)来证和合同规定的单价含有“佣金”的,发票上应照样填写,不能以“折扣”字样代替。如来证和合同规定有“现金折扣”(Cash Discount)的字样,在发票上也应全名照列,不能只写“折扣”或“贸易折扣”(Trade Discount)等字样。

(6)凡属信用证方式,发票的总值不能超过信用证规定的最高金额,按照银行惯例,开证银行可以拒绝接受超过信用证所许可金额的商业发票。

(7)如信用证内规定了“选港费”、“港口拥挤费”或“超额保险费”等费用由买方负担,并允许凭本信用证支取的条款,可在发票上将各项有关费用加在总值内,一并向开证行收款。但是如信用证内未作上述注明,即使合同内有此约定,也不能凭信用证支取。除非国外客户同意并经银行通知在信用证内加列上述条款,否则上述增加费用应另制单据通过银行托收解决。

(8)由于各国法令或习惯不同,有的客户要求或来证规定在发票内加列船名、原产地、生产企业名称、进口许可证号码等,我方亦可照办;还有的来证要求在发票上加注"证明所列内容真实无误"(或称"证实发票"Certified Invoice)、"货款已经收讫"(或称"收妥发票"Receipt Invoice)或有关出口人国籍等证明文句,只要它不是出于对我方的歧视,一般也可予照办。出具"证实发票"时,应将发票下端通常印有的"有错当查"(E. &O. E.)字样删去。

2. 需要制备的特殊发票。除上述通常的商业发票外,出口企业有时还要制备如下几种发票:

(1)海关发票。有些国家的海关制定一种固定格式的发票,要求国外出口商填写,在货物进口报关时,提交给海关。对这种发票有以下三种叫法:①海关发票(Customs Invoice);②估价和原产地联合证明书(C. C. V. O. 即 Combined Certificate of Value and Origin);③根据××国海关法令的证实发票(Certified Invoice in Accordance with ×× customs Regulation)

对于上述三种名称的海关发票,在习惯上统称为海关发票。进口国要求提供这种发票的目的,主要是作为估价定税或征收差别待遇关税或征收反倾销税的依据,也供编制统计资料用。

在填制海关发票时应注意以下问题:①各国(地区)使用的海关发票,各有其专用的固定格式,我们不得混用;②海关发票须注明商品成分,以便进口国海关分类征税;③凡是海关发票上与商业发票上共有的项目和内容,必须相互一致,不得矛盾;④出口国的"国内市场价格"或"公平市场价格"栏,应以出口国的货币填报;其价格的高低是进口国海关是否征收反倾销税的重要依据,在填制这项内容时,应根据有关规定慎重处理;⑤如成交价格为 CIF,应分别列明 FOB 价、运费、保险费,这三者的总和应与 CIF 价相等,⑥海关发票上的签字,必须以个人名义手签;如要求另加证明人,证明人也须以个人名义手签,并且不能与本海关发票及其他单据上的签字者同属一人。

(2)领事发票(Consular Invoice)。有些国家,例如一些拉美国家、菲律宾等国规定,凡输往该国的货物,国外出口人必须向该国海关提供经该国领事签证的发票。有些国家制定了固定格式的领事发票,也有一些国家则规定可在出口人的商业发票上由该国领事签字。领事发票的作用与海关发票基本相同。各国领事签发票时,均需收取一定的领事签证费。如国外来证规定需由我方提供领事发票的条款,一般不接受,或由银行注明当地无对方此机构,争取取消。特殊情况应按我国外贸部的有关规定办理。

(3)厂商发票(Manufacturer's Invoice)。厂商发票是由出口货物的制造厂商所出具的以本国货币计算价格、用来证明出口国国内市场的出厂价格的发票。其目的也有供进口国海关估价、核税以及征收反倾销税之用。如果来证有此项要求,应参照海关发票有关国内价格的填制办法处理。

(三)运输单据

运输单据随不同的运输方式而异。海洋运输使用提单(Bill of lading, B/L),铁路运输使用铁路运单(Rail - Way Bill),航空运输使用航空运单(Air Way Bill),邮包运输使用邮包收据(Parcel Post Receipt);多式联运使用联运提单(Combined Transport Bill of Lading, CT B/L)或联运单据(Combined Transport Document, CTD)。其中比较常用的是海运提单,它是卖方提供的各种单据中最重要的单据。下面以海运提单为例介绍制作提单过程中的注意事项。

1. 提单的种类。提单的种类很多,国外来证一般均要求提供“清洁已装船”提单,因此,除非信用证允许,银行对于“不清洁”或“备运”提单,均可拒绝接受。另外,如来证未规定不许转船,按银行惯例,卖方可以提供包括装运港至目的港全程的转船提单或联运提单。

2. 提单的收货人。提单的收货人,习惯上称为抬头人。在信用证和托收方式下,一般都作成“凭指定”(To Order)抬头或者“凭托运人指定”(To Order of Shipper)抬头,这种提单必须经托运人背书才可流通转让。也有的要求作成“凭××银行指定”(To Order of……Bank),一般是凭开证行指定。这种提单须经该银行背书方可提货或转让。

3. 提单的货物名称。提单上有关货物名称可以用概括性的商品统称,不必列出详细规格,但不能与来证规定的货物特征相抵触。例如来证规定货物的名称为“复写纸”,就不能填写为“纸”。如发生这类情况,银行可以拒付。

4. 提单的运费项目。如成交价格为 CIF 或 CFR,在提单上应注明“运费已付”(Freight Prepaid),如成交价为 FOB,在提单上则注明运费到付(Freight to Collect)。除信用证有要求处,提单上不必列出运费的具体金额。

5. 提单上的目的港和件数。提单上的目的港和件数,原则上应与运输标志上所列的内容相一致。对于包装货物,在装船过程中如发生漏装少量件数,可在提单上运输标志前面加“EX”字样,以表示其中有缺件。

6. 提单的签发份数。由于收货人须凭提单正本提货,为了避免提单正本在递交过程中丢失,而发生收货人提货困难的事情,承运人一般签发提单正本为两份,也可应托运人的要求签发两份以上,签发的份数在提单上注明。每份正本提单的效力相同,只要其中一份凭以提货,其他各份立即失效。合同或信用证中一般都规定要求出口人提供全套提单,所谓“全套提单”即是指承运人在签发的提单上所注明的全部正本份数。

7. 有关装运的其他条款。买方有时限于本国法令,或为了使货物迅速到达或其他原因,在来证中加列其他装运条款,并要求出口人照办。如要求出口人提供航线证明、船籍证明、船龄证明,或者指定装运船名、指定转运港、指定用集装箱货轮等等。对上述各项要求,我们应按照外贸部有关规定,并结合运输条件适当掌握。如属不合理的或者我方难以办到的运输条款,必须向国外客户提出修改信用证。

填制其他运输方式的单据时应注意的问题,可参照海运提单的情况。如填写运费时,在CPT和CIP条件下,可比照CIF和CFR条件,注明"运费已付";在FCA条件下,可比照FOB条件,注明"运费到付"。值得注意的是,其他方式的运单与海运提单的最大区别在于:它们只是承运人出立的货物收据,是承运人与托运人订立的运输合同证明,而不是物权凭证,因此不能背书转让。提货也不以交出运单为条件,而是由承运人直接通知收货人,由收货人在到货通知上签字证明收妥即可。所以,出口商在发货后,即使掌握运单,也无法控制货物。为此,银行在开立信用证时,通常要求以其本身或本身的分行或代理行作为收货人。

(四)保险单据

在国际贸易业务中,保险单据通常是指保险人与被保险人之间就货物运输订立的保险合同,它和海运提单一样,也可由被保险人背书随物权的转移而转让。保险单据有两种,一种是保险单(Insurance Policy),俗称大保单,它是一种正规的保险合同,我国出口业务中主要使用这一种。另一种是保险凭证(Insurance Certificate),俗称小保单,是一种简化的保险合同。在CIF和CIP合同中,出口商在向银行或进口商收取货款时,提交符合销售合同或信用证规定的保险单据也是其必不可少的义务。关于保险单也应注意以下有关问题。

1. 保险单的格式。如来证无其他规定,保险单的被保险人应是信用证上的受益人,并加空白背书,便于办理保单转让。

2. 保险险别和保险金额应与信用证规定相一致。保险单据上的运输标志、包装及数量、货名、船名、大约开航日期、装运港和目的港等项目内容应与提单(运单)相一致。

3. 保险单据上的投保金额一般应是发票金额加一成的金额。如果在发票表面上CIF或CIP的金额能够被确定时,最低投保金额亦可以是CIF或CIP总值。但此种情况时,保险单必须表明投保最低金额。否则,银行接受的最低投保金额,应为根据信用证要求而付款,承兑或议付金额的110%,或发票金额的110%,以两者之中较高者为准。

4. 保险单上的日期。保险单据上的签发日期,不得迟于提单日期,最晚应与提单日期为同一天,否则开证行可以拒绝接受,除非保险单上注明承担自装船日起的风险。

(五)产地证书(Certificate of Origin)

这是一种证明货物原产地或制造地的证件。不用海关发票或领事发票的国家,要求提供产地证明以确定对货物应征收的税率。有的国家限制从某个国家或地区进口某些货物,也要求以产地证书来证明货物的来源。

产地证一般由出口地的公证行或工商团体签发,在我国,可由中国进出口商品检验局或贸促会签发。

(六)普惠制单据(Generalized System of Preferences Documents)

普惠制简称 GSP,目前已有越来越多的国家给予我国普惠制待遇。为了争取优惠关税,我国对发达国家出口时,应提供普惠制单据,以供进口国海关作为减免关税的依据。这些单据主要有:

1. 表格 A 产地证(GSP Certificate of Origin Form A),适用于一般商品,由出口公司填制,并经中国进出口商品检验局签证出具。

2. 纺织品产地证(Certificate of Origin Textile Products),适用于纺织品类,由中国进出口商品检验局签发出具。

3. 纺织品出口许可证(Export Licence Textile Products),适用于配额纺织品,限额品种控制严格,由出口地外贸局签发出具。

4. 手工制纺织品产地证(Certificate in Regard to Handlooms, Textile Handcrafts and Traditional Textile Products of the Cottage Industry),适用于手工制品纺织品类,由中国进出口商品检验局签发。

5. 纺织品装船证明(Shipment Certificate Textile Products),适用于无配额的毛呢产品,由出口地外贸局签发出具。

对上述单据的填制,力求做到正确,并符合各个项目的要求,如一旦填错,就可能丧失享受普惠制的待遇。

(七)装箱单和重量单(Packing List and Weight Memo)

这两种单据是用来补充商业发票内容的不足,便于国外买方在货物到达目的港时,供海关检查和核对货物,也便于使用和销售。

装箱单又称花色码单,或详细包装单,列明每件货物的名称、规格、花色等;重量单则列明每件货物的毛、净重。在实际业务中,买方有的要求提供两种,有的只要求一种。

(八)检验证书

各种检验证书分别用以证明货物的品质、数量、重量和卫生条件。在我国,这类证书一般由中国进出口商品检验局出具,如合同或信用证无特别规定,也可以视不同情况，由中国贸促会或进出口公司或生产企业出具。但应注意证书的名称及所列项目或检验结果应与合同及信用证规定相符。

以上是几种常用的单据。除此以外还有其他一些单据如船公司证明信，装船电报副本等，有时也需要提供给买方。为简化手续，我外贸企业对港澳等地区的交易曾使用联合形式单据，将发票、保险单、装箱单、重量单和产地证明书等内容合并在一张单据上。但由于国外许多银行认为此种单据不符合商业习惯，拒绝接受。因此，为了保证收汇安全，除信用证另有规定外，不宜采用此种做法。

本章小结

卖方应注意货物的品质、数量、包装均应符合合同和有关法律的要求，并按合同规定的时限交货。

以信用证方式成交的合同，进口方应按照合同和《UCP600》的规定申请开立信用证。对于可能发生的索赔，买方应针对不同对象，备妥索赔文件按法律规定行使索赔权利。

重要概念

报关　收妥结汇　定期结汇　买单结汇

习　题

1. 某出口公司与外商就某商品按 CIF、即期信用证付款条件达成一项数量较大的出口合同，合同规定 11 月装运，但未规定具体开证日期，后因该商品市场价格趋降，外商便拖延开证。我方为了防止延误装运期，从 10 月中旬起多次催开信用证，终于使该商在 11 月 16 日开来了信用证。但由于该商品开证太晚，使我方装运发生困难，遂要求对方对信用证的装运期和议付有效期进行修改，分别推迟一个月，但外商拒不同意，并以我方未按期装运为由单方面宣布解除合同，我方也就此作罢。

试析：我方处理是否得当？应从中吸取那些教训？

2. 公司甲与外商乙签订一份供货合同。合同规定“一切变更或废止均以书面作出为准”，还规定“卖方应当分批供货，每月交货 1000 打”。当卖方按合同规定的规格交付第一批 1000 打后，买方乙通知卖方公司甲，要求对原定规格略加修改，否则将拒收货物。卖方公司按外商的此项口头通知，按修改后的规格交付了第 2、3、4、5 批货物，卖方也照收无误，并付了货款。当卖方公司甲交付第 6 批货物时，外商乙拒收货物，并要求公司甲严格地按照合同的规格交货。事后双方对此发生争议。

试析：此案应如何处理？

第十二章　国际贸易方式

学习目标

●了解国际贸易的各种主要方式及其特点。

●掌握包销、代理、寄售、拍卖、租赁、招投标、加工贸易、期货交易等国际贸易方式的运用方法以及需要注意的问题。

●掌握独家代理与经销的区别。

●掌握国际电子商务的作用、优势和在国际贸易中各个环节中的运用方法。

国际贸易方式是指国际间进行商品交易所采用的各种具体做法。随着国际贸易的不断发展,国际市场上的贸易方式日趋多样。除了传统的逐笔售定方式以外,经常采用的贸易方式还有包销、代理、寄售、拍卖、招标、租赁、加工装配和期货贸易等。而且,随着互联网的发展,近十余年来又出现了电子商务的交易方式。显然,正确地选择贸易方式,对于降低交易成本、开拓国际市场、稳定贸易合作关系及扩大国际间的经济技术合作都具有重要意义。

第一节　包销与代理

在国际贸易中,最基本的方式是逐笔售定。在国际贸易的各种方式中,包销和代理是为了建立和稳定买卖双方之间长期的贸易关系所采取的贸易方式。

一、包销

包销(Exclusive Sales)是国际贸易中习惯采用的方式之一。在我国出口业务中,根据某些商品的特点和扩大出口的需要,在适当的市场上,选择适当客户,也可采用包销方式。

包销指出口人(委托人)通过协议把某一种商品或某一类商品在某一个地区和期限内的经营权给予国外某个客户或公司的贸易做法。尽管包销也是售定,但包销同通常的单边逐笔出口不同。它除了当事人双方签有买卖合同外,还须在事先签有包销协议。

采用包销方式,买卖双方的权利与义务是同包销协议所确定的。两者签订的买卖合同也必须符合包销协议的规定。包销协议包括下列主要内容:

1. 包销协议的名称、签约日期与地点。

2. 包销协议的前文。通常在前文条款中,明确包销商与委托人之间的关系是本人与本人的关系即买卖关系。

3. 包销商品的范围。委托人(出口人)经营商品种类繁多,即使是同一类或同一种商品,其中也有不同的牌号与规格。因此,在包销协议中,双方当事人必须约定包销商品的范围。

4. 包销地区。包销地区是指包销商行使销售的地理范围。

通常有下列约定方法:

(1)确定一个国家或几个国家;

(2)确定一个国家中几个城市;

(3)确定一个城市等。

确定包销地区的大小,应要考虑下列因素:

(1)包销的规模及能力;

(2)包销商所能控制的销售网络;

(3)包销商品的性质及种类;

(4)市场的差异程度;

(5)包销地区的地形位置等。

5. 包销期限。包销期限可以长也可以短。在我国的出口业务中,往往在签订包销协议时明确规定期限,通常为一年。其他国家市场的习惯做法,在包销协议中不规定期限,只是规定中止条款或续约条款等。

6. 专营权。专营权是指包销商行使专卖和专买的权利,这是包销协议的重要内容。专营权包括专卖和专买权。前者是委托人(出口人)将指的商品在规定的地区和期限内给予包销商独家销售的权利。出口人负有不向该区域内的客户直接售货的义务。后者是包销商承担向出口人购买项商品,而不得向第三者购买的义务。

7. 包销数量或金额。包销协议中除规定上述内容外,还应规定数量或金额。此项数量与金额对协议双方均有同等的约束力。有时在协议中规定数量与金额,则包销商必须承担向出口人购买规定数量和金额的义务,出口人必须承担向包销商出口上述数量和金额的责任。

8. 作价办法。包销商品的作价办法,有不同做法。其中一种做法是在规定的期限内,一次作价。即无论协议内包销商品价格上涨、下落与否,以协议规定价格为准。另一种做法是在规定的包销期限内分批作价。由于国际商品市场的价格变化多端,因此采用分批作价较为普遍。

9. 广告、宣传、市场报导和商标保护。包销协议的当事双方是买卖关系,因此委托人(出口人)不实际涉足包销地区的销售业务,但他十分关心开拓海外市场。为宣传其产品所用的商标,委托人常要求包销商负责为他的商品刊登一定的广告。例如,有些包销协议规定:“买方负责和出资在其包销地区为卖方的机器设备举办展览,招揽订单,在当地报刊上登载广告。”有些协议规定:包销商应访问有希望达成交易的客户或卖方要求包销尽量提供市场报导等。

二、代理

(一)代理的含义

代理是指代理人(Agent)按照本人(Principal)的授权,代本人同第三者订立合同或作其他法律行为。由此而产生的权利与义务直接对本人发生效力。

代理人与委托人之间的关系属于委托买卖关系。代理人在代理业务中,只是代表委托人行为,如招揽客户、招揽订单、代表委托人签订买卖合同、处理委托人的货物、收受货款等,他本身并不作为合同的一方参与交易。代理人通常运用委托的资金进行业务活动,代理一般不以自己的名义与第三者签订合同,代理人赚取的报酬即为佣金。

(二)代理的种类

在资本主义市场上,通常有下列几种代理:

1. 总代理(General Agency)。总代理是在指定地区委托人的全权代理,他除了有权代理委托人进行签订买卖合同、处理货物等商务活动外,也可进行一些非商业性的活动。他有权指派分代理,并可分享代理的佣金。

2. 独家代理(The Exclusive Agency or Sole Agency)。独家代理是指出口企业给予国外代理商在特定地区和一定期限内享有代销指定商品的专营权。出口企业在签订独家代理协议后,就不可以在指定地区和期限内另找其他代理,而独家代理商也不可同时成为其他国外出口企业的代理人。

3. 佣金代理(Commission Agency)。佣金代理又称一般代理,是指在同一代理地区、时间及期限内,同时有几个代理人代表委托人行为的代理。佣金代理根据推销商品的实际金额和根据协议规定的办法和百分率向委托人计收佣金,委托人可以直接与该地区的实际买主成交,也无须给佣金代理佣金。

第二节　寄售与拍卖

寄售和拍卖是国际贸易中的重要方式。在某些商品的交易中,为促进成交,扩大出口的需要,也可灵活适当运用寄售、拍卖的方式。

一、寄售

寄售(Consignment)是一种委托代售的贸易方式,也是国际贸易中习惯采用的做法之一。在我国进出口业务中,寄售方式运用并不普遍,但在某些商品的交易中,为促进成交,扩大出口的需要,也可灵活适当运用寄售方式。

"寄售"是一种有别于代理销售的贸易方式。它是指委托的(货主)先将货物运往寄售地,委托国外一个代销人(受委托人),按照寄售协议规定的条件,由代销人代替货主进行,货物出售后,由代销人向货主结算货款的一种贸易做法。

在国际贸易中采用的寄售方式,与正常的卖断方式比较,它具有下列几个特点:

1. 寄售人先将货物运至目的地市场(寄售地),然后经代销人在寄售地向当地买主销售。因此,它是典型的凭实物进行买卖的现货交易。

2. 寄售人与代销人之间是委托代售关系,而非买卖关系。代销人只根据寄售人的指示处置货物。货物的所有权在寄售地出售之前仍属寄售人。

3. 寄售货物在售出之前,包括运输途中和到达寄售地后的一切费用和风险,均由寄售人承担。寄售货物装运出口后,在到达寄售地前也可使用出售路货的办法,先行销售,即当货物尚在运输途中,如有条件即成交出售,出售不成则仍运至原定目的地。

二、拍卖

拍卖(Auction)是由专营拍卖行接受货主的委托,在一定的地点和时间,按照定的章程和规则,以公开叫价竞购的方法,最后拍卖人把货物给出价最高的买主的一种现货交易方式。

通过拍卖进行交易的商品大都是些品质的易标准化的,或是难以久存的,或是习惯上采用拍卖方式进行的商品。如茶叶、烟叶、兔毛、皮毛、木材等。某些商品,如水貂皮、澳洲羊毛,大部分的交易是通过国际拍卖方式进行的。

拍卖一般是由从事拍卖业务的专门组织,在一定的拍卖中心市场、在一定的时间内按照当地特有法律和规章程序进行的。

拍卖程序不同于一般的出口交易,其交易过程大致要经过准备、看货、出价成交和付款交货等四个阶段。

拍卖的出价方法有以下三种:

1. 增价拍卖,也称买方叫价拍卖。这是最常用的一种拍卖方式。拍卖时,由拍卖人提出一批货物,宣布预定的最低价格,估价后由竞买者相继叫价,竞相加价,有时规定每次加价的金额额度,直到拍卖人认为无人再出更高的人。

2. 减价拍卖,又称荷兰式拍卖,这种方法先由拍卖喊出最高价格,然后逐渐减低叫价,直到有某一竞买者认为已经低到可经接受的价格,表示买进。

3. 密封递价拍卖,密封递价拍卖又称招标式拍卖。采用这种方法时,先由拍卖人公布每批商品的具体情况和拍卖条件等,然后由各方在规定时间内将自己的出价密封递交拍卖人,以供拍卖人进行审查比较,决定将该货物卖给哪一个竞买者。这种方法不是公开竞买,拍卖人有时要考虑除价格以外的其他因素。有些国家的政府或海关在处理库存物资或没收货物时往往采用这种拍卖方法。

第三节　招标、投标与租赁贸易

招投标经常用在国家政府机构、国有企业或公用事业单位采购或交易中,并更多地用于国际工程承包中。租赁贸易是指采取以商品为媒介的信贷形式,双方按协议(契约),出租方把商品租给承租方,在一定时期内使用,收取一定租金的贸易方式。

一、招标与投标

招标(Invitation To Tender)是指招标人在时间、地点、发出招标公告或招标单,提出准备买进商品的品种、数量和有关买卖条件,邀请卖方投标的行为。

投标(Submit Tender)是指投标人应招标人的邀请,根据招标公告或招标单的规定条件,在规定的时间内向招标人递盘的行为。

实际上招标、投标是一种贸易方式的两个方面。

目前,国际上采用的招标方式归纳起来有三类、四种方式,即

(一)竞争性招标

竞争性招标是指招标人邀请几个乃至几十个投标人参加投标,通过多数投标人竞争,选择其中对招标人最有利的投标人成交易,它属于兑卖的方式。

国际性竞争投标,有两种做法:

1. 公开投标。公开投标是一种无限竞争性招标。采用这种做法时,招标人要在国内外主要报刊上刊登招标广告,凡对该项招标内容有兴趣的人均有机会购买招标资料进行投标。

2. 选择性招标。选择性招标又称邀请招标,它是有限竞争性招标。采用这种做法时,招标人不在报刊上刊登广告,而是根据自己具体的业务关系和情报资料由招标人对客商进行邀请,进行资格预审后,再由他们进行投标。

(二)谈判招标(Negotiated Bidding)

谈判招标又叫议标,它是非公开的,是一种非竞争性的招标。这种招标由招标人物色几家客商直接进行全同谈判,谈判成功,交易达成。

(三)两段招标(Two - Stage Bidding)

两段招标是指无限竞争招标和有限竞争招标的综合方式,采用此类方式时,则是用公开招标,再用选择招标分两段进行。

政府采购物资,大部分采用竞争性的公开招标办法。

二、租赁贸易

租赁贸易是指采取以商品为媒介的信贷形式,双方按协议(契约),出租方把商品租给承租方,在一定时期内使用,收取一定租金的贸易方式,分金融租赁,维修租赁,经营租赁三种形式。

租赁贸易是由租赁方(出租人)在一定时期内使用,并收取租金,但设备仍归出租人所有的贸易方式,又称"租赁信贷"。租赁贸易是信贷和贸易相结合的一种贸易方式。通常由租赁公司居间,与承租人签订租赁契约,又与设备所有人订立买卖合同,资金由租赁公司提供。它是承租人获得设备的一种独特的筹资方式。其形式按租赁的目的划分,有融资租赁和经营租赁;按交易程序划分,有直接租赁、杠杆租赁和回租。

(一)租赁贸易的概念

租赁贸易是指企业之间较长期的动产租赁。

出租人一般为准金融机构,即附属于银行或信托投资公司的租赁公司,也有专业租赁公司或生产制造商兼营自己产品的租赁业务。

租赁对象主要是资本货物,包括机电设备、运输设备、建筑机械、医疗器械、飞机船舶,直至各种大型成套设备和设施等。

承租人通常为生产或服务企业。

租赁贸易往往是三边贸易,即有三个当事人:出租人、承租人和供货商。承租人选定所需设备和供应商后,由租赁公司洽谈购买。

在租赁贸易中,除非承租人自身有足够好的信誉,经租赁公司评估后,在一定额度内实现租赁,通常租赁公司要求承租人提供经济担保人,比如,银行、投资信托公司、保险公司等出具的保函。

租赁贸易是在信贷基础上进行的。出租人向承租人提供所需设备,承租人则按租赁合同向出租人定期支付租金、设备的所有权属于出租人,承租人取得的是使用权。租赁期一般较长,是一种以融物的形式实现中长期资金融通的贸易方式。

（二）租赁贸易的种类

1. 融资租赁（Financial Lease）。融资租赁的标的物主要是指租赁公司出资购买用户选定的设备，出租给用户。租赁期较长，接近设备的使用期。租赁期内由用户自行维修保养，租赁期满，设备归用户所有。或者由用户支付残值后拥有设备。

在整个设备使用期内只租给一个用户，租赁公司按设备成本利息加上费用，分摊成租金向承租人收取，故而又称为'完全支付租赁"或"一次性租赁"。这是最基本的租赁形式。

2. 经营租赁（Operating Lease）。这种形式的租赁期限较短，在设备使用的有效期内，不仅仅租给一个用户，每个用户所缴付的租金只相当于设备投资的一部分，故又称为"不完全支付"租赁。在租赁期内，由出租人提供设备维修保养服务，以期保持设备的良好状态供再次出租。对承租人来说，这种租赁方式和提供的服务，使他获得了始终保持正常运转的高新技术设备，但租金也比较高。

经营租赁的标的物是通用设备。当承租人只需短期使用某种通用设备时，往往采用这种租赁方式。

经营租赁的出租人通常是生产制造商兼营的租赁公司或者专业租赁公司。

3. 转租租赁。我国在以租赁方式引进国外设备时，往往由我国的租赁公司作为承租人向国外租赁公司租用设备，然后再将该设备转租给国内用户。经营转租业务的租赁公司，一方面为用户企业提供了信用担保，即以自己的名义承担了支付租金的责任。另一方面又为用户承办涉外租赁合同的洽谈和签订，以及各项进口手续和费用。

我国租赁公司除办理转租赁外，也作为中介机构为国内用户企业介绍国外租赁公司，由用户企业与国外公司直接签约。我国租赁公司开立保函，为国内承租人定期支付租金作保。

4. 回租租赁。承租人向出租人租赁原来属于自己的设施。一般做法是先由承租人和出租人签订租赁协议，然后再签订买卖合同，由出租人购进标的物，将其租给承租人，即原物主。这种租赁方式主要用于不动产，由于承租人缺少资金而出售不动产以筹措所需资金。

回租租赁均为融资租赁。标的物的售价将分摊在各期租金中。故在回租租赁业务中，标的物的售价往往并不反映真正的市场价，而更多取决于承租人所需资金的数额。当然也不可能超过其真进的市场价。

第四节　加工贸易

加工贸易是指从国外获得原料或零配件，在国内加工或装配成制成品后再出口到国外去的经营活动。加工贸易主要是为了解决加工出口国的剩余生产能力的问题。

一、加工贸易的含义

加工贸易是指一国的企业利用自己的设备和生产能力,对来自国外的原材料、零部件或元器件进行加工、制造和装配,然后再将产品销往国外的贸易方式。加工贸易,主要指对外加工装配、中小型补偿贸易和进料加工贸易。而通常所说的"三来一补",指来料加工,来件装配、来样加工和中小型补偿贸易,其中来样加工不在加工贸易的范围内。

二、加工贸易的种类

加工贸易是以加工为特征的再出口业务,其方式多种多样,常见的加工贸易方式有:

1. 进料加工。进料加工又叫以进养出,指用外汇购入国外的原材料、辅料,利用本国的技术、设备和劳力,加工成成品后,销往国外市场。这类业务中,经营的企业以买主的身份与国外签订购买原材料的合同,又以卖主的身份签订成品的出口合同。两个合同体现为两笔交易,它们都是以所有权转移为特征的货物买卖。进料加工贸易要注意所加工的成品在国际市场上要有销路。否则,进口原料外汇很难平衡,从这一点看进料加工要承担价格风险和成品的销售风险。

2. 来料加工。来料加工通常是指加工一方由国外另一方提供原料、辅料和包装材料,按照双方商定的质量、规格、款式加工为成品,交给对方,自己收取加工费。有的是全部由对方来料,有的是一部分由对方来料,一部分由加工方采用本国原料的辅料。此外,有时对方只提出式样、规格等要求,而由加工方使用当地的原、辅料进行加工生产。这种做法常被称为"来样加工"。

3. 装配业务

装配业务是指由一方提供装配所需设备、技术和有关元件、零件,由另一方装配为成品后交货。来料加工和来料装配业务包括两个贸易进程,一是进口原料,二是产品出口。但这两个过程是同一笔贸易的两个方面,而不是两笔交易。原材料的提供者和产品的接受者是同一家企业,交易双方不存在买卖关系,而是委托加工关系,加工一方赚取的是劳务费,因而这类贸易属于劳务贸易范畴。它的好处是:加工一方可以发挥本国劳动力资源丰裕的优势,提供更多的就业机会;可以补充国内原料不足,充分发挥本国的生产潜力;可以通过引进国外的先进生产工艺,借鉴国外的先进管理经验,提高本国技术水平和产品质量,提高本国产品在国际市场的适销能力和竞争能力。当然,来料加工与装配业务只是一种初级阶段的劳务贸易,加工方只能赚取加工费,产品从原料转化为成品过程中的附加价值,基本被对方占有。由于这种贸易方式比进料加工风险小,目前在我国开展得比较广泛,获得了较好的经济效益。

4. 协作生产。协作生产是指一方提供部分配件或主要部件,而由另一方利用本国生产的其他配件组装成一件产品出口。商标可由双方协商确定,既可用加工方的,也可用对方的。所供配件的价款可在货款中扣除。

第五节　期货交易

期货交易是一种特殊的贸易方式。期货交易的公开和公平,充分发挥了市场竞争机制的作用。国际上有很多大宗商品的交易是通过期货市场进行的。

一、期货交易的概念

期货交易是在交纳一定数量的保证金后在期货交易所内买卖各种实物商品或金融商品的标准化合约的交易方式。期货交易者一般通过期货经纪公司代理进行期货合约的买卖,另外,买卖合约后所必须承担的义务,可在合约到期前通过反向的交易行为(对冲或平仓)来解除。

期货交易是市场经济发展到一定阶段的必然产物。

期货交易是从现货交易中的远期合同交易发展而来的。在远期合同交易中,交易者集中到商品交易场所交流市场行情,寻找交易伙伴,通过拍卖或双方协商的方式来签订远期合同,等合同到期,交易双方以实物交割来了结义务。交易者在频繁的远期合同交易中发现:由于价格、利率或汇率波动,合同本身就具有价差或利益差,因此完全可以通过买卖合同来获利,而不必等到实物交割时再获利。为适应这种业务的发展,期货交易应运而生。

期货交易是投资者交纳5% ~10%的保证金后,在期货交易所内买卖各种商品标准化合约的交易方式。一般的投资者可以通过低买高卖或高卖低买的方式获取赢利。现货企业也可以利用期货做套期保值,降低企业运营风险。期货交易者一般通过期货经纪公司代理进行期货合约的买卖,另外,买卖合约后所必须承担的义务,可在合约到期前通过反向的交易行为(对冲或平仓)来解除。

二、期货交易特点

1. 以小博大。期货交易只需交纳5% ~10%的履约保证金就能完成数倍乃至数十倍的合约交易。由于期货交易保证金制度的杠杆效应,使之具有“以小博大”的特点，交易者可以用少量的资金进行大宗的买卖，节省大量的流动资金。

2. 双向交易。期货市场中可以先买后卖，也可以先卖后买，投资方式灵活。

3. 不必担心履约问题。所有期货交易都通过期货交易所进行结算，且交易所成为任何一个买者或卖者的交易对方，为每笔交易做担保。所以交易者不必担心交易的履约问题

4. 市场透明。交易信息完全公开，且交易采取公开竞价方式进行，使交易者可在平等的条件下公开竞争。

5. 组织严密，效率高。期货交易是一种规范化的交易，有固定的交易程序和规则，一环扣一环，环环高效运作，一笔交易通常在几秒种内即可完成。

第六节　国际电子商务

当前，电子商务风行全世界，同时也应用到了国际贸易领域，引起了国际贸易的深刻变革。掌握和运用国际电子商务，对于增强在国际市场上的竞争力，发展对外贸易，具有重要意义。

一、国际电子商务的概念

电子商务可以按照所涉及商务活动的内容分为一般电子商务和国际电子商务。一般电子商务泛指商务活动的电子化过程，主要是国内商务活动；国际电子商务是指一般电子商务再国际商务活动中的具体应用，即利用电子手段从事国际贸易活动，或者说是电子商务的国际化。例如，应用EDI传送国际货物买卖中一定格式的标准商业文件，通过国际互联网进行货物交易磋商和订立电子国际货物销售合同，通过电子支付系统进行结算等等。

二、国际电子商务的特点和优势

（一）国际电子商务的特点

1. 普遍性。电子商务作为一种新型的交易方式，将生产企业、流通企业以及消费者和政府带入了一个网络经济、数字化生存的新天地；

2. 方便性。在电子商务环境中，人们不再受地域的限制，客户能以非常简捷的方式完成过去较为繁杂的商务活动，如通过网络银行能够全天候地存取资金账户、查询信息等，同时使得企业对客户的服务质量可以大大提高；

3. 整体性。电子商务能够规范事务处理的工作流程，将人工操作和电子信息处理集成为一个不可分割的整体，这样不仅能提高人力和物力的利用率，也可以提高系统运行的严密性；

4. 安全性。在电子商务中,安全性是一个至关重要的核心问题,它要求网络能提供一种端到端的安全解决方案,如加密机制、签名机制、安全管理、存取控制、防火墙、防病毒保护等等,这与传统的商务活动有着很大的不同;

5. 协调性。商务活动本身是一种协调过程,它需要客户与公司内部、生产商、批发商、零售商间的协调,在电子商务环境中,它更要求银行、配送中心、通讯部门、技术服务等多个部门的通力协作,往往电子商务的全过程是一气呵成的。

(二)国际电子商务的优势

1. 全新时空优势。传统的商务是以固定不变的销售地点(即商店)和固定不变的销售时间为特征的店铺式销售。Internet 上的销售通过以信息库为特征的网上商店进行,所以它的销售空间随网络体系的延伸而延伸。没有任何地理障碍,它的零售时间是由消费者即网上用户自己决定。因此,Internet 上的销售相对于传统销售模式具有全新的时空优势,这种优势可在更大程度上更大范围上满足网上用户的消费需求,事实上 Internet 上的购物已没有了国界,也没有了昼夜之别。

2. 展示产品及服务的优势。网络上的销售可以利用网上多媒体的性能,可以全方位展示产品及服务功能的内部结构,从而有助于消费者完全地认识了商品及服务后,再去购买它。传统的销售在店铺中虽然可以把真实的商品展示给顾客,但对一般顾客而言,对所购商品的认识往往是很浮浅的,也无法了解商品的内在质量,往往容易被商品的外观、包装等外在因素所述困惑。从理论上说,消费者理性地购买,既是提高自己的消费效用,又是节约社会资源。

3. 密切与用户的关系,加深对用户的了解优势。由于 Internet 的实时互动式沟通,以及没有任何外界因素干扰,使得产品及服务的消费者更易表达出自己对产品及服务的评价,这种评价一方面使网上的零售商们可以更深入了解用户的内在需求。另一方面零售商们的即时互动式沟通,促进了两者之间的密切关系。

4. 减少流通环节,降低交易费用的优势。与传统的销售相比,利用 Internet 渠道可避开传统销售渠道中许多中间环节,降低流通费用和交易费用,并加快了信息流动的速度。事实上,任何制造商都可以充当网上零售业中商品的提供者,可以基本价格向消费者提供商品。当其他传统零售商的投资砖、瓦、砂和商品费用库存越来越贵时,电子商务商店所需的投资电脑、数据为维护商店和电信设备却日益便宜。

三、电子商务在我国对外贸易中的应用

电子商务按商务活动的区域范围划分,可分为国内电子商务和国际电子商

务，国内电子商务是指在一个国家内封闭的专业网上通过 EDI 方式进行的商务活动；国际电子商务主要是指基于 EDIFACT 标准的各类国际商贸业务中的电子单证报文数据交换系统。电子商务在对外贸易中的应用是属于国际电子商务这一方面的应用，它涉及买方公司、卖方公司、进出口公司、海关、税务、安检、商检、金融、保险、国际运输等系统，电子商务活动主要包括以下几个环节。

1. 交易前的准备。在交易前，卖方在网上分布商品广告，推出商品的信息资源，广泛寻找交易机会和交易伙伴，扩大贸易范围和商品所占市场的份额；买方上网查询自己所需要的商品信息资源，进行商品性能、价格等成交条件的比较，了解国家和地区的贸易政策、政治和文化背景等。互联网为贸易双方进行交易前的准备工作提供了极大的方便，这种信息沟通方式无论是从时间上，还是从效益上都是传统的方式无法与之比拟的。

2. 交易磋商和合同签订。在贸易双方都了解完商品的供需信息后，双方利用电子通讯手段进行认真谈判和磋商，将双方在交易中的权利、义务，所购商品的种类、数量、价格、交货地点、交货期、付款方式、运输方式、违约和索赔等合同款全部以电子交易合同作出全面详尽的规定，合同双方可以利用 EDI 进行签约，也可通过数字签字等方式签订合同。交易磋商中的价目表、报价单、定购单、运输说明、发货通知、付款通知等各类商务单证、文件都变成了标准的报文形式。提高了交易过程的速度，减少了漏洞和失误，规范了整个商品贸易的过程。

3. 结算付款。在交易双方通过协议完成各种交易手续后，商品交付给运输公司起运，可以通过电子贸易系统跟踪货物；银行按照合同及相应单证支付资金，出具相应的银行单证，最终完成整个交易过程。这一阶段是从买卖双方办完各种手续之后开始，卖方要组织货源，并进行保管、保险等，同时将所卖商品交付给运输公司装箱、起运、发货，买卖双方可以通过电子贸易服务器跟踪发出的货物，银行和金融机构也按合同处理双方收付款、进行结算、出具相应银行单据等，直到买方收到自己所购商品，完成了整个交易过程。

电子商务创造了一个以信息交换为媒介的、全球的网上虚拟市场，形成了新的国际贸易运行机制，改变了某些公司在传统国际贸易运行机制下难以克服的区位劣势和竞争劣势。当然，电子商务也将进一步加剧国际贸易的竞争，使商家可以在世界范围内选择最佳的供应商。

虽然技术的发展已经使得国际电子商务获得了蓬勃的发展，但是企业在从事国际电子商务时还应该注意一些问题，包括电子信息的安全问题、电子单证的保护问题、电子合同的法律地位问题、电子交易的资信问题、外部网络资源的整合问题。但是，企业应该看到，国际电子商务是势在必行的趋势，我国企业要紧紧抓住国际电子商务这个机会，发展壮大自己的企业。

本章小结

贸易方式是指国际贸易中采用的各种方法。随着国际贸易的发展，贸易方式亦日趋多样化。除采用逐笔售定的方式外，还有包销、代理、寄售、拍卖、招标与投标、期货交易、对销贸易等。

租赁贸易和补偿贸易，是建立在信贷基础上的贸易方式，以融物的方式，达到融资的目的，并且各有其特定的优点。

经销和代理是国际贸易中经常使用，也是中国外贸时间中尤其是出口贸易中较多使用且行之有效的贸易方式。

招标与投标是当前大量流行于国际承包工程的交易。二者不是两种交易方式，而是一种贸易方式的两个方面，属于竞卖方式。

重要概念

寄售　招标　投标　加工贸易　期货交易　国际电子商务

习　题

1. 简述招标与投标、拍卖、寄售方式的性质与特点。
2. 简述期货交易的特点。
3. 简述国际电子商务在我国对外贸易的发展。

参考文献

[1]海闻,(美)p. 林德特,王欣奎:《国际贸易》,上海人民出版社 2003 年版.
[2]佟家栋,周申:《国际贸易学》,高等教育出版社 2005 年版.
[3]王俊宜,李权:《国际贸易》,中国发展出版社 2003 年版.
[4]李权:《国际贸易》,北京大学出版社 2005 年版.
[5]张二震,马野青:《国际贸易学》,南京大学出版社 2003 年版.
[6]李滋植,姜文学:《国际贸易》,东北财经大学出版社 2006 年第 4 版.
[7] 何元贵:《新编国际贸易》,清华大学出版社 2007 年版.
[8]尹翔硕:《国际贸易教程》,复旦大学出版社 2005 年版.
[9]战勇:《国际贸易》,东北财经大学出版社 2005 年版.
[10]张炳达、刘云:《国际贸易理论与政策》,立信会计出版社 2006 年版.
[11]彭福永:《国际贸易》,上海财经大学出版社 2002 年版.
[12]王斌:《国际贸易理论与实务》,立信会计出版社 2005 年版.
[13]盛洪昌:《国际贸易理论与实务》,上海财经大学出版社 2006 年版.
[14]刘厚俊等:《国际贸易新发展》,科学出版社 2003 年版.
[15]薛敬效,佟家栋,李坤望:《国际经济学》,高等教育出版社 2000 年版.
[16]王勇:《国际贸易政治经济学》,中国市场出版社 2008 年版.
[17]胡昭玲:《战略性贸易政策的理论与实证研究》,南开大学出版社 2002 年版.
[18]李长林:《新编国际贸易教程》,黑龙江科学技术出版社 2001 年版.
[19](德)弗里德里希・李斯特,陈万煦译:《政治经济学的国民体系》,商务印书馆 1961 版.
[20](英)亚当・斯密,郭大力,王亚南译:《国民财富的性质和原因的研究》,商务印书馆 1979 年版.
[21](英)大卫・李嘉图,周洁译:《政治经济学及赋税原理》,华夏出版社 1979 年版.
[22](瑞)贝蒂尔・奥林,王继祖等译:《地区间贸易和国际贸易》,首都经济贸易大学出版社,2001 年版.

[23](意)甘道尔夫,王根蓓译:《国际贸易理论与政策》,上海财经大学出版社 2005 年版.

[24](美)多米尼克·萨尔瓦多,朱宝宪,吴洪等译:《国际经济学》(第五版),清华大学出版社 1998 年版.

[25]D. R. Appleyard, A. J. Field, Jr. International Economics, 3rd ed. McCraw - Hill1998

[26](美)保罗·克鲁格曼,茅瑞斯·奥伯斯法尔德,海闻等译:《国际经济学》(第五版),中国人民大学出版社 2001 年版.

[27] (美)保罗·克鲁格曼,海闻等译:《战略性贸易政策与新国际经济学》,中国人民大学出版社,北京大学出版社 2000 年版.

[28]沈伯明:《世界贸易组织与中国"入世"教程》,中山大学出版社 2003 年版.

[29]黎孝先:《国际贸易实务》,对外经济贸易大学出版社 2008 年版.

[30]徐景霖:《国际贸易实务》,东北财经大学出版社 2008 年版.

[31]冷柏军:《国际贸易实务》,高等教育出版社 2006 年版.

[32]崔日明:《国际贸易实务》,机械工业出版社 2005 年版.

[33]李勤昌:《国际货物运输》,东北财经大学出版社 2005 年版.

[34]彭福永:《国际贸易实务教程》,上海财经大学出版社 2004 年版.

[35]熊涓,李艳:《国际贸易实务》,科学出版社 2009 年版.

[36]韩经纶:《国际贸易基础理论与实务》,南开大学出版社 2006 年版.

图书在版编目（CIP）数据

国际贸易理论与实务／李长林主编．-- 哈尔滨 ： 黑龙江大学出版社，2009.8（2021.9 重印）
ISBN 978-7-81129-194-0

Ⅰ．国… Ⅱ．李… Ⅲ．①国际贸易—经济理论②国际贸易—贸易实务 Ⅳ．F740

中国版本图书馆 CIP 数据核字（2009）第 146018 号

国际贸易理论与实务
GUOJI MAOYI LILUN YU SHIWU
李长林 主编

责任编辑 国胜铁
出版发行 黑龙江大学出版社
地 址 哈尔滨市南岗区学府三道街 36 号
印 刷 三河市春园印刷有限公司
开 本 720 毫米×1000 毫米 1/16
印 张 18
字 数 318 千
版 次 2009 年 8 月第 1 版
印 次 2022 年 1 月第 2 次印刷
书 号 ISBN 978-7-81129-194-0
定 价 48.00 元
